KB010148

박문각
공인중개사

합격예상문제 2차

부동산공시법령

박문각 부동산교육연구소 편

합격까지 박문각
합격 노하우가 다르다!

박문각

이 책의 머리말

역사에 남을 팬데믹을 뒤로 하고 이제는 일상으로 돌아왔지만, 인플레이션으로 인한 고물가로 고통받는 시기가 되었습니다.

힘들 때 미래를 대비하고 준비하여야 할 것입니다.

전문화된 사회에서 공인자격증 취득은 말 그대로 미래를 준비하는 사람의 자산이 될 것이고, 현재 부동산도 거래 건수의 감소로 인하여 매도인과 공인중개사 모두 힘든 시간이 계속되고 있습니다. 하지만 그동안의 경험으로 아는바, 모든 경제활동은 사이클이 있고, 저점이 되면 고점으로 나아가듯 곧 다시 부동산거래가 활성화되는 시기가 올 것입니다. 지금 힘들다하여 미래를 보지 않는다면 더욱 힘든 미래만이 기다릴 것입니다.

본서의 구성과 특징은 다음과 같습니다.

01 | 미래를 대비하여 전문자격증인 공인중개사 자격 취득을 위하여 준비된 본 문제집은 그동안의 기출문제를 분석하여 나올 수 있는 유형의 문제들을 체계적으로 준비하였습니다.

02 | 출제 예상되는 주요 법령을 빠짐없이 대비할 수 있도록 편성하였습니다.

03 | 난도 높은 부동산등기법 부분에서는 근래 출제가 거의 없는 부분은 과감히 절개하여 양을 줄여 놓았으므로 이 부분만 공략해도 충분히 점수를 획득하도록 하였습니다.

제35회 공인중개사 시험을 준비하는 문제집으로 부족함이 없도록 최대한 기출경향에 맞춘 다양한 문제들로 구성하고자 하였습니다. 많은 문제를 풀어보아 실전 적응력을 극대화 하는 데에 도움이 되리라 생각합니다.

모쪼록 이 문제집으로 시험을 대비하시는 모든 분들에게 합격의 영광이 자리하기를 진심으로 기원합니다.

2024년 4월
편저자 씀

2024 공인중개사 시험정보

시험일정 및 시험시간

1. 시험일정 및 장소

구 분	인터넷 / 모바일(App) 원서 접수기간		시험시행일	합격자발표
	정기접수	빈자리접수		
일 정	2024. 8. 5. ~ 8. 9.	2024. 10. 1. ~ 10. 2.	2024. 10. 26.	2024. 11. 27.
장 소	원서 접수시 수험자가 시험지역 및 시험장소를 직접 선택			

Tip 1. 제1·2차 시험이 동시접수·시행됩니다.
 2. 정기 원서접수 기간(5일간) 종료 후 환불자 범위 내에서만 선착순으로 추가 원서접수 실시(2일간)하므로, 조기마감될 수 있습니다.

2. 시험시간

구 분	교시	시험과목 (과목당 40문제)	시험시간	
			입실시간	시험시간
제1차 시험	1교시	2과목	09:00까지	09:30~11:10(100분)
제2차 시험	1교시	2과목	12:30까지	13:00~14:40(100분)
	2교시	1과목	15:10까지	15:30~16:20(50분)

* 수험자는 반드시 입실시간까지 입실하여야 함(시험 시작 이후 입실 불가)
* 개인별 좌석배치도는 입실시간 20분 전에 해당 교실 칠판에 별도 부착함
* 위 시험시간은 일반응시자 기준이며, 장애인 등 장애유형에 따라 편의제공 및 시험시간 연장가능(장애 유형별 편의제공 및 시험시간 연장 등 세부내용은 큐넷 공인중개사 홈페이지 공지사항 참조)
* 2차만 응시하는 시간연장 수험자는 1·2차 동시응시 시간연장자의 2차 시작시간과 동일 시작

Tip 시험일시, 시험장소, 시험방법, 합격자 결정방법 및 응시수수료의 환불에 관한 사항 등은 '제35회 공인중개사 자격시험 시행공고시 고지

응시자격 및 합격자 결정방법

1. 응시자격: 제한 없음
다만, 다음의 각 호에 해당하는 경우에는 공인중개사 시험에 응시할 수 없음
① 공인중개사시험 부정행위자로 처분 받은 날로부터 시험시행일 전일까지 5년이 지나지 않은 자(공인중개사법 제4조의3)
② 공인중개사 자격이 취소된 후 3년이 지나지 않은 자(공인중개사법 제6조)
③ 이미 공인중개사 자격을 취득한 자

2. 합격자 결정방법
제1·2차 시험 공통. 매 과목 100점 만점으로 하여 매 과목 40점 이상, 전 과목 평균 60점 이상 득점하여야 합니다.

Tip 제1·2차 시험 응시자 중 제1차 시험에 불합격한 자의 제2차 시험에 대하여는 「공인중개사법 시행령」 제5조 제3항에 따라 이를 무효로 합니다.

* 제1차 시험 면제대상자: 2023년 제34회 제1차 시험에 합격한 자

시험과목 및 출제비율

구 분	시험과목	시험범위	출제비율
제1차 시험 (2과목)	부동산학개론 (부동산 감정평가론 포함)	부동산학개론 • 부동산학 총론[부동산의 개념과 분류, 부동산의 특성(속성)] • 부동산학 각론(부동산 경제론, 부동산 시장론, 부동산 정책론, 부동산 투자론, 부동산 금융론, 부동산 개발 및 관리론)	85% 내외
		부동산 감정평가론(감정평가의 기초이론, 감정평가방식, 부동산 가 격공시제도)	15% 내외
	민법 및 민사특별법 중 부동산중개에 관련되는 규정	민 법 • 총칙 중 법률행위 • 질권을 제외한 물권법 • 계약법 중 총칙·매매·교환·임대차	85% 내외
		민사특별법 • 주택임대차보호법 • 집합건물의 소유 및 관리에 관한 법률 • 가등기담보 등에 관한 법률 • 부동산 실권리자명의 등기에 관한 법률 • 상가건물 임대차보호법	15% 내외
제2차 시험 1교시 (2과목)	공인중개사의 업무 및 부동산 거래신고 등에 관한 법령 및 중개실무	공인중개사법	70% 내외
		부동산 거래신고 등에 관한 법률	
		중개실무	30% 내외
	부동산공법 중 부동산중개에 관련되는 규정	국토의 계획 및 이용에 관한 법률	30% 내외
		도시개발법	30% 내외
		도시 및 주거환경정비법	
		주택법	40% 내외
		건축법	
		농지법	
제2차 시험 2교시 (1과목)	부동산공시에 관한 법령 및 부동산 관련 세법	부동산등기법	30% 내외
		공간정보의 구축 및 관리 등에 관한 법률 제2장 제4절 및 제3장	30% 내외
		부동산 관련 세법(상속세, 증여세, 법인세, 부가가치세 제외)	40% 내외

Tip 답안은 시험시행일에 시행되고 있는 법령을 기준으로 작성

공인중개사 전망

"자격증 취득하면 무슨 일 할까?"

공인중개사 자격증에 대해 사람들이 가장 많이 궁금해하는 점이 바로 '취득 후 무슨 일을 하나'이다. 하지만 공인중개사 자격증 취득 후 선택할 수 있는 직업군은 생각보다 다양하다.

공인중개사가 타인의 부동산경매 대행 자격을 부여받아 직접 경매에 참여할 수 있는 제도적 장치가 마련되면서 공인중개사의 업무범위도 확대되어 보다 전문적인 업무를 할 수 있게 되었다. 공인중개사가 경매·공매 대상 부동산에 대한 시장가격 분석과 권리분석을 전문자격인으로 이미 수행하고 있는데도 절차적인 행위에 불과한 매수신청 또는 입찰신청의 대리업무를 변호사 및 법무사만이 하도록 제한되어 있어 일반인이 경매 등에 접근하기가 쉽지 않았지만, 공인중개사에게 입찰신청의 대리 등을 할 수 있도록 함으로써 업계의 형평성을 도모하고 일반인이 개업공인중개사를 통해 편리하게 경매 등에 참여할 수 있게 됨에 따라 공인중개사가 진출할 수 있는 범위가 더 넓어졌다.

1. 취업
- 온라인 부동산 포털회사 취업
- 개인사무소, 합동사무소 취업
- 정부재투자기관 취업
- 부동산 관련기업 취업
- 은행 등 부동산 금융파트 취업 등

2. 컨설팅
- 부동산투자분석 컨설팅
- 부동산 관련법규 및 세제 자문 등
- 부동산 자산관리 및 매매대행

3. 창업
- 개인사무소 창업
- 합동사무소 창업

📇 취업

20~30대 수험생들의 경우 인터넷 부동산 회사에 취업을 하는 경우를 볼 수 있다. 부동산 관련 회사에서는 "공인중개사 자격증 취득 여부가 입사시 가장 중요한 요소가 될 수 있다."고 밝혔다. 인터넷 회사뿐만 아니라 법인인 개업공인중개사 등 부동산 관련 기업, 정부재투자기관, 즉 법인인 개업공인중개사와 일반기업에서는 부동산 및 관재팀에 입사할 수 있다. 그리고 일반기업 입사 후에도 승급우대 등의 혜택과 자격증 수당 등이 지급되기도 한다.

📜 창업

중개업소 개업은 가장 많은 수험생들이 선택하는 직업이다. 공인중개사는 중개사무소 개설등록을 하여 사무소를 설치, 중개업을 할 수 있다. 소규모의 자본과 자격증만 있으면 창업이 가능해 40~50대의 퇴직 후의 주 소득원이 된다. 또한 여성들의 경우 결혼과 출산 후에도 안정적으로 일을 할 수 있다는 장점 때문에 20대에서 50대에 이르기까지 다양한 연령층이 공인중개사 시험에 도전하고 있다.

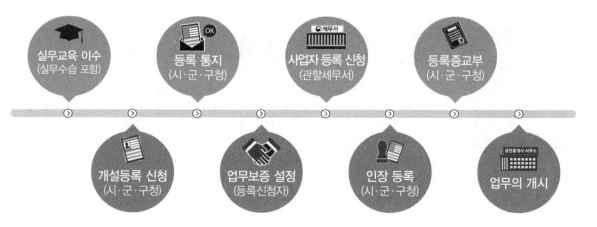

🖥️ 컨설팅

중개업소 창업과 부동산 기업 입사 외에 합격생들이 선택할 수 있는 직종은 바로 부동산컨설팅이다. 부동산컨설팅은 부동산의 입지 환경과 특성의 조사와 분석을 통해 부동산 이용을 최대화할 수 있는 방안을 연구하며 재개발과 부동산 관련 법규와 세제 등에 대한 자문을 하는 전문화된 직업군이다. 공인중개사 자격증 취득 후 선택할 수 있는 직업의 전문성이 더해짐에 따라 선진국형 중개업으로 자리를 잡아간다고 보는 시각이 높아지고 있다. 공인중개사는 이제 기존 장·노년층만을 위한 자격증에서 20~30대의 직업 선택의 폭을 넓혀 주는 자격증으로 범위를 넓혀가고 있다.

공인중개사 공략법

🖥 학습 정도에 따른 공략법

01 type
입문자의 경우

공인중개사 시험 준비 경험이 전혀 없는 상태라면 먼저 시험에 대한 전체적인 파악과 과목에 대한 이해가 필요하다. 서점에서 공인중개사 관련 서적을 살펴보고 공인중개사 시험에 대한 대략적 지식을 쌓은 후 학원에서 수험상담을 받는 것이 좋다.

02 type
학습경험이 있는 경우

잠시라도 손을 놓으면 실력이 급격히 떨어질 수 있으므로 문제풀이를 통해 학습한 이론을 정리하고, 안정적 실력 향상을 위해 꾸준히 노력해야 한다. 강의 또한 평소 취약하다고 느끼는 과목에 대해 집중 심화학습을 해야 한다. 정기적인 모의고사를 실시하여 결과에 따라 약점을 보완하는 동시에 성적이 잘 나오는 과목에 대해서도 소홀하지 않도록 지속적인 복습을 해야 한다.

03 type
시간이 부족한 직장인 또는 학생의 경우

시험에 올인하는 수험생에 비해 절대적으로 학습시간이 부족하므로 시간을 최대한 아껴가며 효율적으로 공부하는 방법을 찾는 것이 무엇보다도 중요하다. 평소에는 동영상 강의 등을 활용하여 과목별 이해도를 높이고 자투리 시간을 활용하여 지하철이나 버스 안에서 자기만의 암기카드, 핸드북 등을 보며 학습하는 것이 좋다. 주말은 주로 기본이론보다는 주중에 학습한 내용의 심화학습 위주로 공부해야 한다.

📝 **학습 방법**에 따른 공략법

독학할 경우

신뢰할 수 있는 기본서를 선택하여 기본이론을 충실히 학습하면서 문제집 또는 모의고사집을 통하여 실전에 필요한 문제풀이 방법을 터득하는 것이 관건이다. 주기적으로 모의고사 등에 응시하여 자신의 실력을 확인하면서 체계적인 수험계획을 세우고 이에 따라서 공부하여야 한다.

Tip 관련 법령 개정이 잦은 공인중개사 시험의 특성상 시험 전 최신 수험정보를 확인해 보는 자세가 필요하다.

※ 최신 수험정보 및 수험자료는 박문각 홈페이지(www.pmg.co.kr)에서 박문각출판 참고

학원강의를 수강할 경우

보통 학원에서는 2달을 기준으로 기본서, 문제집, 모의고사 등에 관련된 강의가 개설·진행되는데 그에 맞춰서 수험 전체의 일정을 잡는 것이 좋다. 학원수업 후에는 개인공부를 통해 실력을 쌓아 나가고, 쉬는 날에도 공부의 흐름을 놓치지 않도록 그 주에 공부한 부분을 가볍게 훑어보는 것이 좋다. 학원 내 스터디 모임과 학원의 전문상담원을 통하여 수험정보를 빠르고 쉽게 접할 수 있는 장점도 있다.

동영상강의를 수강할 경우

동영상을 통하여 이론 강의와 문제풀이 강의를 동시에 수강할 수도 있고, 단원별로 이론강의 수강 후에 문제풀이 강의로 즉시 실력을 점검할 수도 있다. 그리고 이해가 안 되거나 어려운 부분은 책갈피해 두었다가 다시 볼 수 있다. 패키지 강좌, 프리미엄 강좌 등을 이용하면 강의료가 할인된다.

※ 공인중개사 동영상강의: www.pmg.co.kr
　 박문각 공인중개사 전화문의: 02-6466-7201

공인중개사 시험총평

2023년 제34회 공인중개사 시험
"전년도에 비해 난이도가 상승하였다."

제34회 공인중개사 시험에서 1차 과목인 부동산학개론은 기존 기출문제 유형이 반복·응용출제되었으며 계산문제도 다수 출제되어 전년도에 비해 어려웠고, 민법은 지엽적이고 어려운 판례가 다수 출제되어 체감 난이도가 전년도에 비하여 매우 상승하였다.

2차 과목은 전반적으로 어려웠으나 부동산세법은 기본개념, 논점위주로 출제되어 기본서를 바탕으로 꾸준히 학습을 했다면 충분히 합격할 수 있을 난이도였다. 반면 공인중개사법·중개실무, 부동산공법, 부동산공시법령은 전혀 손을 댈 수 없는 고난도 문제와 생소한 유형의 문제가 대거 출제되어 수험생들의 체감 난이도는 예년에 비해 훨씬 높아졌다고 할 수 있다.

앞으로의 시험을 대비하기 위해서는 과목의 공통된 의견으로 전체적인 내용을 이해함과 동시에 정확히 파악한 후 다양한 유형의 문제풀이를 통해 종합적인 학습이 병행되어야 할 것으로 보인다.

제34회 시험의 과목별 출제 경향은 다음과 같다.

1차

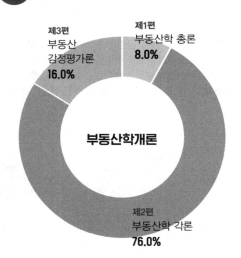

부동산학개론

제3편 부동산 감정평가론 16.0%
제1편 부동산학 총론 8.0%
제2편 부동산학 각론 76.0%

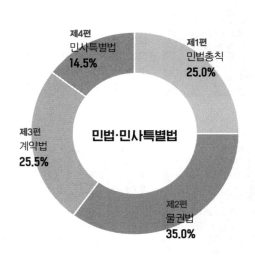

민법·민사특별법

제4편 민사특별법 14.5%
제1편 민법총칙 25.0%
제3편 계약법 25.5%
제2편 물권법 35.0%

부동산학개론은 난이도 소폭 상승, 문제 간 난이도 구별이 명확하므로 '선택과 집중'을 통한 합격전략 필요!

민법·민사특별법은 앞부분에 어려운 문제가 많이 배치되고, 지엽적인 판례가 다수 출제되어 체감 난이도가 아주 높았던 시험이었다.

2차

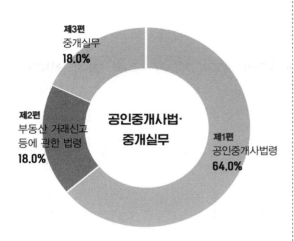

공인중개사법·중개실무는 제33회보다는 다소 어렵게 출제되었고, 이해와 암기를 병행하는 학습만이 고득점을 받을 수 있다는 점을 다시 한 번 보여주었다.

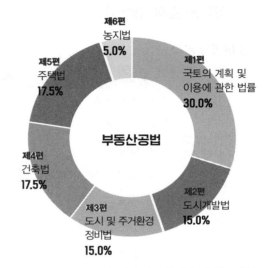

부동산공법은 일부 법률에서 최근 출제된 적 없는 계산문제와 매우 지엽적인 문제가 출제되어 전체적인 난이도가 많이 상승했다.

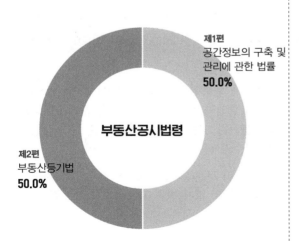

'공간정보법'은 몇몇 문제 외에는 평이한 난이도를 유지했고, '부동산등기법'은 지금까지 출제된 적 없던 유형의 문제들이 절반 가까이 출제되어 매우 어려웠다.

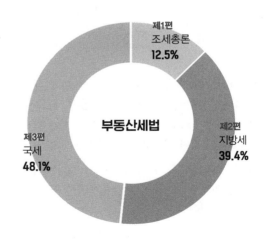

부동산세법은 기본개념을 이해하였는지를 중점적으로 물어보았고 단순 법조문을 묻는 문제, 사례형 문제, 계산문제를 혼합하여 출제하였다.

출제경향 분석 및 수험대책

🖥 어떻게 출제되었나?

▌출제경향 분석

구 분		제30회	제31회	제32회	제33회	제34회	총 계	비율(%)
공간정보의 구축 및 관리 등에 관한 법률	지적제도 총칙							0.0
	토지의 등록	4	1	4	2	3	14	11.7
	지적공부	1	4	4	5	2	16	13.3
	토지의 이동 및 지적정리	5	5	1	4	4	19	15.9
	지적측량	2	2	3	1	3	11	9.1
	소 계	12	12	12	12	12	60	50.0
부동산등기법	등기제도 총칙							0.0
	등기의 기관과 설비			1	1		2	1.7
	등기절차 총론	5	4	3	4	4	20	16.7
	각종의 등기절차 (I)	4	6	4	3	5	21	17.3
	각종의 등기절차 (II)	3	2	4	4	3	17	14.3
	소 계	12	12	12	12	12	60	50.0
총 계		24	24	24	24	24	120	100.0

「공간정보의 구축 및 관리에 관한 법률」에서는 항상 출제되는 부분이 전형적으로 다시 출제되었으나, 34회 시험에서는 이전에 볼 수 없던 새로운 부분을 3문제나 출제하였다. 난이도가 낮은 법이어서 보통 만점 방지용으로 새로운 부분을 1~2문제 정도 출제하여 왔으나 3문제까지 출제한 것은 전례에 없던 일이다. 그러나 우리는 꾸준히 빈출부분만 준비해도 합격점수의 취득에 영향이 없을 것이다.

또한, 그동안 꾸준히 강조하였듯이 기간이나 비율 등 숫자 관련 부분은 항상 출제의 다수를 차지하고 있고, 권한자가 누구냐 하는 간단한 부분도 이제는 두말 할 필요 없이 빈출되는 부분이므로 잘 준비하면 될 것이다.

34회 「부동산등기법」은 이미 빈출되던 부분이 꾸준히 나오고 있으므로, 빈출부분 중심으로 잘 정리하여 가면 합격점 취득에 영향을 주지 않을 것이다. 「부동산등기법」은 양도 방대하고 문장을 변형 출제하는 난이도가 있는 법이어서 투자시간이 많다고 득점으로 반드시 연결되는 과목이 아니므로 자주 나오는 빈출부분을 잘 보고 준비를 하여야 할 것이다.

📑 이렇게 준비하자!

34회나 되는 기출문제가 누적되다 보니 빈출부분이어서 잘 준비해야 할 부분과 어쩌다 한번 슥 등장하는 부분이어서 버려야 할 곳이 명확하므로 준비에는 큰 문제없을 것이다.

| 공간정보의 구축 및 관리 등에 관한 법률 |

준비에 전혀 문제없을 만큼 출제범위나 출제부분이 거의 명확하다. 토지표시 중 지목은 무조건 출제되는 부분이고, 지번이나 면적, 경계 등에서 순환출제 되므로 준비하면 되고 각 지적공부의 등록사항 구별과 부동산종합공부, 지상경계점등록부 및 언제나 출제되는 축척변경과 토지소유자의 정리에 관한 부분, 지적측량절차와 지적위원회 및 지적측량적부심사절차 등 출제될 부분이 눈에 보이므로 수업시간에 중요하다고 한 부분들을 눈여겨 외우면 무리 없을 것이다.

| 부동산등기법 |

「부동산등기법」은 전체적인 절차에 대한 이해와 암기가 병행되면 좋겠으나, 공인중개사 시험에서 문제 수 대비 차지하는 분량을 생각하면 많은 시간의 투자가 힘든 부분이 있으므로 오히려 기본적인 이해정도와 자주 나오는 부분에 집중하여 나머지는 버리는 공부가 필요하다. 부동산등기법은 같은 부분에 대해서도 문장을 변형하거나 사례화를 살짝 가미함으로써 문제분석에 시간이 소요되는 경우가 많으므로 많은 경우를 대비한다는 생각을 버리고 자주 나오는 부분에 집중하여 최소한의 노력으로 기본점수를 획득한다는 마음으로 접근하기 바란다.
등기신청적격이 있는 자와 부정되는 자의 구별, 공동신청에서 등기권리자와 등기의무자의 구별, 단독신청 할 수 있는 특례의 암기, 상속인에 의한 신청절차의 특수성, 등기신청의 각하사유에서 특히 등기할 수 없는 때에 해당하는 경우의 사례구분, 소유권보존등기, 담보물권의 등기, 부기등기, 가등기 등을 잘 준비하여 시간대비 효율적인 득점이 가능하도록 하면 될 것이다.
부동산등기법에서 득점하여 합격점수가 나오는 게 아니라, 공간정보의 구축 및 관리에 관한 법률에서 고득점하여 합격점수를 만들어낸다는 마음으로 임해야 할 것이다.

이 책의 구성 및 특징

01 | 실전에 강한 기출·예상문제

실전예상문제

철저한 최신출제경향 분석을 통해 출제가능성이 높은 문제를 수록함으로써 실전능력을 기를 수 있도록 하였다.

대표유형

단원 내에서 키워드가 유사한 문제를 모아 테마를 만들고, 그 테마를 대표하는 문제를 통해 시험에 자주 출제되는 문제의 유형을 제시하였다.

난이도·핵심키워드· 포인트 표시

난이도를 3단계로 표시하고 포인트와 핵심키워드를 통해 보다 정확한 문제 분석을 제시함으로써 수험생 스스로 셀프테스트가 가능하도록 구성하였다.

Chapter 01 지적제도 총칙

제1절 지적제도와 용어의 정의

대표유형

「공간정보의 구축 및 관리 등에 관한 법률」에서 규정한 용어의 정의로서 '토지의 표시'에 해당하는 것은?   제18회

① 도곽선의 수치
② 도면번호
③ 대장의 장번호
④ 토지등급
⑤ 경계 또는 좌표

해설 ⑤ 법 제2조 20. "토지의 표시"란 지적공부에 토지의 소재·지번(地番)·지목(地目)·면적·경계 또는 좌표를 등록한 것을 말한다.   ❷ 정답 ⑤

Point 01 지적제도

「공간정보의 구축 및 관리 등에 관한 법률」상 지적제도에 관한 다음 설명 중 틀린 것은?

① 지적공부에 등록되는 토지는 최대만조위 이상의 드러난 토지이다.
② 대한민국의 모든 토지가 지적공부에 등록된다.
③ 갯벌은 토지로 등록된다.
④ 지적사무는 토지의 표시와 권리관계를 기록하고 공시하는 국가의 사무이다.
⑤ 토지의 표시에 관한 사항은 지적공부에 등록되어야 법적인 효력이 인정된다.

02 | 정확하고 명쾌한 정답 및 해설

제4장 지적공부

Answer

01 ⑤	02 ④	03 ①	04 ①	05 ②	06 ②	07 ③	08 ①	09 ②	10 ②
11 ②	12 ⑤	13 ③	14 ②	15 ③	16 ④	17 ②	18 ⑤	19 ②	20 ①
21 ④	22 ①	23 ①	24 ②	25 ③	26 ②	27 ④	28 ⑤	29 ③	30 ②
31 ⑤	32 ⑤	33 ①	34 ⑤	35 ⑤	36 ③	37 ①	38 ⑤	39 ⑤	40 ⑤
41 ⑤									

01 ⑤ 소유권의 지분은 공유지연명부와 대지권등록부의 등록사항이다.

02 ④ ㉠, ㉡, ㉢, ㉫이 옳다.
　㉢ 개별공시지가 – 토지대장과 임야대장의 등록사항이다. 경계점좌표등록부에는 등록되지 않는다.
　㉣ 삼각점과 지적기준점의 위치 – 지적도와 임야도의 등록사항이다. 경계점좌표등록부에는 등록되지 않는다.

03 ① 삼각점 및 지적기준점의 위치는 지적도와 임야도의 등록사항이다.

04 ① ㉠, ㉢, ㉣, ㉫이 해당된다.
　㉡ 지적도면의 색인도 : 도면의 등록사항
　㉫ 전유부분의 건물표시 : 대지권등록부의 등록사항
　㉯ 부호 및 부호도 : 경계점좌표등록부의 등록사항

05 ① 전유부분의 건물표시 : 대지권등록부의 등록사항
　③ 좌표 : 경계점좌표등록부의 등록사항
　④ 삼각점 및 지적기준점의 위치, 지적도면의 색인도, 도곽선과 그 수치 : 도면의 등록사항
　⑤ 소유권의 지분 : 공유지연명부와 대지권등록부의 등록사항

06 ② 대지권등록부의 고유등록사항 : 건물의 명칭, 전유부분의 건물표시, 대지권비율

07 ③ ㉠, ㉢, ㉫이 공통등록사항이다.
　㉡ 토지의 이동사유 : 토지대장과 임야대장의 등록사항
　㉢ 전유부분의 건물표시 : 대지권등록부의 등록사항
　㉣ 면적 : 토지대장과 임야대장의 등록사항

08 ① 전유부분의 건물의 표시는 대지권등록부의 고유등록사항이다.

효율적 지면 구성

문제풀이에 방해되지 않도록 문제와 해설·정답을 분리하여 수록하였고 편리한 학습을 위하여 책속의 책 형태로 구성하였다.

상세한 해설

문제의 핵심을 찌르는 정확하고 명쾌한 해설은 물론, 문제와 관련하여 더 알아두어야 할 내용을 제시함으로써 문제풀이의 효과를 극대화하고자 하였다.

이 책의 차례

PART 01

공간정보의
구축 및
관리 등에
관한 법률

PART
02

부동산등기법

부록

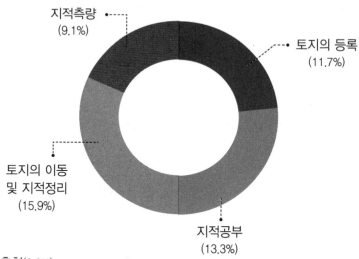

- 지적측량 (9.1%)
- 토지의 등록 (11.7%)
- 토지의 이동 및 지적정리 (15.9%)
- 지적공부 (13.3%)

■ 지적제도 총칙(0.0%)

▌최근 5개년 출제경향 분석

공간정보의 구축 및 관리에 관한 법률은 법령에 규정된 내용에 한정하여 출제하고, 예전처럼 법령에 없는 질의회신사항은 배제함으로써 출제범위에 대해 안정적으로 나오고 있다. 나오는 부분도 꾸준히 일관성 있게 담당관청 또는 승인관청의 구별과 각 절차에서 정해진 기간이나 비율 등 법령에 정해진 숫자는 고루 돌아가면서 계속 출제되므로, 준비에도 문제없고 득점에도 문제없는 평이한 과목이다.

PART

01

공간정보의 구축 및
관리 등에 관한 법률

제1절 지적제도와 용어의 정의

대표유형

「공간정보의 구축 및 관리 등에 관한 법률」에서 규정한 용어의 정의로서 '토지의 표시'에 해당하는 것은? 제18회

① 도곽선의 수치

② 도면번호

③ 대장의 장번호

④ 토지등급

⑤ 경계 또는 좌표

해설 ⑤ 법 제2조 20. "토지의 표시"란 지적공부에 토지의 소재·지번(地番)·지목(地目)·면적·경계 또는 좌표를 등록한 것을 말한다. **A** 정답 ⑤

Point

01

상중**하**
지적제도

「공간정보의 구축 및 관리 등에 관한 법률」상 지적제도에 관한 다음 설명 중 틀린 것은?

① 지적공부에 등록되는 토지는 최대만조위 이상의 드러난 토지이다.

② 대한민국의 모든 토지가 지적공부에 등록된다.

③ 갯벌은 토지로 등록된다.

④ 지적사무는 토지의 표시와 권리관계를 기록하고 공시하는 국가의 사무이다.

⑤ 토지의 표시에 관한 사항은 지적공부에 등록되어야 법적인 효력이 인정된다.

02 지적제도의 기본이념이 아닌 것은?

상중**하**
지적제도

① 지적국정주의
② 지적형식주의
③ 지적공개주의
④ 형식적 심사주의
⑤ 직권등록주의

03 지적제도와 등기제도의 비교에 관한 설명 중 틀린 것은?

상중**하**
지적제도와
등기제도의 비교

① 등기된 토지의 수는 등록된 토지의 수와 동일하다.
② 등기는 형식적 심사를 하고, 지적은 실질적 심사를 한다.
③ 등기는 신청주의를 취하고, 지적은 직권등록주의를 취한다.
④ 토지의 표시는 대장이 우선하고, 권리는 등기가 우선한다.
⑤ 지적은 토지의 표시를 공시하는 데 중점을 두고, 등기는 토지 및 건물의 권리관계를 공시하는 데 중점을 둔다.

04 「공간정보의 구축 및 관리 등에 관한 법률」에서 규정한 용어에 관한 설명으로 틀린 것은?

상중**하**
용어 정의

① "지적소관청"이란 지적공부를 관리하는 특별자치시장, 시장(「제주특별자치도 설치 및 국제자유도시 조성을 위한 특별법」 제10조 제2항에 따른 행정시의 시장을 포함하며, 「지방자치법」 제3조 제3항에 따라 자치구가 아닌 구를 두는 시의 시장은 제외한다)·군수 또는 구청장(자치구가 아닌 구의 구청장을 포함한다)을 말한다.
② "지적공부"란 토지대장, 임야대장, 공유지연명부, 대지권등록부, 지적도, 임야도 및 경계점좌표등록부 등 지적측량 등을 통하여 조사된 토지의 표시와 해당 토지의 소유자 등을 기록한 대장 및 도면(정보처리시스템을 통하여 기록·저장된 것을 포함한다)을 말한다.
③ "지목변경"이란 지적공부에 등록된 지목을 다른 용도로 바꾸어 사용하는 것을 말한다.
④ "축척변경"이란 지적도에 등록된 경계점의 정밀도를 높이기 위하여 큰 축척을 작은 축척으로 변경하여 등록하는 것을 말한다.
⑤ "등록전환"이란 임야대장 및 임야도에 등록된 토지를 토지대장 및 지적도에 옮겨 등록하는 것을 말한다.

대표유형

공간정보의 구축 및 관리 등에 관한 법령상 토지의 조사·등록 등에 관한 내용이다. (   )에 들어갈 사항으로 옳은 것은?   제23회

> (㉠)은(는) (㉡)에 대하여 필지별로 소재·지번·지목·면적·경계 또는 좌표 등을 조사·측량하여 지적공부에 등록하여야 한다. 지적공부에 등록하는 지번·지목·면적·경계 또는 좌표는 (㉢)이 있을 때 토지소유자의 신청을 받아 (㉣)이 결정한다.

① ㉠: 지적소관청, ㉡: 모든 토지, ㉢: 토지의 이용, ㉣: 국토교통부장관
② ㉠: 지적측량수행자, ㉡: 관리 토지, ㉢: 토지의 이동, ㉣: 국토교통부장관
③ ㉠: 지적측량수행자, ㉡: 모든 토지, ㉢: 토지의 이동, ㉣: 지적소관청
④ ㉠: 국토교통부장관, ㉡: 관리 토지, ㉢: 토지의 이용, ㉣: 지적소관청
⑤ ㉠: 국토교통부장관, ㉡: 모든 토지, ㉢: 토지의 이동, ㉣: 지적소관청

해설 ⑤ 토지표시의 결정은 지적소관청이 하고, 등록은 국토교통부장관이 한다. (결소등장)

법 제64조【토지의 조사·등록 등】 ① 국토교통부장관은 모든 토지에 대하여 필지별로 소재·지번·지목·면적·경계 또는 좌표 등을 조사·측량하여 지적공부에 등록하여야 한다.
② 지적공부에 등록하는 지번·지목·면적·경계 또는 좌표는 토지의 이동이 있을 때 토지소유자(법인이 아닌 사단이나 재단의 경우에는 그 대표자나 관리인을 말한다. 이하 같다)의 신청을 받아 지적소관청이 결정한다. 다만, 신청이 없으면 지적소관청이 직권으로 조사·측량하여 결정할 수 있다.

Ⓐ 정답 ⑤

Point

01

상중하

토지표시의 등록

「공간정보의 구축 및 관리 등에 관한 법률」상 토지의 조사 · 등록에 관한 설명으로 틀린 것은?

① 지적공부에 등록하는 지번 · 지목 · 면적 · 경계 또는 좌표는 토지의 이동이 있을 때 토지소유자의 신청을 받아 지적소관청이 결정한다. 다만, 신청이 없으면 지적소관청이 직권으로 조사 · 측량하여 결정할 수 있다.

② 국토교통부장관은 모든 토지에 대하여 필지별로 소재 · 지번 · 지목 · 면적 · 경계 또는 좌표 등을 조사 · 측량하여 지적공부에 등록하여야 한다.

③ 토지이동현황 조사계획은 해당 시 · 군 · 구별로 수립하여야 하며, 부득이한 경우에는 읍 · 면 · 동 단위로도 수립할 수 있다.

④ 지적소관청은 토지의 이동현황을 직권으로 조사 · 측량하여 토지의 지번 · 지목 · 면적 · 경계 또는 좌표를 결정하려는 때에는 토지이동현황 조사계획을 수립하여 시 · 도지사 또는 대도시 시장의 승인을 받아야 한다.

⑤ 지적소관청은 토지이동현황 조사계획에 따라 토지의 이동현황을 조사한 때에는 토지이동 조사부에 토지의 이동현황을 적어야 한다.

02

상중하

토지의
조사 · 등록

토지의 표시를 직권으로 조사 · 측량하여 결정하려는 절차에 관한 설명으로 틀린 것은?

① 지적소관청은 토지의 이동현황을 직권으로 조사 · 측량하여 토지의 지번 · 지목 · 면적 · 경계 또는 좌표를 결정하려는 때에는 토지이동현황 조사계획을 수립하여야 한다.

② 토지이동현황 조사계획은 시 · 군 · 구별로 수립하되, 부득이한 사유가 있는 때에는 시 · 도별로 수립할 수 있다.

③ 지적소관청은 토지이동현황 조사계획에 따라 토지의 이동현황을 조사한 때에는 토지이동 조사부에 토지의 이동현황을 적어야 한다.

④ 지적소관청은 토지이동현황 조사 결과에 따라 토지의 지번 · 지목 · 면적 · 경계 또는 좌표를 결정한 때에는 이에 따라 지적공부를 정리하여야 한다.

⑤ 지적소관청은 지적공부를 정리하려는 때에는 토지이동 조사부를 근거로 토지이동 조서를 작성하여 토지이동정리 결의서에 첨부하여야 하며, 토지이동조서의 아래 부분 여백에 "「공간정보의 구축 및 관리 등에 관한 법률」 제64조 제2항 단서에 따른 직권정리"라고 적어야 한다.

03
상중하

토지의
조사·등록

공간정보의 구축 및 관리 등에 관한 법령상 토지의 조사·등록 등에 관한 내용이다. (   )에 들어갈 사항으로 옳은 것은?

(㉠)은 모든 토지에 대하여 필지별로 소재·지번·지목·면적·경계 또는 좌표 등을 조사·측량하여 지적공부에 등록하여야 한다.

지적공부에 등록하는 지번·지목·면적·경계 또는 좌표는 토지의 이동이 있을 때 토지소유자(법인이 아닌 사단이나 재단의 경우에는 그 대표자나 관리인을 말한다. 이하 같다)의 신청을 받아 (㉡)이 결정한다.

---

① ㉠: 국토교통부장관   ㉡: 국토교통부장관
② ㉠: 국토교통부장관   ㉡: 지적소관청
③ ㉠: 국토교통부장관   ㉡: 시·도지사
④ ㉠: 지적소관청   ㉡: 지적소관청
⑤ ㉠: 지적소관청   ㉡: 국토교통부장관

04
상중하

직권등록절차

지적소관청이 토지의 표시를 직권으로 조사·측량하여 등록하는 절차로 순서가 옳은 것은?

㉠ 토지이동조사부 작성   ㉡ 토지이동현황조사계획 수립
㉢ 토지이동현황 조사   ㉣ 지적공부정리
㉤ 토지이동정리결의서 작성

---

① ㉡ - ㉠ - ㉢ - ㉣ - ㉤
② ㉤ - ㉡ - ㉠ - ㉢ - ㉣
③ ㉠ - ㉣ - ㉡ - ㉢ - ㉤
④ ㉡ - ㉣ - ㉢ - ㉠ - ㉤
⑤ ㉡ - ㉢ - ㉠ - ㉤ - ㉣

05

상중하

직권등록절차

공간정보의 구축 및 관리 등에 관한 법령상 지적소관청이 토지의 이동현황을 직권으로 조사·측량하여 결정하기 위하여 수립하는 계획은?

① 토지이용현황 조사계획

② 토지이동현황 조사계획

③ 지적현황측량계획

④ 지적확정조사계획

⑤ 축척변경 시행계획

06

상중하

1필지 성립요건

지적공부에 등록하는 1필지가 되기 위한 성립요건으로 틀린 것은?

① 등기된 토지와 미등기된 토지가 아닐 것

② 지번부여지역이 동일할 것

③ 소유자가 여러 명일 때 지분이 다르더라도 소유자가 동일할 것

④ 축척이 동일한 도면에 등록되어 있을 것

⑤ 지목이 동일할 것

토지의 등록사항

제1절 **지 번**

대표유형

1. 공간정보의 구축 및 관리 등에 관한 법령상 지번의 구성 및 부여방법 등에 관한 설명으로 틀린 것은?   제29회

① 지번은 아라비아숫자로 표기하되, 임야대장 및 임야도에 등록하는 토지의 지번은 숫자 앞에 "산"자를 붙인다.

② 지번은 북서에서 남동으로 순차적으로 부여한다.

③ 지번은 본번과 부번으로 구성하되, 본번과 부번 사이에 "―"표시로 연결한다.

④ 지번은 국토교통부장관이 시·군·구별로 차례대로 부여한다.

⑤ 분할의 경우에는 분할 후의 필지 중 1필지의 지번은 분할 전의 지번으로 하고, 나머지 필지의 지번은 본번의 최종 부번 다음 순번으로 부번을 부여한다.

해설 ④ 지번은 '지적소관청'이 '지번부여지역'별로(=동·리별로) 차례대로 부여한다.

④ 정답 ④

2. 지번의 부여 및 부여방법 등에 관한 설명으로 틀린 것은?   제23회

① 지적소관청은 지번을 변경할 필요가 있다고 인정하면 시·도지사나 대도시 시장의 승인을 받아 지번부여지역의 전부 또는 일부에 대하여 지번을 새로 부여할 수 있다.

② 신규등록의 경우에는 그 지번부여지역에서 인접토지의 본번에 부번을 붙여서 지번을 부여하는 것을 원칙으로 한다.

③ 분할의 경우에는 분할 후의 필지 중 1필지의 지번은 분할 전의 지번으로 하고, 나머지 필지의 지번은 최종 본번 다음 순번의 본번을 순차적으로 부여하여야 한다.

④ 등록전환 대상토지가 여러 필지로 되어 있는 경우에는 그 지번부여지역의 최종 본번의 다음 순번부터 본번으로 하여 순차적으로 지번을 부여할 수 있다.

⑤ 합병의 경우로서 토지소유자가 합병 전의 필지에 주거·사무실 등의 건축물이 있어서 그 건축물이 위치한 지번을 합병 후의 지번으로 신청할 때에는 그 지번을 합병 후의 지번으로 부여하여야 한다.

해설 ③ 분할의 경우에는 분할 후의 필지 중 1필지의 지번은 분할 전의 지번으로 하고, 나머지 필지의 지번은 본번의 최종 부번 다음 순번으로 부번을 부여하여야 한다.

④ 정답 ③

Point 01
상중하
지번부여

공간정보의 구축 및 관리 등에 관한 법령상 지번의 부여 등에 관한 설명으로 틀린 것은?

① 지번은 지적소관청이 지번부여지역별로 차례대로 부여한다.

② 지적소관청은 지적공부에 등록된 지번을 변경할 필요가 있다고 인정하면 국토교통부장관의 승인을 받아 지번부여지역의 전부 또는 일부에 대하여 지번을 새로 부여할 수 있다.

③ 지번은 본번(本番)과 부번(副番)으로 구성하되, 본번과 부번 사이에 "-"표시로 연결한다. 이 경우 "-"표시는 "의"라고 읽는다.

④ 지번(地番)은 아라비아숫자로 표기하되, 임야대장 및 임야도에 등록하는 토지의 지번은 숫자 앞에 "산"자를 붙인다.

⑤ 지번은 북서에서 남동으로 순차적으로 부여하여야 한다.

02
상중하
지번부여와 변경

공간정보의 구축 및 관리에 관한 법령상 다음 (   )에 들어갈 사항으로 옳은 것은?

> 지번은 (㉠)이(가) 지번부여지역별로 차례대로 부여하며, 지적소관청은 지적공부에 등록된 지번을 변경할 필요가 있다고 인정하면 (㉡)의 승인을 받아 지번부여지역의 전부 또는 일부에 대하여 지번을 새로 부여할 수 있다.

	㉠	㉡
①	지적소관청	시·도지사
②	시·도지사	국토교통부장관
③	국토교통부장관	시·도지사
④	국토교통부장관	시·도지사나 대도시 시장
⑤	지적소관청	시·도지사나 대도시 시장

Point 03
상중하
신규등록 지번부여

공간정보의 구축 및 관리 등에 관한 법령상 신규등록하는 경우의 지번부여방법에 대한 설명으로 틀린 것은?

① 그 지번부여지역에서 인접토지의 본번에 이어지는 본번을 붙여서 지번을 부여하여야 한다.

② 대상토지가 그 지번부여지역의 최종 지번의 토지에 인접하여 있는 경우에는 그 지번부여지역의 최종 본번의 다음 순번부터 본번으로 하여 순차적으로 지번을 부여할 수 있다.

③ 대상토지가 이미 등록된 토지와 멀리 떨어져 있어서 등록된 토지의 본번에 부번을 부여하는 것이 불합리한 경우에는 그 지번부여지역의 최종 본번의 다음 순번부터 본번으로 하여 순차적으로 지번을 부여할 수 있다.

④ 대상토지가 여러 필지로 되어 있는 경우 그 지번부여지역의 최종 본번의 다음 순번부터 본번으로 하여 순차적으로 지번을 부여할 수 있다.

⑤ 등록전환하는 토지의 지번부여방법은 신규등록하는 경우와 동일하게 하여야 한다.

Point
04
상중하
지번부여

공간정보의 구축 및 관리 등에 관한 법령상 지번부여에 대한 다음 설명 중 틀린 것은?

① 분할의 경우에는 분할 후의 필지 중 1필지의 지번은 분할 전의 지번으로 하고, 나머지 필지의 지번은 본번의 최종 부번 다음 순번으로 부번을 부여하여야 한다.

② 분할의 경우 주거·사무실 등의 건축물이 있는 필지에 대해서는 분할 전의 지번을 우선하여 부여하여야 한다.

③ 합병의 경우에는 합병 대상 지번 중 선순위의 지번을 그 지번으로 하여야 한다.

④ 합병의 경우 본번으로 된 지번이 있을 때에는 본번 중 선순위의 지번을 합병 후의 지번으로 하여야 한다.

⑤ 합병 전의 필지에 주거·사무실 등의 건축물이 있는 경우에는 그 건축물이 위치한 지번을 합병 후의 지번으로 부여하여야 한다.

05
상중하
합병시의 지번부여

공간정보의 구축 및 관리 등에 관한 법령상 아래 그림과 같은 토지의 합병을 하는 경우 다음의 지번부여에 대한 설명 중 옳은 것은?

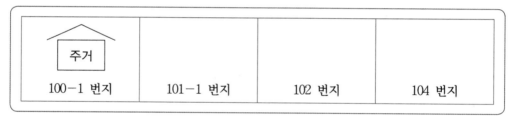

| 주거
100-1 번지 | 101-1 번지 | 102 번지 | 104 번지 |

① 100-1번지로 부여하는 것이 원칙이다.

② 토지소유자가 101-1번지로 부여신청하면 101-1번지로 부여한다.

③ 토지소유자가 100-1번지로 부여신청하면 100-1번지로 부여한다.

④ 101-1번지로 부여하는 것이 원칙이다.

⑤ 토지소유자가 104번지로 부여신청하면 104번지로 부여한다.

Point

06 상중하

지적확정측량실시지역
지번부여

공간정보의 구축 및 관리 등에 관한 법령상 지적확정측량을 실시한 지역의 지번부여방법으로 틀린 것은?

① 지적확정측량을 실시한 지역 내의 지번 중 본번으로 된 지번을 사용하여 부여하여야 한다.

② 지역 내의 본번 중에서 지적확정측량을 실시한 지역의 종전의 지번과 지적확정측량을 실시한 지역 밖에 있는 본번이 같은 지번이 있을 때에는 그 지번은 제외하여야 한다.

③ 지적확정측량을 실시한 지역의 경계에 걸쳐 있는 지번이 본번으로 된 지번인 경우에는 그 지번을 사용하여 부여하여야 한다.

④ 부여할 수 있는 종전 지번의 수가 새로 부여할 지번의 수보다 적을 때에는 블록 단위로 하나의 본번을 부여한 후 필지별로 부번을 부여하거나, 그 지번부여지역의 최종 본번 다음 순번부터 본번으로 하여 차례로 지번을 부여할 수 있다.

⑤ 지번을 변경하는 경우에는 지적확정측량을 실시한 지역의 지번부여방법을 준용하여야 한다.

07 상중하

지적확정측량실시지역
지번부여

다음 중 지적확정측량을 실시한 지역의 지번부여방법을 준용하는 것을 모두 고른 것은?

> ㉠ 지번부여지역의 지번을 변경할 때
> ㉡ 축척변경 시행지역의 필지에 지번을 부여할 때
> ㉢ 도시개발사업 등이 준공되기 전에 사업시행자가 지번부여 신청을 하여 지번을 부여할 때
> ㉣ 행정구역개편에 따라 지번을 새로 부여할 때
> ㉤ 등록전환으로 인하여 지번을 새로 부여할 때

① ㉢, ㉤

② ㉠, ㉢, ㉤

③ ㉠, ㉡, ㉣, ㉤

④ ㉠, ㉡, ㉢, ㉤

⑤ ㉠, ㉡, ㉢, ㉣

08 공간정보의 구축 및 관리 등에 관한 법령상 지번변경의 절차에 대한 설명 중 틀린 것은?

상중하
지번변경

① 지적소관청은 지적공부에 등록된 지번을 변경할 필요가 있다고 인정하면 지번부여지역의 전부나 일부에 대하여 지번을 새로 부여할 수 있다.

② 지적소관청은 시·도지사나 대도시 시장의 승인을 받아 지번을 새로 부여할 수 있다.

③ 지적소관청은 지번을 변경하려면 지번변경 사유를 적은 승인신청서에 지번변경 대상지역의 지번·지목·면적·소유자에 대한 상세한 내용을 기재하여 시·도지사 또는 대도시 시장에게 제출해야 한다.

④ 지적소관청이 지번변경을 하고자 하는 때에는 시·도지사 또는 대도시 시장에게 승인신청서와 함께 지적도 및 임야도의 사본을 제공하여야 한다.

⑤ 지번변경의 승인 신청을 받은 시·도지사 또는 대도시 시장은 지번변경 사유 등을 심사한 후 그 결과를 지적소관청에 통지하여야 한다.

09 공간정보의 구축 및 관리 등에 관한 법령상 다음의 (   )에 들어갈 적절한 내용은?

상중하
지적확정측량실시지역
지번부여

> 지적소관청은 도시개발사업 등이 준공되기 전에 지번을 부여하는 때에는 (   )에 따르되, (   ) 실시지역의 지번부여방법에 따라 부여하여야 한다.

① 사업계획도, 지적확정측량

② 지적확정측량, 사업계획도

③ 사업인가서, 지적현황측량

④ 토지대장, 분할측량

⑤ 토지이용계획확인서, 등록전환측량

제2절 │ **지 목**

대표유형

1. 공간정보의 구축 및 관리 등에 관한 법령상 지목의 구분으로 틀린 것은? 제27회

① 학교의 교사(校舍)와 이에 접속된 체육장 등 부속시설물의 부지의 지목은 "학교용지"로 한다.

② 물건 등을 보관하거나 저장하기 위하여 독립적으로 설치된 보관시설물의 부지와 이에 접속된 부속시설물의 부지의 지목은 "창고용지"로 한다.

③ 사람의 시체나 유골이 매장된 토지, 「장사 등에 관한 법률」 제2조 제9호에 따른 봉안시설과 이에 접속된 부속시설물의 부지 및 묘지의 관리를 위한 건축물의 부지의 지목은 "묘지"로 한다.

④ 교통 운수를 위하여 일정한 궤도 등의 설비와 형태를 갖추어 이용되는 토지와 이에 접속된 역사(驛舍)·차고·발전시설 및 공작창(工作廠) 등 부속시설물의 부지의 지목은 "철도용지"로 한다.

⑤ 육상에 인공으로 조성된 수산생물의 번식 또는 양식을 위한 시설을 갖춘 부지와 이에 접속된 부속시설물의 부지의 지목은 "양어장"으로 한다.

해설 ③ 사람의 시체나 유골이 매장된 토지, 「장사 등에 관한 법률」 제2조 제9호에 따른 봉안시설과 이에 접속된 부속시설물의 부지는 지목을 "묘지"로 하고, 묘지의 관리를 위한 건축물의 부지의 지목은 "대"로 한다.
A 정답 ③

2. 공간정보의 구축 및 관리 등에 관한 법령상 지목과 지적도면에 등록하는 부호의 연결이 틀린 것을 모두 고른 것은? 제29회

㉠ 공원 − 공	㉡ 목장용지 − 장	㉢ 하천 − 하
㉣ 주차장 − 차	㉤ 양어장 − 어	

① ㉡, ㉢, ㉤

② ㉡, ㉣, ㉤

③ ㉢, ㉣, ㉤

④ ㉠, ㉡, ㉢, ㉣

⑤ ㉠, ㉡, ㉣, ㉤

해설 ㉡ 목장용지 − 목, ㉢ 하천 − 천, ㉤ 양어장 − 양
A 정답 ①

Point
10
상중하
지목의 구분기준

공간정보의 구축 및 관리 등에 관한 법령상 지목의 구분기준에 관한 설명으로 옳은 것은?

① 물을 상시적으로 직접 이용하여 벼·연(蓮)·미나리·왕골 등의 식물을 주로 재배하는 토지 또는 연·왕골 등이 자생하는 배수가 잘 되지 아니하는 토지는 '답'으로 한다.

② 물을 상시적으로 이용하지 않고 곡물·원예작물(과수류는 제외한다)·약초·뽕나무·닥나무·묘목·관상수 등의 식물을 주로 재배하는 토지와 식용(食用)으로 죽순을 재배하는 토지는 '전'으로 한다.

③ 사과·배·밤·호두·귤나무 등 과수류를 집단적으로 재배하는 토지와 이에 접속된 저장고 등 부속시설물의 부지 및 주거용 건축물의 부지는 '과수원'으로 한다.

④ 축산업 및 낙농업을 하기 위하여 초지를 조성한 토지와 「축산법」 제2조 제1호에 따른 가축을 사육하는 축사 등의 부지 및 주거용 건축물의 부지는 '목장용지'로 한다.

⑤ 산림 및 원야(原野)를 이루고 있는 암석지·자갈땅·모래땅·습지·황무지 등의 토지는 '잡종지'로 한다.

11
상중하
지목의 구분기준

공간정보의 구축 및 관리 등에 관한 법령상 지목의 구분기준에 관한 설명으로 틀린 것은?

① 지하에서 온수·약수·석유류 등이 용출되는 용출구와 그 유지에 사용되는 부지는 '광천지'로 한다.

② 바닷물을 끌어들여 소금을 채취하기 위하여 조성된 토지와 이에 접속된 제염장 등 부속시설물의 부지는 '염전'으로 한다.

③ 영구적 건축물 중 주거·점포·사무실과 극장·미술관·박물관 등 문화시설과 이에 접속된 정원 및 부속시설물의 부지는 '대'로 한다.

④ 학교의 교사(校舍)와 이에 접속된 체육장 등 부속시설물의 부지는 '학교용지'로 한다.

⑤ 제조업을 하고 있는 공장시설물의 부지는 '공장용지'로 하고, 같은 구역에 있는 의료시설 등 부속시설물의 부지는 '대'로 한다.

Point
12
상중하
지목의 구분기준

공간정보의 구축 및 관리 등에 관한 법령상 지목에 대한 다음 설명 중 옳은 것은?

① 지하에서 온수·약수·석유류 등이 용출되는 용출구와 그 유지에 사용되는 부지는 '광천지'에서 제외한다.

② 온수·약수·석유류 등을 일정한 장소로 운송하는 송수관·송유관 및 저장시설의 부지는 '광천지'로 한다.

③ 물을 상시적으로 직접 이용하여 벼·연(蓮)·미나리·왕골 등의 식물을 주로 재배하는 토지는 '유지'로 한다.

④ 연·왕골 등이 자생하는 배수가 잘 되지 아니하는 토지는 '답'으로 한다.

⑤ 실외에 물건을 쌓아두는 곳은 '잡종지'로 한다.

13 공간정보의 구축 및 관리 등에 관한 법령상 지목의 구분기준에 관한 설명으로 옳은 것은?

상중하
지목의 구분기준

① 자동차 등의 주차에 필요한 독립적인 시설을 갖춘 부지는 '주차장'으로 하고, 주차전용 건축물 부지는 '대'로 한다.
② 물을 정수하여 공급하기 위한 취수·저수·도수(導水)·정수·송수 및 배수 시설의 부지 및 이에 접속된 부속시설물의 부지는 '잡종지'로 한다.
③ 일반 공중의 보건·휴양 및 정서생활에 이용하기 위한 시설을 갖춘 토지로서 「국토의 계획 및 이용에 관한 법률」에 따라 공원 또는 녹지로 결정·고시된 토지는 '유원지'로 한다.
④ 「국토의 계획 및 이용에 관한 법률」 등 관계 법령에 따른 택지조성공사가 준공된 토지는 '잡종지'로 한다.
⑤ 「산업집적활성화 및 공장설립에 관한 법률」 등 관계 법령에 따른 공장부지 조성공사가 준공된 토지는 '공장용지'로 한다.

14 공간정보의 구축 및 관리 등에 관한 법령상 지목의 구분기준에 관한 설명으로 틀린 것은?

상중하
지목의 구분기준

① 「주차장법」에 따른 노상주차장 및 부설주차장은 '주차장'이 아니고, 자동차 등의 판매 목적으로 설치된 물류장 및 야외전시장은 '주차장'이다.
② 「주차장법」 제19조 제4항에 따라 시설물의 부지 인근에 설치된 부설주차장은 '주차장'이다.
③ 전기 또는 수소 등의 판매를 위하여 일정한 설비를 갖춘 시설물의 부지와 저유소(貯油所) 및 원유저장소의 부지는 '주유소용지'로 한다.
④ 자동차·선박·기차 등의 제작 또는 정비공장 안에 설치된 급유·송유시설 등의 부지는 '주유소용지'로 하지 않는다.
⑤ 물건 등을 보관하거나 저장하기 위하여 독립적으로 설치된 보관시설물의 부지와 이에 접속된 부속시설물의 부지는 '창고용지'로 한다.

15

상**중**하

지목의 구분기준

공간정보의 구축 및 관리 등에 관한 법령상 지목을 '도로'로 할 수 없는 것은?

① 일반 공중(公衆)의 교통 운수를 위하여 보행에 이용되는 토지
② 차량운행에 필요한 일정한 설비 또는 형태를 갖추어 이용되는 토지
③ 고속도로의 휴게소 부지
④ 2필지 이상에 진입하는 통로로 이용되는 토지
⑤ 아파트 안에 설치된 통로

16

상**중**하

지목의 구분기준

공간정보의 구축 및 관리 등에 관한 법령상 지목의 구분기준에 관한 설명으로 옳은 것은?

① 교통 운수를 위하여 일정한 궤도 등의 설비와 형태를 갖추어 이용되는 토지는 '철도용지'로 하고, 이에 접속된 역사(驛舍)부지는 '대'로 한다.
② 조수 · 자연유수 · 모래 · 바람 등을 막기 위하여 설치된 방조제 · 방수제 · 방사제 · 방파제 등의 부지는 '잡종지'로 한다.
③ 자연의 유수가 있거나 있을 것으로 예상되는 소규모 수로부지는 '하천'으로 한다.
④ 용수 또는 배수를 위하여 일정한 형태를 갖춘 인공적인 수로 · 둑 및 그 부속시설물의 부지는 '제방'으로 한다.
⑤ 물이 고이거나 상시적으로 물을 저장하고 있는 댐 · 저수지 · 소류지 · 호수 · 연못 등의 토지와 연 · 왕골 등이 자생하는 배수가 잘 되지 아니하는 토지는 '유지'로 한다.

17

상**중**하

지목의 구분기준

공간정보의 구축 및 관리 등에 관한 법령상 지목의 구분기준에 관한 설명으로 옳은 것은?

① 해상에 인공으로 조성된 수산생물의 번식 또는 양식을 위한 시설을 갖춘 부지와 이에 접속된 부속시설물의 부지는 '양어장'으로 한다.
② 물을 정수하여 공급하기 위한 취수 · 저수 · 도수 · 정수 · 송수 및 배수 시설의 부지는 '구거'로 한다.
③ 「국토의 계획 및 이용에 관한 법률」에 따라 공원 또는 녹지로 결정 · 고시된 토지는 '잡종지'로 한다.
④ 체육시설로서의 영속성과 독립성이 미흡한 정구장 · 골프연습장 · 실내수영장 및 체육도장과 유수(流水)를 이용한 요트장 및 카누장 등의 토지는 '체육용지'로 하지 않는다.
⑤ 제사 등을 하기 위한 향교 등 건축물의 부지는 '종교용지'로 하지 않는다.

18 국민의 건강증진 등을 위한 체육활동에 적합한 시설과 형태를 갖추고 지목을 '체육용지'로 하는
것을 모두 고르면 몇 개인가?

지목의 구분기준

㉠ 실내체육관	㉡ 야구장
㉢ 수영장	㉣ 스키장
㉤ 경마장	㉥ 승마장

① 2개 　　　　　　　　　　　　② 3개
③ 4개 　　　　　　　　　　　　④ 5개
⑤ 6개

19 일반 공중의 위락·휴양 등에 적합한 시설물을 종합적으로 갖춘 다음의 시설물 부지 중 '유원지'
로 할 수 있는 것을 모두 고른 것은?

지목의 구분기준

㉠ 민속촌	㉡ 야영장
㉢ 골프장	㉣ 경륜장
㉤ 유선장	㉥ 동물원

① ㉡, ㉢, ㉤, ㉥ 　　　　　　　② ㉠, ㉡, ㉤, ㉥
③ ㉢, ㉣, ㉤, ㉥ 　　　　　　　④ ㉠, ㉡, ㉢, ㉣, ㉤
⑤ ㉠, ㉡, ㉢, ㉤, ㉥

20 공간정보의 구축 및 관리 등에 관한 법령상 지목의 구분기준에 관한 설명으로 틀린 것은?

지목의 구분기준

① 문화재로 지정된 역사적인 유적·고적·기념물 등을 보존하기 위하여 구획된 토지는 '사
적지'로 한다.
② 학교용지·공원·종교용지 등 다른 지목으로 된 토지에 있는 유적·고적·기념물 등을
보호하기 위하여 구획된 토지는 '사적지'로 하지 아니한다.
③ 「도시공원 및 녹지 등에 관한 법률」에 따른 묘지공원으로 결정·고시된 토지는 '공원'으
로 한다.
④ 「장사 등에 관한 법률」 제2조 제9호에 따른 봉안시설과 이에 접속된 부속시설물의 부지
는 '묘지'로 한다.
⑤ 묘지의 관리를 위한 건축물의 부지는 '대'로 한다.

21
상**중**하
지목의 구분기준

다음 중 지목을 잡종지로 할 수 없는 것은?

① 갈대밭
② 변전소, 송신소, 수신소 및 송유시설 등의 부지
③ 여객자동차터미널, 자동차운전학원 및 폐차장 등 자동차와 관련된 독립적인 시설물을 갖춘 부지
④ 원상회복을 조건으로 돌을 캐내는 곳 또는 흙을 파내는 곳으로 허가된 토지
⑤ 공항시설 및 항만시설 부지

22
상**중**하
지목의 구분기준

공간정보의 구축 및 관리 등에 관한 법령상 지목의 구분기준에 관한 설명으로 틀린 것은?

① 사과·배·밤·호두·귤나무 등 과수류를 집단적으로 재배하는 토지와 이에 접속된 저장고 등 부속시설물의 부지는 '과수원'으로 하고, 주거용 건축물의 부지는 '대'로 한다.
② 축산업 및 낙농업을 하기 위하여 초지를 조성한 토지와 접속된 부속시설물의 부지는 '목장용지'로 하고, 주거용 건축물의 부지는 '대'로 한다.
③ 지하에서 온수·약수·석유류 등이 용출되는 용출구와 온수·약수·석유류 등을 일정한 장소로 운송하는 송수관·송유관 및 저장시설의 부지는 '광천지'로 한다.
④ 자동차·선박·기차 등의 제작 또는 정비공장 안에 설치된 급유·송유시설 등의 부지는 '주유소용지'로 하지 않는다.
⑤ 물건 등을 보관하거나 저장하기 위하여 독립적으로 설치된 보관시설물의 부지는 '창고용지'로 하고, 실외에 물건을 쌓아두는 곳은 '잡종지'로 한다.

23
상**중**하
지목의 구분기준

공간정보의 구축 및 관리 등에 관한 법령상 지목의 구분기준에 관한 설명으로 틀린 것은?

① 아파트·공장 등 단일 용도의 일정한 단지 안에 설치된 통로 등은 '도로'로 하지 않는다.
② 자연의 유수가 있거나 있을 것으로 예상되는 부지는 소규모이더라도 '하천'으로 한다.
③ 연·왕골 등이 자생하는 배수가 잘 되지 아니하는 토지는 '유지'로 하고, 연·왕골 등의 식물을 주로 재배하는 토지는 '답'으로 한다.
④ 식용을 목적으로 죽순을 재배하는 토지는 '전'으로 한다.
⑤ 공원으로 된 토지에 있는 유적·고적·기념물 등을 보호하기 위하여 구획된 토지는 '사적지'로 하지 않는다.

Point
24 공간정보의 구축 및 관리 등에 관한 법령상 다음 (　)에 들어갈 사항으로 옳은 것은?
상중하
지목의 표기

> 영구적 건축물 중 주거·사무실·점포와 박물관·극장·미술관 등 문화시설과 이에 접속된 정원 및 부속시설물의 부지는 지목을 (㉠)로 하고, 과수원에 접속된 주거용 건축물의 부지는 (㉡)로 하며, 축산법에 따른 가축을 사육하는 축사 등의 부지에 있는 주거용 건축물의 부지는 (㉢)로 하고, 묘지의 관리를 위한 건축물의 부지는 (㉣)로 하며, 일반 공중의 종교의식을 위하여 예배·법요·설교·제사 등을 하기 위한 교회·사찰·향교 등 건축물의 부지는 (㉤)로 한다.

	㉠	㉡	㉢	㉣	㉤
①	대	대	대	대	종교용지
②	건축용지	과수원	목장용지	묘지	종교용지
③	건축용지	대	목장용지	대	대
④	대	과수원	대	묘지	대
⑤	대	대	대	묘지	잡종지

25 지목을 지적도 및 임야도에 등록하는 때에는 부호로 표기하여야 한다. 지목과 부호의 연결이 옳
상중하   은 것은?
지목의 표기
① 주유소용지 – 주　　　　　② 광천지 – 천
③ 목장용지 – 장　　　　　　④ 유원지 – 유
⑤ 잡종지 – 종

Point
26 공간정보의 구축 및 관리 등에 관한 법령상 지적도 및 임야도에 등록하는 지목의 표기에 관하여
상중하   (　)에 들어갈 사항으로 옳은 것은?
지목의 표기

> 목장용지는 (㉠)으로, 주차장은 (㉡)으로, 광천지는 (㉢)으로, 공원은 (㉣)으로, 공장용지는 (㉤)으로, 주유소용지는 (㉥)으로, 하천은 (㉦)으로, 유원지는 (㉧)으로 한다.

	㉠	㉡	㉢	㉣	㉤	㉥	㉦	㉧
①	장	주	광	공	공	주	하	유
②	장	주	광	원	공	유	천	유
③	목	차	천	공	장	유	하	원
④	목	주	천	공	장	주	천	원
⑤	목	차	광	공	장	주	천	원

제3절 경 계

대표유형

1. 공간정보의 구축 및 관리 등에 관한 법령상 지상경계의 결정기준으로 옳은 것은? (단, 지상경계의 구획을 형성하는 구조물 등의 소유자가 다른 경우는 제외함) 제32회

① 연접되는 토지 간에 높낮이 차이가 있는 경우: 그 구조물 등의 하단부
② 공유수면매립지의 토지 중 제방 등을 토지에 편입하여 등록하는 경우: 그 경사면의 하단부
③ 도로·구거 등의 토지에 절토(땅깎기)된 부분이 있는 경우: 바깥쪽 어깨부분
④ 토지가 해면 또는 수면에 접하는 경우: 최소만조위 또는 최소만수위가 되는 선
⑤ 연접되는 토지 간에 높낮이 차이가 없는 경우: 그 구조물 등의 상단부

해설 경계의 설정기준

높낮이 차이가 없을 때	구조물 등의 중앙	구조물 등의 소유자가 다른 경우 그 소유권에 따라 경계를 결정
높낮이 차이가 있을 때	구조물 등의 하단부	
절토(땅깎기)된 부분이 있을 때	경사면의 상단부	
해면·수면에 접할 때	최대만조위 또는 최대만수위	
제방 등을 토지에 편입	바깥쪽 어깨부분	

Ⓐ 정답 ①

2. 공간정보의 구축 및 관리 등에 관한 법령상 지상경계점등록부의 등록사항에 해당하는 것을 모두 고른 것은? 제26회

㉠ 경계점표지의 종류 및 경계점 위치
㉡ 공부상 지목과 실제 토지이용 지목
㉢ 토지소유자와 인접토지소유자의 서명·날인
㉣ 경계점 위치 설명도와 경계점의 사진 파일

① ㉠, ㉣   ② ㉡, ㉢   ③ ㉢, ㉣
④ ㉠, ㉡, ㉣   ⑤ ㉠, ㉡, ㉢, ㉣

해설 지상경계점등록부

작성·관리	지적소관청
등록사항	① 소 재 ② 지 번 ③ 경계점 사진 파일 ④ 경계점 위치 설명도 ⑤ 경계점좌표(경계점좌표등록부 시행지역에 한함) ⑥ 경계점표지의 종류 및 경계점 위치 ⑦ 공부상 지목과 실제 토지이용 지목

Ⓐ 정답 ④

27 「공간정보의 구축 및 관리 등에 관한 법률」에 규정된 "경계"와 관련된 설명으로 틀린 것은?

상중하
경계

① "경계"는 필지별로 경계점 간을 실제 형태대로 연결하여 지적공부에 등록한 선이다.

② 토지의 지상경계 위치는 둑·담장 그 밖에 구획의 목표가 될 만한 구조물 및 경계점 표지 등으로 구분한다.

③ 지적확정측량의 경계는 공사가 완료된 현황대로 결정하되, 공사가 완료된 현황이 사업계획도와 다를 때에는 미리 사업시행자에게 그 사실을 통지하여야 한다.

④ 매매 등을 위하여 토지를 분할하려는 경우 지상 경계점에 경계점표지를 설치하여 측량할 수 있다.

⑤ 도시개발사업 등의 사업시행자가 사업지구의 경계를 결정하기 위하여 토지를 분할하려는 경우 지상 경계점에 경계점표지를 설치하여 측량할 수 있다.

Point
28 공간정보의 구축 및 관리 등에 관한 법령상 지상경계의 결정기준에 관한 설명으로 옳은 것을 모두 고른 것은? (단, 지상경계의 구획을 형성하는 구조물 등의 소유자가 다른 경우는 제외함)

상중하
지상경계의 결정기준

⊙ 연접되는 토지 간에 높낮이 차이가 없는 경우: 그 구조물 등의 중앙

⊙ 연접되는 토지 간에 높낮이 차이가 있는 경우: 그 구조물 등의 상단부

⊙ 도로·구거 등의 토지에 절토(땅깎기)된 부분이 있는 경우: 그 경사면의 하단부

⊙ 토지가 해면 또는 수면에 접하는 경우: 최대만조위 또는 최대만수위가 되는 선

⊙ 공유수면매립지의 토지 중 제방 등을 토지에 편입하여 등록하는 경우: 제방의 바깥쪽 최대만조위

① ⊙, ⊙   ② ⊙, ⊙

③ ⊙, ⊙   ④ ⊙, ⊙, ⊙

⑤ ⊙, ⊙, ⊙

29 상중하
지상경계의 결정기준

공간정보의 구축 및 관리에 관한 법령상 지상경계의 결정기준에 대하여 ( )에 들어갈 사항으로 옳은 것은?

- 연접되는 토지 간에 높낮이 차이가 없는 경우: 그 구조물 등의 (㉠)
- 연접되는 토지 간에 높낮이 차이가 있는 경우: 그 구조물 등의 (㉡)
- 도로·구거 등의 토지에 절토(땅깎기)된 부분이 있는 경우: 그 경사면의 (㉢)
- 토지가 해면 또는 수면에 접하는 경우: 최대만조위 또는 최대만수위가 되는 선
- 공유수면매립지의 토지 중 제방 등을 토지에 편입하여 등록하는 경우: (㉣) 어깨부분

	㉠	㉡	㉢	㉣
①	오른쪽	하단부	상단부	안쪽
②	왼쪽	상단부	하단부	바깥쪽
③	중앙	하단부	상단부	바깥쪽
④	바깥쪽	하단부	상단부	안쪽
⑤	중앙	상단부	하단부	바깥쪽

Point
30 상중하
분할과 지상경계

공간정보의 구축 및 관리 등에 관한 법령상 지상건축물을 걸리게 분할할 수 있는 경우가 아닌 것은?

① 도시개발사업 등의 사업시행자가 사업지구의 경계를 결정하기 위하여 토지를 분할하려는 경우
② 「국토의 계획 및 이용에 관한 법률」에 따른 도시·군관리계획 결정고시와 지형도면 고시가 된 지역의 도시·군관리계획선에 따라 토지를 분할하려는 경우
③ 법원의 확정판결이 있는 경우
④ 소유권이전이나 매매 등을 위하여 토지를 분할하는 경우
⑤ 공공사업 등에 따라 학교용지·도로·철도용지·제방·하천·구거·유지·수도용지 등의 지목으로 되는 토지를 분할하는 경우

Point
31 상중하
지상경계점등록부

공간정보의 구축 및 관리 등에 관한 법령상 지상경계점등록부에 관한 다음 내용 중 틀린 것은?

① 토지이동에 따라 지상경계를 새로 정한 경우 지적소관청이 작성·관리한다.
② 토지의 소재와 지번이 등록된다.
③ 경계점 사진 파일과 경계점 위치 설명도가 등록된다.
④ 경계점표지의 종류 및 경계점 위치와 경계점좌표를 반드시 등록하여야 한다.
⑤ 공부상 지목과 실제 토지이용 지목을 등록하여야 한다.

32
상중하
지상경계점등록부

공간정보의 구축 및 관리에 관한 법령상 토지의 소재, 지번과 경계점표지의 종류 및 경계점 위치, 공부상 지목과 실제이용지목 등이 기록되는 장부는?

① 경계점좌표등록부
② 지상경계점등록부
③ 토지이동현황조사서
④ 지적측량수행계획서
⑤ 토지이용계획확인서

33
상중하
경계

공간정보의 구축 및 관리 등에 관한 법령상 경계에 관한 내용으로 옳은 것은?

① 국토교통부장관은 토지의 이동에 따라 지상경계를 새로 정한 경우에는 지상경계점등록부를 작성·관리하여야 한다.
② 행정기관의 장 또는 지방자치단체의 장이 토지를 취득하기 위하여 분할하려는 경우에는 지상경계점에 경계점표지를 설치하여 지적측량을 할 수 없다.
③ 법원의 확정된 판결이 있더라도 지상건축물이 걸리게 토지를 분할할 수는 없다.
④ 지상경계의 구획을 형성하는 구조물 등의 소유자가 다른 경우에는 그 소유권에 따라 지상경계를 결정한다.
⑤ 토지가 해면에 접하는 경우에는 평균해수면을 기준으로 경계를 결정하여야 한다.

제**4**절 │ 면 적

대표유형

1. 공간정보의 구축 및 관리 등에 관한 법령에서 규정하고 있는 면적에 관한 설명 중 틀린 것은?

제18회

① 경위의측량방법으로 세부측량을 한 지역의 필지별 면적측정은 전자면적측정기에 의한다.
② 경계점좌표등록부에 등록하는 지역의 토지 면적은 제곱미터 이하 한자리 단위로 결정한다.
③ '면적'이란 지적공부에 등록된 필지의 수평면상의 넓이를 말한다.
④ 신규등록·등록전환을 하는 때에는 새로이 측량하여 각 필지의 면적을 정한다.
⑤ 토지합병을 하는 경우의 면적결정은 합병전의 각 필지의 면적을 합산하여 그 필지의 면적으로 한다.

해설 ① 경위의측량방법으로 세부측량을 한 지역은 좌표로 등록되어 있으므로 필지별 면적측정은 '좌표면적계산법'에 의한다. 도면을 이용하여 면적을 계산할 때는 전자면적측정기법에 의한다.   Ⓐ 정답 ①

2. 공간정보의 구축 및 관리 등에 관한 법령상 지적도의 축척이 600분의 1인 지역에서 신규등록할 1필지의 면적을 계산한 값이 0.050m²이었다. 토지대장에 등록하는 면적의 결정으로 옳은 것은?

제30회

① 0.01m²   ② 0.05m²   ③ 0.1m²
④ 0.5m²   ⑤ 1.0m²

해설 ③ 지적도의 축척이 600분의 1인 지역과 경계점좌표등록부에 등록하는 지역의 토지 1필지의 면적이 0.1제곱미터 미만일 때에는 0.1제곱미터로 한다.   Ⓐ 정답 ③

3. 경계점좌표등록부에 등록하는 지역에서 1필지의 면적측정을 위해 계산한 값이 1,029.551m²인 경우 토지대장에 등록할 면적으로 옳은 것은?

제27회

① 1,029.55m²   ② 1,029.56m²   ③ 1,029.5m²
④ 1,029.6m²   ⑤ 1,030.0m²

해설 ④ 지적도의 축척이 600분의 1인 지역과 경계점좌표등록부에 등록하는 지역의 토지 면적은 끝수가 0.05제곱미터를 초과할 때에는 올린다. 0.051은 0.05를 초과하는 수이므로 올린다.   Ⓐ 정답 ④

34
상중하
면적측정대상

공간정보의 구축 및 관리에 관한 법령상 지적측량으로 면적을 정하는 경우가 아닌 것은?

① 토지를 분할하는 경우

② 지적공부의 복구를 하는 경우

③ 등록전환을 하는 경우

④ 지목변경을 하는 경우

⑤ 도시개발사업 등으로 토지의 표시를 새로 정하는 경우

Point
35
상중하
면적결정방법

공간정보의 구축 및 관리 등에 관한 법령상 면적에 관한 내용으로 틀린 것은?

① '면적'이란 지적공부에 등록된 필지의 수평면상의 넓이를 말한다.

② 지적도의 축척이 600분의 1인 지역과 경계점좌표등록부에 등록하는 지역의 토지 면적은 제곱미터 단위로 한다.

③ 경위의측량방법으로 세부측량을 한 지역의 필지별 면적측정은 좌표면적계산법에 의한다.

④ 지적현황측량이나 경계복원측량을 하는 때에는 면적을 정하는 측량을 할 필요가 없다.

⑤ 지적도의 축척이 600분의 1인 지역과 경계점좌표등록부에 등록하는 지역의 1필지 면적이 1제곱미터 미만일 때에는 1제곱미터로 한다.

36
상중하
면적결정방법

지적도의 축척이 600분의 1인 지역내 신규등록할 토지의 측정면적을 계산한 값이 626.551m²인 경우 토지대장에 등록할 면적은?

① 627m²

② 626m²

③ 626.5m²

④ 626.6m²

⑤ 626.55m²

37 공간정보의 구축 및 관리 등에 관한 법령상 지적공부에 등록하는 면적에 대한 설명으로 틀린 것은?

상중하
면적결정방법

① 지적도의 축척이 600분의 1인 지역과 경계점좌표등록부에 등록하는 지역의 토지 면적은 제곱미터 이하 한 자리 단위로 한다.

② 지적도의 축척이 600분의 1인 지역과 경계점좌표등록부에 등록하는 지역의 1필지의 면적이 0.1제곱미터 미만일 때에는 0.1제곱미터로 한다.

③ 지적도의 축척이 600분의 1인 지역과 경계점좌표등록부에 등록하는 지역의 1필지의 면적이 0.1제곱미터 미만의 끝수가 있는 경우 0.05제곱미터 미만일 때에는 버린다.

④ 지적도의 축척이 600분의 1인 지역과 경계점좌표등록부에 등록하는 지역의 1필지의 면적이 0.1제곱미터 미만의 끝수가 있는 경우 0.05제곱미터를 초과할 때에는 올린다.

⑤ 지적도의 축척이 600분의 1인 지역과 경계점좌표등록부에 등록하는 지역의 1필지의 면적이 0.05제곱미터일 때에는 구하려는 끝자리의 숫자가 0 또는 짝수이면 올리고 홀수이면 버린다.

38 공간정보의 구축 및 관리 등에 관한 법령상 지적공부에 등록하는 면적에 대한 내용으로 틀린 것은?

상중하
면적

① 600분의 1 축척의 지적도에 등록된 토지의 면적이 0.03제곱미터이면 지적공부에는 0.1제곱미터로 등록한다.

② 1,000분의 1 축척의 지적도에 등록된 토지의 면적이 0.03제곱미터이면 지적공부에는 1제곱미터로 등록한다.

③ 지적공부의 복구를 하려는 지적소관청은 토지의 면적을 측정하여야 한다.

④ 지적현황측량이나 경계복원측량을 하는 경우에는 토지의 면적을 측정하여야 한다.

⑤ 면적 및 경계에 오류가 있어 등록사항의 정정을 하는 경우에는 토지의 면적을 측정하여야 한다.

Point
39
상**중**하
면적

지적공부에 등록하는 면적에 관한 설명으로 틀린 것은?

① 면적의 등록단위는 제곱미터로 한다.

② 지적공부 중 토지대장과 임야대장에는 면적이 등록된다.

③ 지적도의 축척이 600분의 1인 지역의 토지 면적은 제곱미터 이하 한 자리 단위로 한다.

④ 임야도의 축척이 3,000분의 1인 지역의 1필지 면적이 1제곱미터 미만일 때에는 1제곱미터로 한다.

⑤ 경계점좌표등록부에 등록하는 지역의 1필지 면적이 0.1제곱미터 미만일 때에는 1제곱미터로 한다.

40
상**중**하
토지의 표시

공간정보의 구축 및 관리 등에 관한 법령상 지적공부에 등록하는 토지의 표시에 대한 내용으로 틀린 것은?

① 축척이 1/1,000인 지적도에 등록된 1필지의 면적이 0.1제곱미터 미만인 경우 0.1제곱미터로 등록한다.

② 등록전환의 대상인 토지의 지번은 그 지번부여지역에서 인접한 토지의 본번에 부번을 붙여 부여하는 것이 원칙이다.

③ 1필지의 토지에 여러 용도가 존재하는 경우에는 주된 용도에 따라 등록하는 것이 원칙이다.

④ 연이나 왕골이 재배되는 부지는 '답'으로 한다.

⑤ 지적공부에 등록하는 토지의 지번·지목·면적·경계 또는 좌표는 토지의 이동이 있을 때' 토지소유자의 신청을 받아 지적소관청이 결정한다.

제1절 **지적공부의 종류와 등록사항**

대표유형

1. 토지대장의 등록사항에 해당되는 것을 모두 고른 것은?   제20회

ㄱ 토지의 소재	ㄴ 지번
ㄷ 지목	ㄹ 면적
ㅁ 소유자의 성명 또는 명칭	ㅂ 대지권 비율
ㅅ 경계 또는 좌표	

① ㄱ, ㄴ, ㄷ, ㄹ, ㅁ   ② ㄱ, ㄴ, ㄷ, ㄹ, ㅂ

③ ㄱ, ㄴ, ㄷ, ㅁ, ㅅ   ④ ㄱ, ㄴ, ㄹ, ㅁ, ㅂ

⑤ ㄱ, ㄴ, ㄹ, ㅂ, ㅅ

해설 ㅂ 대지권 비율 : 대지권등록부의 고유등록사항
ㅅ 경계 : 도면의 등록사항
ㅅ 좌표 : 경계점좌표등록부의 등록사항

1. 소재, 지번, ~ 의 장번호 = 모든 지적공부
   ❶ 도면은 장번호 대신 도면번호가 등록된다.
2. ┌ 지목 = 도면(지적도/임야도) + 대장(토지대장/임야대장) ⇨ 목도장
   └ 축척 = 도면(지적도/임야도) + 대장(토지대장/임야대장) ⇨ 축도장
3. ┌ 면적 = 대장(토지대장/임야대장) ⇨ 면장
   ├ 토지이동사유(신규등록, 지목변경 등) = 대장(토지대장/임야대장) ⇨ 이장
   └ 개별공시지가(≒토지등급) = 대장(토지대장/임야대장) ⇨ 공장, 등장
4. 경계 = 도면에만 등록
5. 좌표 = 경계점좌표등록부에만 등록
6. 소유자 = 대장 모두(토지대장, 임야대장, 공유지연명부, 대지권등록부)
7. 소유권의 지분 = 공유지연명부/대지권등록부에만 등록
8. 도면번호 : 공유지연명부/대지권등록부에만 미등록
9. 토지의 고유번호 : 도면에만 미등록

🄰 정답 ①

2. 공간정보의 구축 및 관리 등에 관한 법령상 지적공부와 등록사항의 연결이 옳은 것은? 제31회

① 토지대장 - 경계와 면적
② 임야대장 - 건축물 및 구조물 등의 위치
③ 공유지연명부 - 소유권 지분과 토지의 이동사유
④ 대지권등록부 - 대지권 비율과 지목
⑤ 토지대장·임야대장·공유지연명부·대지권등록부 - 토지소유자가 변경된 날과 그 원인

▶해설◀ ⑤ 토지소유자의 성명 또는 명칭, 주소, 주민등록번호와 토지소유자가 변경된 날과 그 원인 등 소유자에 대한 사항은 지적공부 중 '대장'에만 등록된다. Ⓐ 정답 ⑤

3. 공간정보의 구축 및 관리 등에 관한 법령상 공유지연명부와 대지권등록부의 공통 등록사항을 모두 고른 것은? 제32회

㉠ 지번
㉡ 소유권 지분
㉢ 소유자의 성명 또는 명칭, 주소 및 주민등록번호
㉣ 토지의 고유번호
㉤ 토지소유자가 변경된 날과 그 원인

① ㉠, ㉡, ㉢
② ㉠, ㉡, ㉣, ㉤
③ ㉠, ㉢, ㉣, ㉤
④ ㉡, ㉢, ㉣, ㉤
⑤ ㉠, ㉡, ㉢, ㉣, ㉤

▶해설◀ ㉠ 지번 : 모든 지적공부의 공통 등록사항
㉡ 소유권 지분 : 공유지연명부와 대지권등록부의 등록사항
㉢ 소유자의 성명 또는 명칭, 주소 및 주민등록번호 + ㉤ 토지소유자가 변경된 날과 그 원인 : 지적공부 중 대장 4종에만 등록(토지대장, 임야대장, 공유지연명부, 대지권등록부)
㉣ 토지의 고유번호 : 도면만 제외하고 모두 등록 Ⓐ 정답 ⑤

4. 지적도 및 임야도의 등록사항만으로 나열된 것은? 제22회

① 토지의 소재, 지번, 건축물의 번호, 삼각점
② 지번, 경계, 건축물 및 구조물 등의 위치, 삼각점 및 지적기준점의 위치
③ 토지의 소재, 지번, 토지의 고유번호, 삼각점 및 지적기준점의 위치
④ 지목, 부호 및 부호도, 도곽선과 그 수치, 토지의 고유번호
⑤ 지목, 도곽선과 그 수치, 토지의 고유번호, 건축물 및 구조물 등의 위치

▶해설◀ ① 건축물의 번호는 도면의 등록사항이 아니다.
③ 토지의 고유번호는 도면에 등록되지 않는 사항이다.
④ 부호 및 부호도는 경계점좌표등록부의 등록사항이고, 토지의 고유번호는 도면의 등록사항이 아니다.
⑤ 토지의 고유번호는 도면의 등록사항이 아니다. Ⓐ 정답 ②

5. 공간정보의 구축 및 관리 등에 관한 법령상 경계점좌표등록부를 갖춰 두는 지역의 지적공부 및 토지의 등록 등에 관한 설명으로 틀린 것은? 제28회

① 지적도에는 해당 도면의 제명 앞에 "(수치)"라고 표시하여야 한다.

② 지적도에는 도곽선의 오른쪽 아래 끝에 "이 도면에 의하여 측량을 할 수 없음"이라고 적어야 한다.

③ 토지 면적은 제곱미터 이하 한 자리 단위로 결정하여야 한다.

④ 면적측정 방법은 좌표면적계산법에 의한다.

⑤ 경계점좌표등록부를 갖춰 두는 토지는 지적확정측량 또는 축척변경을 위한 측량을 실시하여 경계점을 좌표로 등록한 지역의 토지로 한다.

해설 ① 경계점좌표등록부를 갖춰두는 지역의 지적도에는 해당 도면의 제명 '끝'에 "(좌표)"라고 표시하여야 한다.

A 정답 ①

01 상중하
대장의 등록사항

부동산 중개업자 甲이 매도의뢰 대상토지를 매수의뢰인 乙에게 중개하기 위하여 해당 토지대장 등본의 등록사항을 보고 설명할 수 없는 것은?

① 지목

② 면적

③ 토지소유자가 변경된 날과 그 원인

④ 지목변경이나 분할 등 토지의 이동사유

⑤ 소유자가 여러 명인 경우 소유권의 지분

Point
02 상중하
지적공부의 등록사항

공간정보의 구축 및 관리 등에 관한 법령상 지적공부와 등록사항의 연결이 옳은 것을 모두 고른 것은?

> ㉠ 지목 – 토지대장, 임야대장, 지적도, 임야도
> ㉡ 면적 – 토지대장, 임야대장
> ㉢ 개별공시지가 – 토지대장, 임야대장, 경계점좌표등록부
> ㉣ 삼각점과 지적기준점의 위치 – 지적도, 임야도, 경계점좌표등록부
> ㉤ 소유권의 지분 – 대지권등록부, 공유지연명부
> ㉥ 도면의 번호 –토지대장, 임야대장, 지적도, 임야도, 경계점좌표등록부

① ㉠, ㉡   ② ㉠, ㉡, ㉢

③ ㉠, ㉡, ㉣   ④ ㉠, ㉡, ㉤, ㉥

⑤ ㉠, ㉡, ㉢, ㉤

03 다음 중 토지대장과 임야대장에 등록되는 사항이 아닌 것은?

상**중**하
대장의 등록사항

① 삼각점 및 지적기준점의 위치
② 지적도 또는 임야도 번호와 축척
③ 토지소유자의 성명, 주소, 주민등록번호 및 토지소유자가 변경된 날과 그 원인
④ 토지의 고유번호
⑤ 토지이동의 사유

04 다음 중 토지대장의 등록사항에 해당되는 것을 모두 고른 것은?

상**중**하
대장의 등록사항

> ㉠ 토지의 소재와 지번
> ㉡ 지적도면의 색인도
> ㉢ 토지이동 사유
> ㉣ 개별공시지가와 그 기준일
> ㉤ 소유자의 성명 또는 명칭
> ㉥ 전유부분의 건물표시
> ㉦ 부호 및 부호도

① ㉠, ㉢, ㉣, ㉤
② ㉠, ㉡, ㉣, ㉥
③ ㉠, ㉤, ㉥, ㉦
④ ㉠, ㉡, ㉣, ㉤, ㉥
⑤ ㉠, ㉡, ㉢, ㉣, ㉥, ㉦

05 다음 중 토지대장의 등록사항으로만 나열된 것은?

상**중**하
대장의 등록사항

① 토지의 소재, 지번, 지목, 전유부분의 건물표시
② 개별공시지가와 그 기준일, 토지의 고유번호, 도면의 축척
③ 토지대장의 장번호, 면적, 좌표
④ 삼각점 및 지적기준점의 위치, 지적도면의 색인도, 도곽선과 그 수치
⑤ 소유권의 지분, 소유자가 변경된 날과 그 원인

06 공간정보의 구축 및 관리 등에 관한 법령상 건물의 명칭이 등록되는 지적공부는?

상중하
대지권등록부

① 경계점좌표등록부   ② 대지권등록부
③ 토지대장   ④ 공유지연명부
⑤ 지적도

Point
07 공유지연명부와 대지권등록부의 공통등록사항을 모두 고른 것은?

상중하
공유지연명부와
대지권등록부

> ㉠ 토지의 고유번호
> ㉡ 토지의 이동사유
> ㉢ 전유부분의 건물표시
> ㉣ 면적
> ㉤ 소유권의 지분
> ㉥ 토지소유자의 성명이나 명칭, 주소, 주민등록번호

① ㉠, ㉢, ㉤   ② ㉠, ㉣, ㉥
③ ㉠, ㉤, ㉥   ④ ㉠, ㉣, ㉤, ㉥
⑤ ㉠, ㉡, ㉤, ㉥

08 다음 중 대지권등록부에 등록되는 사항은?

상중하
대지권등록부

① 전유부분의 건물의 표시   ② 토지의 이동사유
③ 개별공시지가와 그 기준일   ④ 건축물 및 구조물의 위치
⑤ 토지의 지목

09 공간정보의 구축 및 관리 등에 관한 법령상 토지대장과 공유지연명부의 공통등록사항을 모두 고른 것은?

상중하
공유지연명부

> ㉠ 토지의 소재와 지번   ㉡ 토지의 고유번호
> ㉢ 소유자의 성명, 주소, 주민등록번호   ㉣ 소유권 지분
> ㉤ 도면의 번호   ㉥ 개별공시지가

① ㉠, ㉡   ② ㉠, ㉡, ㉢
③ ㉠, ㉡, ㉢, ㉣   ④ ㉠, ㉡, ㉢, ㉣, ㉥
⑤ ㉠, ㉡, ㉢, ㉣, ㉤, ㉥

10 다음 중 부동산 중개업자 甲이 지적도의 등본에 의해 매수의뢰인 乙에게 설명할 수 없는 것은?

상중**하**
지적도

① 토지의 지목
② 토지의 면적
③ 건축물 및 구조물의 위치
④ 도면의 번호
⑤ 토지의 방위

11 공간정보의 구축 및 관리 등에 관한 법령상 지적도에 대한 다음의 설명으로 틀린 것은?

상**중**하
지적도

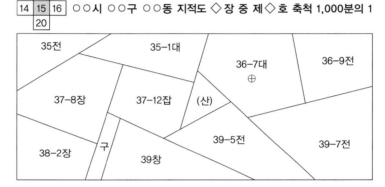

① 이 지적도의 축척은 1,000분의 1이다.
② 이 지역의 토지면적을 대장에 등록할 때에는 제곱미터 이하 한자리 단위로 등록하여야 한다.
③ 이 지역에는 경계점좌표등록부가 비치되지 않는 것이 원칙이다.
④ 36−7에 있는 ⊕ 표시는 지적삼각점을 나타낸다.
⑤ (산)으로 표시된 곳은 임야도에 등록되는 토지임을 나타낸다.

Point
12 공간정보의 구축 및 관리 등에 관한 법령상 지적도에 등록되는 사항들을 모두 고른 것은?

상중**하**
지적도

㉠ 지목	㉡ 건축물 및 구조물의 위치
㉢ 축척	㉣ 토지의 면적
㉤ 토지의 이동사유	㉥ 삼각점 및 지적기준점의 위치
㉦ 지적도면의 색인도	㉧ 도면의 제명

① ㉡, ㉢, ㉤, ㉦
② ㉡, ㉢, ㉣, ㉤, ㉦, ㉧
③ ㉠, ㉡, ㉢, ㉤, ㉥, ㉧
④ ㉢, ㉣, ㉤, ㉥, ㉦, ㉧
⑤ ㉠, ㉡, ㉢, ㉥, ㉦, ㉧

Point

13
상중하
지적도

공간정보의 구축 및 관리 등에 관한 법령상 경계점좌표등록부를 갖춰 두는 지역의 지적도에 대한 내용 중 틀린 것은?

① 경계점좌표등록부를 갖춰 두는 토지는 지적확정측량 또는 축척변경을 위한 측량을 실시하여 경계점을 좌표로 등록한 지역의 토지로 한다.

② 지적도의 제명 끝에 "(좌표)"라고 표시하여야 한다.

③ 경계점좌표등록부를 갖춰 두는 지역의 토지는 토지대장과 지적도 또는 임야대장과 임야도를 함께 갖춰 두어야 한다.

④ 좌표에 의하여 계산된 경계점 간의 거리를 등록하여야 한다.

⑤ 지적도에는 도곽선의 오른쪽 아래 끝에 "이 도면에 의해 측량을 할 수 없음"이라고 적어야 한다.

14
상중하
경계점좌표등록부

공간정보의 구축 및 관리 등에 관한 법령상 경계점좌표등록부의 등록사항을 나열한 것은?

① 토지의 소재, 지번과 대지권비율

② 좌표, 부호 및 부호도

③ 토지의 면적과 지목

④ 개별공시지가와 그 기준일

⑤ 토지의 이동사유와 토지의 등급

15
상중하
경계점좌표등록부

공간정보의 구축 및 관리 등에 관한 법령상 경계점좌표등록부에 관한 내용으로 틀린 것은?

① 이 지역은 토지대장과 지적도를 함께 비치한다.

② 이 지역의 지적도는 500분의 1 축척을 원칙으로 한다.

③ 이 지역에서 경계의 분쟁을 해결하기 위하여 경계복원측량을 할 때에는 500분의 1 축척의 지적도에 의하여야 한다.

④ 좌표, 부호 및 부호도는 지적공부 중 경계점좌표등록부에만 등록되는 사항이다.

⑤ 대한민국의 모든 토지는 지적도나 임야도에 그 경계가 등록되어 있고, 지적도에 등록된 토지 중 일부가 경계점좌표등록부에도 등록되어 있다.

16 경계점좌표등록부를 갖춰두는 지역에 대한 아래 설명 중 틀린 것은?

상**중**하
경계점좌표등록부

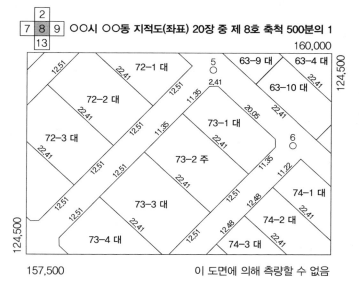

① 이 지역은 지적도가 비치되고 임야도가 비치되지 않는다.

② 72-2 토지에 대한 면적의 측정은 좌표면적계산법에 의한다.

③ 72-2 토지의 경계선상에 있는 22.41은 경계점간의 거리를 좌표로 계산하여 등록한 것이며, 실제 토지에서의 거리가 22m 41cm임을 나타낸다.

④ 73-2 토지의 지목은 주차장이다.

⑤ 이 지역의 토지는 토지대장에도 등록되어 있다.

17 다음 지적공부의 등록사항에 관한 설명 중 옳은 것은?

상중하
지적공부의 등록사항

① 대지권등록부에는 개별공시지가 및 그 기준일을 등록한다.

② 지적도에는 지번·지목·경계·건축물 및 구조물 등의 위치를 등록한다.

③ 공유지연명부에는 토지의 소재 및 지번, 지목, 소유권 지분 등을 등록한다.

④ 임야대장에는 지번, 개별공시지가와 그 기준일, 소유권의 지분 등을 등록한다.

⑤ 경계점좌표등록부에는 좌표에 의해 계산된 경계점 간의 거리를 등록한다.

18 지적공부의 등록사항에 관한 설명 중 옳은 것은?

상중하
지적공부의 등록사항

① 공유지연명부에 등록된 대지권 비율은 집합건물 등기부를 정리하는 기준이 된다.

② 토지대장과 임야대장에 등록된 소유자가 변경된 날은 부동산등기부의 등기원인일을 정리하는 기준이 된다.

③ 소유권의 지분이 등록되는 지적공부는 토지대장과 임야대장, 대지권등록부와 공유지연명부다.

④ 경계점좌표등록부가 비치된 지역에서는 지적도에 의하여 측량을 하여야 한다.

⑤ 토지대장과 임야대장에 등록된 토지의 소재·지번·지목·면적은 부동산등기부의 표제부에 토지의 표시사항을 기재하는 기준이 된다.

19 공간정보의 구축 및 관리 등에 관한 법령상 토지의 지목과 면적, 개별공시지가를 모두 알 수 있는 지적공부를 나열한 것은?

상중하
지적공부의 등록사항

① 토지대장, 임야대장, 공유지연명부, 대지권등록부

② 토지대장, 임야대장

③ 토지대장, 임야대장, 경계점좌표등록부

④ 지적도, 임야도

⑤ 지적도, 임야도, 경계점좌표등록부

Point
20 다음 중 지적도와 임야도에서 사용하는 축척이 아닌 것은?

상중하
축척

㉠ 1/500	㉡ 1/600
㉢ 1/1,000	㉣ 1/1,200
㉤ 1/1,500	㉥ 1/2,000
㉦ 1/2,400	㉧ 1/3,000

① ㉤, ㉥   ② ㉠, ㉡, ㉢, ㉣

③ ㉠, ㉡, ㉢, ㉣, ㉤   ④ ㉢, ㉣, ㉥, ㉦, ㉧

⑤ ㉢, ㉣, ㉤, ㉥, ㉦, ㉧

제2절 지적공부의 보존과 관리

대표유형

1. 공간정보의 구축 및 관리 등에 관한 법령상 지적공부의 보존 및 보관방법 등에 관한 설명으로 틀린 것은? (단, 정보처리시스템을 통하여 기록·저장한 지적공부는 제외함) 제31회

① 지적소관청은 해당 청사에 지적서고를 설치하고 그 곳에 지적공부를 영구히 보존하여야 한다.
② 국토교통부장관의 승인을 받은 경우 지적공부를 해당 청사 밖으로 반출할 수 있다.
③ 지적서고는 지적사무를 처리하는 사무실과 연접(連接)하여 설치하여야 한다.
④ 지적도면은 지번부여지역별로 도면번호순으로 보관하되, 각 장별로 보호대에 넣어야 한다.
⑤ 카드로 된 토지대장·임야대장·공유지연명부·대지권등록부 및 경계점좌표등록부는 100장 단위로 바인더(binder)에 넣어 보관하여야 한다.

해설 ② 시·도지사 또는 대도시 시장의 승인을 받은 경우 지적공부를 해당 청사 밖으로 반출할 수 있다.

구 분	(가시적) 지적공부	정보처리시스템
보 존	지적소관청이 해당 청사의 지적서고에 보관	관할 시·도지사, 시장·군수·구청장이 지적정보관리체계에 보관
반출과 복제	• 원칙: 반출 금지 • 예외: 반출 가능 ① 천재·지변 기타 이에 준하는 재난시 ② 관할 시·도지사 또는 대도시 시장의 승인을 받은 때 반출 가능	국토교통부장관이 지적공부를 복제하여 관리하는 정보관리체계를 구축
공개신청	해당 지적소관청에 신청	(지적도·임야도 제외) 특별자치시장·시장·군수 또는 구청장이나 읍·면·동의 장에게 신청

A 정답 ②

2. 공간정보의 구축 및 관리 등에 관한 법령상 지적서고의 설치기준 등에 관한 설명으로 틀린 것은? 제29회

① 지적서고는 지적사무를 처리하는 사무실과 연접하여 설치하여야 한다.
② 바닥과 벽은 2중으로 하고 영구적인 방수설비를 하여야 한다.
③ 창문과 출입문은 2중으로 하되, 안쪽 문은 반드시 철제로 하고 바깥쪽 문은 곤충·쥐 등의 침입을 막을 수 있도록 철망 등을 설치하여야 한다.
④ 온도 및 습도 자동조절장치를 설치하고, 연중 평균온도는 섭씨 20±5도를, 연중평균습도는 65±5퍼센트를 유지하여야 한다.
⑤ 전기시설을 설치하는 때에는 단독퓨즈를 설치하고 소화장비를 갖춰 두어야 한다.

해설 ③ 창문과 출입문은 2중으로 하되, '바깥쪽' 문은 반드시 철제로 하고 '안쪽' 문은 곤충·쥐 등의 침입을 막을 수 있도록 철망 등을 설치하여야 한다.

A 정답 ③

Point
21
상중하
지적공부의 보관과
관리

다음 중 지적공부의 보관 및 관리 등에 관한 설명으로 틀린 것은?

① 지적소관청은 지적공부(정보처리시스템에 의해 기록·저장된 지적공부는 제외)를 해당 청사 내에 지적서고를 설치하여 이를 영구히 보존하여야 한다.

② 지적소관청은 관할 시·도지사 또는 대도시 시장의 승인을 받은 경우 지적공부를 청사 밖으로 반출할 수 있다.

③ 정보처리시스템에 의해 기록·저장된 지적공부는 관할 시·도지사, 시장·군수 또는 구청장이 지적정보관리체계에 영구히 보존하여야 한다.

④ 시·도지사, 시장·군수 또는 구청장은 정보처리시스템에 의해 기록·저장된 지적공부의 멸실 또는 훼손시 복구자료로 활용하기 위하여 지적공부를 복제하여 관리하는 정보관리체계를 구축하여야 한다.

⑤ 국가기관이나 지방자치단체 또는 지적측량수행자는 지적도면이 필요한 경우 해당 지적소관청에 도면의 복사를 신청할 수 있다.

22
상중하
지적공부의 보관과
관리

공간정보의 구축 및 관리 등에 관한 법령상 (　)에 들어갈 사항으로 옳은 것은?

> • 지적공부(정보처리시스템에 의해 기록·저장된 지적공부는 제외)의 보관 : (㉠)
> • 정보처리시스템에 의해 기록·저장된 지적공부의 보관 : (㉡)

	㉠	㉡
①	지적소관청	관할 시·도지사, 시장·군수 또는 구청장
②	대도시 시장	지적소관청
③	지적소관청	관할 시·도지사 또는 대도시 시장
④	관할 시·도지사 또는 대도시 시장	국토교통부장관
⑤	지적소관청	국토교통부장관

23

지적공부의 보관과
관리

공간정보의 구축 및 관리 등에 관한 법령상 (   )에 들어갈 사항으로 옳은 것은?

> • 지적공부(정보처리시스템에 의해 기록·저장된 지적공부는 제외)의 열람이나 등본발급
> 신청 : (㉠)
> • 정보처리시스템에 의해 기록·저장된 지적공부(지적도 및 임야도는 제외한다)의 열람이나
> 등본발급 신청 : (㉡)

	㉠	㉡
①	해당 지적소관청	특별자치시장, 시장·군수 또는 구청장이나 읍·면·동의 장
②	해당 지적소관청	관할 시·도지사, 시장·군수 또는 구청장
③	관할 시·도지사	해당 지적소관청
④	관할 시·도지사 또는 대도시 시장	국토교통부장관
⑤	해당 지적소관청	국토교통부장관

24

지적공부의 보관방법

지적공부 등의 보관방법에 관한 다음 내용 중 틀린 것은?

① 카드로 된 토지대장·임야대장·공유지연명부·대지권등록부 및 경계점좌표등록부는 100장 단위로 바인더(binder)에 넣어 보관하여야 한다.

② 일람도·지번색인표 및 지적도면은 지번부여지역별로 도면번호순으로 보관하되, 100장 단위로 보호대에 넣어야 한다.

③ 지적소관청은 해당 청사에 지적서고를 설치하고 그 곳에 지적공부(정보처리시스템을 통하여 기록·저장한 경우는 제외한다)를 영구히 보존하여야 한다.

④ 지적공부를 정보처리시스템을 통하여 기록·저장한 경우 관할 시·도지사, 시장·군수 또는 구청장은 그 지적공부를 지적정보관리체계에 영구히 보존하여야 한다.

⑤ 국토교통부장관은 정보처리시스템을 통하여 기록·저장한 지적공부가 멸실되거나 훼손될 경우를 대비하여 지적공부를 복제하여 관리하는 정보관리체계를 구축하여야 한다.

Point

25

상중하

지적서고의 관리

지적서고의 관리에 관한 다음 내용 중 틀린 것은?

① 지적서고는 지적사무를 처리하는 사무실과 연접(連接)하여 설치하여야 한다.

② 골조는 철근콘크리트 이상의 강질로 하여야 한다.

③ 온도 및 습도 자동조절장치를 설치하고, 연중 평균온도는 섭씨 25±5도를, 연중평균습도는 65±5퍼센트를 유지하여야 한다.

④ 지적공부 보관상자는 벽으로부터 15센티미터 이상 띄워야 하며, 높이 10센티미터 이상의 깔판 위에 올려놓아야 한다.

⑤ 일람도·지번색인표 및 지적도면은 지번부여지역별로 도면번호순으로 보관하되, 각 장별로 보호대에 넣어야 한다.

26

상중하

지적서고의 설치기준

공간정보의 구축 및 관리 등에 관한 법령상 (   )에 들어갈 사항으로 옳은 것은?

• 온도 및 습도 자동조절장치를 설치하고, 연중 평균온도는 섭씨 (㉠)도를, 연중평균습도는 (㉡)퍼센트를 유지할 것
• 지적공부 보관상자는 벽으로부터 (㉢)센티미터 이상 띄워야 하며, 높이 (㉣)센티미터 이상의 깔판 위에 올려놓아야 한다.

	㉠	㉡	㉢	㉣
①	20±5	60±5	15	15
②	20±5	65±5	15	10
③	60±5	20±5	10	15
④	65±5	25±5	15	10
⑤	25±5	65±5	15	10

27 공간정보의 구축 및 관리 등에 관한 법령상 (   )에 들어갈 사항으로 옳은 것은?

상**중**하

지적서고의 설치기준

> • 카드로 된 토지대장·임야대장·공유지연명부·대지권등록부 및 경계점좌표등록부는 (㉠)장 단위로 바인더(binder)에 넣어 보관하여야 한다.
> • 일람도·지번색인표 및 지적도면은 지번부여지역별로 도면번호순으로 보관하되, (㉡)별로 보호대에 넣어야 한다.

	㉠	㉡		㉠	㉡
①	100	5장	②	200	각 장
③	150	2장	④	100	각 장
⑤	200	5장			

28 지적공부(정보처리시스템을 통하여 기록·저장한 경우는 제외)를 해당 청사 밖으로 반출할 수 있는 예외에 해당하지 않는 것은?

상**중**하

지적공부의 반출

① 천재지변을 피하기 위하여 필요한 경우
② 천재지변에 준하는 재난을 피하기 위하여 필요한 경우
③ 관할 시·도지사의 승인을 받은 경우
④ 관할 대도시 시장의 승인을 받은 경우
⑤ 국토교통부장관의 승인을 받은 경우

29 지적전산자료의 이용에 관한 설명으로 틀린 것은?

상**중**하

지적전산자료

① 지적전산자료(연속지적도를 포함)를 이용하거나 활용하려는 자는 국토교통부장관, 시·도지사 또는 지적소관청에 지적전산자료를 신청하여야 한다.
② 지적전산자료를 신청하려는 자는 지적전산자료의 이용 또는 활용 목적 등에 관하여 미리 관계 중앙행정기관의 심사를 받아야 한다.
③ 토지소유자가 자기 토지의 지적전산자료를 신청하거나 피상속인이 사망하여 그 상속인이 신청하는 경우 또는 개인정보를 제외한 지적전산자료를 신청하는 경우에는 관계 중앙행정기관의 심사를 받지 아니한다.
④ 중앙행정기관의 장 및 그 소속 기관의 장이나 지방자치단체의 장이 신청하는 경우에는 관계 중앙행정기관의 심사를 받지 아니한다.
⑤ 전국단위의 지적전산자료를 이용하고자 하는 자는 국토교통부장관, 시·도지사 또는 지적소관청에게 신청하여야 하고, 시·도 단위의 지적전산자료를 이용하고자 하는 자는 시·도지사 또는 지적소관청에게 신청하여야 한다.

30

상중하
국토교통부장관과
요청자료

공간정보의 구축 및 관리에 관한 법령상 국토교통부장관이 지적공부를 과세나 부동산정책자료 등으로 활용하기 위하여 관리하는 기관에 요청할 수 있는 자료가 아닌 것은?

① 주민등록전산자료

② 토지이동사유전산자료

③ 부동산등기전산자료

④ 공시지가전산자료

⑤ 가족관계등록전산자료

31

상중하
지적정보전담관리기구

공간정보의 구축 및 관리에 관한 법령상 지적공부의 효율적인 관리 및 활용을 위하여 지적정보 전담 관리기구를 설치·운영하는 자는?

① 지적소관청

② 시·도지사

③ 대도시 시장

④ 읍·면·동장

⑤ 국토교통부장관

32

상중하
각종 장부의 보관과
공개

다음 중 연결이 틀린 것은?

① 지적공부(정보처리시스템을 통하여 기록·저장한 경우는 제외)의 공개신청 − 해당 지적 소관청

② 정보처리시스템을 통하여 기록·저장한 지적공부의 공개신청(지적도·임야도 제외) − 특별자치시장, 시장·군수 또는 구청장이나 읍·면·동의 장

③ 지적공부(정보처리시스템을 통하여 기록·저장한 경우는 제외)의 보관 − 지적소관청

④ 정보처리시스템을 통하여 기록·저장한 지적공부의 보존 − 관할 시·도지사, 시장·군 수 또는 구청장

⑤ 지적정보전담관리기구의 설치와 운영 − 지적소관청

제3절 부동산종합공부와 기타 장부

대표유형

1. 공간정보의 구축 및 관리 등에 관한 법령상 부동산종합공부의 등록사항에 해당하지 않는 것은?

제25회

① 토지의 표시와 소유자에 관한 사항 : 「공간정보의 구축 및 관리 등에 관한 법률」에 따른 지적공부의 내용

② 건축물의 표시와 소유자에 관한 사항(토지에 건축물이 있는 경우만 해당한다) : 「건축법」 제38조에 따른 건축물대장의 내용

③ 토지의 이용 및 규제에 관한 사항 : 「토지이용규제 기본법」 제10조에 따른 토지이용계획확인서의 내용

④ 부동산의 보상에 관한 사항 : 「공익사업을 위한 토지 등의 취득 및 보상에 관한 법률」 제68조에 따른 부동산의 보상 가격 내용

⑤ 부동산의 가격에 관한 사항 : 「부동산 가격공시 및 감정평가에 관한 법률」 제11조에 따른 개별공시지가, 같은 법 제16조 및 제17조에 따른 개별주택가격 및 공동주택가격 공시내용

해설 부동산종합공부의 등록사항

등록사항	근거자료
토지의 표시와 소유자에 관한 사항	지적공부의 내용
건축물 표시와 소유자(토지에 건축물이 있는 경우만 해당)에 관한 사항	건축물대장의 내용
토지의 이용 및 규제에 관한 사항	토지이용계획확인서의 내용
부동산의 가격에 관한 사항	「부동산 가격공시에 관한 「시지가, 개별주택가격 및 공동주택가격 공시내용
그 밖에 대통령령으로 정하는 사항	「부동산등기법」 제48조에 따른 부동산의 권리에 관한 사항

Ⓐ 정답 ④

Point

33
상중하
부동산종합공부

부동산종합공부에 관한 설명으로 틀린 것은?

① 지적소관청은 부동산종합공부를 영구히 보존하여야 하며, 국토교통부장관은 부동산종합공부의 멸실 또는 훼손에 대비하여 이를 별도로 복제하여 관리하는 정보관리체계를 구축하여야 한다.

② 부동산종합공부를 열람하거나 부동산종합공부 기록사항의 전부 또는 일부에 관한 증명서를 발급받으려는 자는 지적소관청이나 읍·면·동의 장에게 신청할 수 있다.

③ 지적소관청은 부동산종합공부의 등록사항 정정을 위하여 등록사항 상호 간에 일치하지 아니하는 사항을 확인 및 관리하여야 한다.

④ 지적소관청은 불일치 등록사항에 대해서는 등록사항을 관리하는 기관의 장에게 그 내용을 통지하여 등록사항 정정을 요청할 수 있다.

⑤ 부동산종합공부의 등록사항을 관리하는 기관의 장은 지적소관청에 상시적으로 관련 정보를 제공하여야 한다.

Point

34
상중하
부동산종합공부

공간정보의 구축 및 관리에 관한 법령상 부동산종합공부의 등록사항에 대한 내용 중 틀린 것은?

① 지적공부의 내용 중 토지의 표시와 소유자에 관한 사항

② 건축물대장의 내용 중 건축물의 표시와 소유자에 관한 사항(토지에 건축물이 있는 경우만 해당한다)

③ 토지이용계획확인서의 내용 중 토지의 이용 및 규제에 관한 사항

④ 부동산 가격공시에 관한 법률 제10조에 따른 부동산의 가격에 관한 사항

⑤ 부동산등기법 제48조에 따른 부동산의 표시에 관한 사항

35
상중하
지적공부,
부동산종합공부

지적공부와 부동산종합공부에 관한 다음 내용 중 틀린 것은?

① 지적공부(정보처리시스템을 통하여 기록·저장한 경우는 제외)의 열람이나 등본발급신청은 해당 지적소관청에 하여야 한다.

② 정보처리시스템을 통하여 기록·저장한 지적공부(지적도 및 임야도는 제외한다)의 열람이나 등본발급은 특별자치시장, 시장·군수 또는 구청장이나 읍·면·동의 장에게 신청할 수 있다.

③ 시·도 단위의 지적전산자료 신청은 시·도지사 또는 지적소관청에 하여야 한다.

④ 부동산종합공부의 열람이나 부동산종합증명서의 발급은 지적소관청이나 읍·면·동의 장에게 신청할 수 있다.

⑤ 지적삼각점측량성과의 열람이나 등본발급은 시·도지사에게 신청하여야 한다.

36 부동산종합공부의 불일치등록사항을 발견한 토지소유자는 누구에게 정정신청을 할 수 있는가?

상중하
부동산종합공부의
정정

① 국토교통부장관　　　　　　　　　② 관할 시·도지사

③ 지적소관청　　　　　　　　　　　④ 대도시 시장

⑤ 읍·면·동의 장

37 공간정보의 구축 및 관리에 관한 법령상 부동산종합공부에 관한 다음 내용 중 틀린 것은?

상중하
부동산종합공부

① 지적소관청은 부동산종합공부를 영구히 보존하여야 하며, 국토교통부장관은 부동산종합공부의 멸실 또는 훼손에 대비하여 이를 별도로 복제하여 관리하는 정보관리체계를 구축하여야 한다.

② 지적소관청은 부동산종합공부의 정확한 등록 및 관리를 위하여 필요한 경우 부동산종합공부의 등록사항을 관리하는 기관의 장에게 관련 자료의 제출을 요구할 수 있다.

③ 이 경우 자료의 제출을 요구받은 기관의 장은 특별한 사유가 없으면 자료를 제공하여야 한다.

④ 부동산종합공부의 등록사항을 관리하는 기관의 장은 지적소관청에 상시적으로 관련 정보를 제공하여야 한다.

⑤ 지적소관청은 부동산종합공부의 등록사항에 잘못이 있음을 발견하면 직권으로 조사·측량하여 정정할 수 있다.

38 공간정보의 구축 및 관리에 관한 법령상 다음의 설명 중 틀린 것은?

상중하
기타 장부

① 일람도는 지적소관청이 지적도나 임야도의 배치나 그의 접속관계를 쉽게 알 수 있도록 지번부여지역 단위로 작성한 도면이다.

② 일람도는 그 도면 축척의 10분의 1로 작성하는 것이 원칙이며, 도면의 장수가 많을 경우 더 줄여서 작성할 수도 있다.

③ 지적소관청은 지적도면의 관리에 필요한 경우에는 지번부여지역마다 일람도와 지번색인표를 작성하여 갖춰 둘 수 있다.

④ 일람도·지번색인표 및 지적도면은 지번부여지역별로 도면번호순으로 보관하되, 각 장별로 보호대에 넣어야 한다.

⑤ 결번대장은 결번이 생긴 때에 지적소관청이 지체 없이 그 사유를 적어 영구히 보존하는 지적공부이다.

제4절 지적공부의 복구

대표유형

1. 공간정보의 구축 및 관리 등에 관한 법령상 지적공부의 복구에 관한 관계 자료에 해당하지 않는 것은?

제26회

① 지적공부의 등본

② 부동산종합증명서

③ 토지이동정리 결의서

④ 지적측량 수행계획서

⑤ 법원의 확정판결서 정본 또는 사본

해설 지적공부의 복구자료

토지표시 복구자료	① 지적공부의 등본 ② 측량결과도 ③ 토지이동정리결의서 ④ 지적소관청이 작성 또는 발행한 지적공부의 등록내용을 증명하는 서류 **에** 부동산종합증명서 ⑤ 국토교통부장관에 의해 복제된 지적공부 ⑥ 부동산등기부 등본 등 등기사실을 증명하는 서류 ⑦ 확정판결
소유자 복구자료	① 부동산등기부 ⇨ 등기된 부동산 ② 법원의 확정판결 ⇨ 미등기 부동산

Ⓐ 정답 ④

2. 공간정보의 구축 및 관리 등에 관한 법령상 지적공부의 복구 및 복구절차 등에 관한 설명으로 틀린 것은?

제31회

① 지적소관청(정보처리시스템을 통하여 기록·저장한 지적공부의 경우에는 시·도지사, 시장·군수 또는 구청장)은 지적공부의 전부 또는 일부가 멸실되거나 훼손된 경우에는 지체 없이 이를 복구하여야 한다.

② 지적공부를 복구할 때에는 멸실·훼손 당시의 지적공부와 가장 부합된다고 인정되는 관계 자료에 따라 토지의 표시에 관한 사항을 복구하여야 한다. 다만, 소유자에 관한 사항은 부동산등기부나 법원의 확정판결에 따라 복구하여야 한다.

③ 지적공부의 등본, 개별공시지가 자료, 측량신청서 및 측량 준비도, 법원의 확정판결서 정본 또는 사본은 지적공부의 복구자료이다.

④ 지적소관청은 조사된 복구자료 중 토지대장·임야대장 및 공유지연명부의 등록 내용을 증명하는 서류 등에 따라 지적복구자료 조사서를 작성하고, 지적도면의 등록 내용을 증명하는 서류 등에 따라 복구자료도를 작성하여야 한다.

⑤ 복구자료도에 따라 측정한 면적과 지적복구자료 조사서의 조사된 면적의 증감이 오차의 허용 범위를 초과하거나 복구자료도를 작성할 복구자료가 없는 경우에는 복구측량을 하여야 한다.

해설 ③ 개별공시지가 자료, 측량신청서 및 측량 준비도는 지적공부의 복구자료가 아니다. Ⓐ 정답 ③

Point

39

상**중**하
지적공부의 복구자료

공간정보의 구축 및 관리 등에 관한 법령상 지적공부의 복구에 관한 관계자료가 아닌 것은?

① 법원의 확정판결서 정본 또는 사본

② 토지이동정리 결의서

③ 부동산등기부 등본 등 등기사실을 증명하는 서류

④ 측량결과도

⑤ 토지이동현황조사계획서

40

상**중**하
지적공부의 복구절차

지적공부의 복구에 관한 설명 중 옳은 것은?

① 지적공부의 전부 또는 일부가 멸실된 때에는 지적소관청은 토지소유자의 신청을 받아 지체 없이 복구하여야 한다.

② 정보처리시스템에 따른 지적공부가 멸실하면 지적소관청은 지체 없이 시·도지사 또는 대도시 시장의 승인을 받아 복구하여야 한다.

③ 정보처리시스템에 따른 지적공부가 멸실하면 지적소관청은 지체 없이 국토교통부장관의 승인을 받아 복구하여야 한다.

④ 단순히 지적소관청이 작성 또는 발행한 지적공부의 등록내용을 증명하는 서류는 지적공부의 등본이 아니므로 지적공부의 복구자료로 활용할 수 없다.

⑤ 소유자에 관한 사항은 부동산등기부나 법원의 확정판결에 따라 복구하여야 한다.

41

상**중**하
지적공부의 복구절차

지적공부의 복구절차에 관한 내용으로 틀린 것은?

① 지적소관청은 지적공부를 복구하려는 경우에는 복구자료를 조사하여야 한다.

② 복구자료도에 따라 측정한 면적과 지적복구자료 조사서의 조사된 면적의 증감이 허용범위를 초과하거나 복구자료도를 작성할 복구자료가 없는 경우에는 복구측량을 하여야 한다.

③ 지적복구자료 조사서의 조사된 면적의 증감이 허용범위 이내인 경우에는 그 면적을 복구면적으로 결정하여야 한다.

④ 복구측량을 한 결과가 복구자료와 부합하지 아니하는 때에는 토지소유자 및 이해관계인의 동의를 받아 경계 또는 면적 등을 조정할 수 있다.

⑤ 지적소관청은 지적공부를 복구하려는 경우에는 복구하려는 토지의 표시 등을 시·군·구 게시판 및 인터넷 홈페이지에 20일 이상 게시하여야 하고, 이의가 있는 자는 게시기간 내에 지적소관청에 이의신청을 할 수 있다.

제1절 신규등록

대표유형

공간정보의 구축 및 관리 등에 관한 법령상 토지소유자의 정리에 관한 설명이다. (　　)에 들어갈 내용으로 옳은 것은?　제33회

> 지적공부에 등록된 토지소유자의 변경사항은 등기관서에서 등기한 것을 증명하는 등기필증, 등기완료통지서, 등기사항증명서 또는 등기관서에서 제공한 등기전산정보자료에 따라 정리한다. 다만, (㉠)하는 토지의 소유자는 (㉡)이(가) 직접 조사하여 등록한다.

① ㉠: 축척변경, ㉡: 등기관
② ㉠: 축척변경, ㉡: 시·도지사
③ ㉠: 신규등록, ㉡: 등기관
④ ㉠: 신규등록, ㉡: 지적소관청
⑤ ㉠: 등록전환, ㉡: 시·도지사

해설 ④ 선등록 후등기 원칙에 따라 신규등록을 하는 시점에는 아직 등기자료가 없으므로 소유자는 지적소관청이 직접 조사하여 등록하고, 신규등록을 마친 지적소관청은 등기촉탁도 하지 않는다.　**정답 ④**

Point

01

상중하
신규등록

공간정보의 구축 및 관리 등에 관한 법령상 신규등록에 관한 설명으로 틀린 것은?

① 신규등록하는 경우에는 지적측량을 하여야 한다.
② 토지를 신규등록을 하는 경우 소유자는 지적소관청이 직접 조사하여 결정한다.
③ 토지소유자의 신청에 따라 신규등록을 한 경우 지적소관청은 지체 없이 등기관서에 그 등기를 촉탁하여야 한다.
④ 토지소유자는 신규등록할 토지가 있는 때에는 그 사유가 발생한 날부터 60일 이내에 지적소관청에 신청하여야 한다.
⑤ 신규등록을 하는 경우 부동산등기부 등은 소유권을 증명하는 서류에 해당하지 않는다.

02

상중**하**
신규등록 첨부서류

신규등록을 신청하는 토지소유자가 첨부하여야 하는 서류가 아닌 것은?

① 법원의 확정판결서 정본 또는 사본
② 「공유수면 관리 및 매립에 관한 법률」에 따른 준공검사확인증 사본
③ 도시계획구역의 토지를 그 지방자치단체의 명의로 등록하는 때에는 기획재정부장관과 협의한 문서의 사본
④ 토지이동정리 결의서
⑤ 소유권을 증명할 수 있는 서류의 사본

03

상**중**하
신규등록

신규등록과 관련한 다음 내용 중 틀린 것은?

① 신규등록을 신청하는 토지소유자가 제출하여야 할 서류를 해당 지적소관청이 관리하는 경우에는 지적소관청의 확인으로 그 서류의 제출을 갈음할 수 있다.
② 신규등록은 그 사유가 발생한 날부터 90일 이내에 지적소관청에 신청하여야 한다.
③ 선등록 후등기 원칙에 따라 신규등록을 한 이후 등기기록이 만들어지는 것이 원칙이다.
④ 신규등록을 하는 토지의 지번은 인접한 토지의 본번에 부번을 붙여서 부여하는 것이 원칙이다.
⑤ 신규등록을 하는 토지가 그 지번부여지역의 최종 지번의 토지에 인접하여 있는 경우 그 지번부여지역의 최종 본번의 다음 순번부터 본번으로 하여 순차적으로 지번을 부여할 수 있다.

제2절 **등록전환**

┌ **대표유형** ┐

공간정보의 구축 및 관리 등에 관한 법령상 등록전환을 할 때 임야대장의 면적과 등록전환 될 면적의 차이가 오차의 허용범위를 초과하는 경우 처리방법으로 옳은 것은?   제31회

① 지적소관청이 임야대장의 면적 또는 임야도의 경계를 직권으로 정정하여야 한다.
② 지적소관청이 시·도지사의 승인을 받아 허용범위를 초과하는 면적을 등록전환 면적으로 결정하여야 한다.
③ 지적측량수행자가 지적소관청의 승인을 받아 허용범위를 초과하는 면적을 등록전환 면적으로 결정하여야 한다.
④ 지적측량수행자가 토지소유자와 합의한 면적을 등록전환 면적으로 결정하여야 한다.
⑤ 지적측량수행자가 임야대장의 면적 또는 임야도의 경계를 직권으로 정정하여야 한다.

해설 ① 등록전환 될 면적과 종전의 임야대장에 등록된 면적의 차이가 ㉠ 허용범위를 초과하면 임야대장의 면적 또는 임야도의 경계를 직권정정 후 등록전환 한다. ㉡ 허용범위 이내이면 등록전환 될 면적을 등록전환 면적으로 결정한다.   **A** 정답 ①

Point

04
상중하
등록전환의 대상토지

다음 중 등록전환의 대상토지가 아닌 것은?

① 「산지관리법」에 따른 산지전용허가·신고, 산지일시사용허가·신고, 「건축법」에 따른 건축허가·신고 또는 그 밖의 관계 법령에 따른 개발행위 허가 등을 받은 경우

② 대부분의 토지가 등록전환 되어 나머지 토지를 임야도에 계속 존치하는 것이 불합리한 경우

③ 「국토의 계획 및 이용에 관한 법률」 등 관계 법령에 따른 토지의 형질변경 등의 공사가 준공된 경우

④ 임야도에 등록된 토지가 사실상 형질변경 되었으나 지목변경을 할 수 없는 경우

⑤ 도시·군관리계획선에 따라 토지를 분할하는 경우

05
상중하
등록전환

공간정보의 구축 및 관리 등에 관한 법령상 등록전환에 관한 설명으로 틀린 것은?

① 등록전환이란 임야대장 및 임야도에 등록된 토지를 토지대장 및 지적도에 옮겨 등록하는 것을 말한다.

② 등록전환 할 토지가 있는 때에는 토지소유자는 그 사유가 발생한 날로부터 60일 내에 지적소관청에 등록전환을 신청하여야 한다.

③ 토지소유자가 등록전환을 신청할 때에는 등록전환 사유를 적은 신청서에 개발행위 허가 등을 증명하는 서류의 사본을 첨부하여 지적소관청에 제출하여야 한다.

④ 개발행위 허가 등을 증명하는 서류를 그 지적소관청이 관리하는 경우에는 그 지적소관청으로부터 발급받아 제출하여야 한다.

⑤ 등록전환되는 토지의 지번은 인접 토지의 본번에 부번을 붙여서 부여한다.

Point

06
상중하
등록전환 면적처리

등록전환 될 면적과 종전의 임야대장에 등록된 면적의 차이가 허용범위를 초과한 경우 처리방법은?

① 등록전환 될 면적을 등록전환면적으로 결정하면 된다.

② 임야대장의 면적과 등록전환 될 면적의 차이가 허용범위를 초과하는 경우에는 임야대장의 면적 또는 임야도의 경계를 지적소관청이 직권으로 정정하여야 한다.

③ 임야대장의 면적과 등록전환 될 면적의 차이가 허용범위를 초과하는 경우에는 토지소유자의 신청을 받아 면적을 결정하여야 한다.

④ 지적소관청은 시·도지사 또는 대도시 시장의 승낙을 받아 새로운 면적으로 결정하면 된다.

⑤ 면적의 차이가 허용범위를 초과하는 경우에는 등록전환을 할 수 없다.

제3절 분할

대표유형

토지의 분할에 관한 설명으로 틀린 것은? 제20회

① 토지이용상 불합리한 지상경계를 시정하기 위한 경우에는 분할을 신청할 수 있다.

② 지적공부에 등록된 1필지의 일부가 관계법령에 의한 형질변경 등으로 용도가 다르게 된 때에는 소관청에 토지의 분할을 신청하여야 한다.

③ 토지를 분할하는 경우 주거·사무실 등의 건축물이 있는 필지에 대하여는 분할 전의 지번을 우선하여 부여하여야 한다.

④ 공공사업으로 도로를 개설하기 위하여 토지를 분할하는 경우에는 지상건축물이 걸리게 지상경계를 결정하여서는 아니된다.

⑤ 토지의 매매를 위하여 필요한 경우에는 분할을 신청할 수 있다.

해설 다음의 경우에는 지상건축물이 걸리더라도 분할할 수 있다.

1. 법원의 확정판결이 있는 경우
2. 공공사업으로 인하여 학교용지·철도용지·수도용지·유지·도로·구거·제방·하천 등의 지목으로 되는 토지를 분할하고자 하는 경우
3. 도시·군관리계획선에 따라 분할하고자 하는 경우
4. 도시개발사업 등의 사업시행자가 사업지구의 경계를 결정하기 위하여 분할하고자 하는 경우

ⓐ 정답 ④

Point

07

상중하
분할

공간정보의 구축 및 관리 등에 관한 법령상 토지의 분할에 관한 설명으로 틀린 것은?

① 토지이용상 불합리한 지상경계를 시정하기 위한 경우에는 분할을 신청할 수 있다.

② 토지의 매매 또는 소유권이전을 위하여 필요한 경우에는 분할을 신청할 수 있다.

③ 지적공부에 등록된 1필지의 일부가 형질변경 등으로 용도가 변경된 경우에는 용도가 변경된 날부터 30일 이내에 지적소관청에 토지의 분할을 신청하여야 한다.

④ 해당 토지에 대한 분할이 개발행위 허가 등의 대상인 경우에는 개발행위 허가 등을 받은 이후에 분할을 신청할 수 있다.

⑤ 1필지의 일부가 형질변경 등으로 용도가 변경된 경우에는 지목변경 신청을 함께 하여야 한다.

08 분할에 관한 설명으로 틀린 것은?

상중하
분할

① 토지를 분할하는 경우 1필지의 지번은 분할 전의 지번으로 하고, 나머지 필지의 지번은 본번의 최종 부번 다음 순번으로 부번을 부여하여야 한다.

② ①의 경우에 주거·사무실 등의 건축물이 있는 필지에 대해서는 분할 전의 지번을 우선하여 부여하여야 한다.

③ 도시개발사업 등의 사업시행자가 사업지구의 경계를 결정하기 위하여 분할하는 경우에도 지상건축물이 걸리게 분할할 수 없다.

④ 토지를 분할하는 경우 새로운 경계와 분할 후의 면적을 결정하기 위하여 지적측량을 하여야 한다.

⑤ 토지를 분할할 때의 지상경계는 지상건축물을 걸리게 하지 않는 것이 원칙이다.

제4절 **합 병**

┌─ **대표유형**

공간정보의 구축 및 관리 등에 관한 법령상 토지의 합병 및 지적공부의 정리 등에 관한 설명으로 틀린 것은?

제30회

① 합병에 따른 면적은 따로 지적측량을 하지 않고 합병 전 각 필지의 면적을 합산하여 합병후 필지의 면적으로 결정한다.

② 토지소유자가 합병 전의 필지에 주거·사무실 등의 건축물이 있어서 그 건축물이 위치한지번을 합병 후의 지번으로 신청할 때에는 그 지번을 합병 후의 지번으로 부여하여야 한다.

③ 합병에 따른 경계는 따로 지적측량을 하지 않고 합병 전 각 필지의 경계 중 합병으로 필요없게 된 부분을 말소하여 합병 후 필지의 경계로 결정한다.

④ 지적소관청은 토지소유자의 합병신청에 의하여 토지의 이동이 있는 경우에는 지적공부를정리하여야 하며, 이 경우에는 토지이동정리 결의서를 작성하여야 한다.

⑤ 토지소유자는 도로, 제방, 하천, 구거, 유지의 토지로서 합병하여야 할 토지가 있으면 그 사유가 발생한 날부터 90일 이내에 지적소관청에 합병을 신청하여야 한다.

해설 ⑤ 토지소유자는 도로, 제방, 하천, 구거, 유지의 토지로서 합병하여야 할 토지가 있으면 그 사유가 발생한 날부터 '60일' 이내에 지적소관청에 합병을 신청하여야 한다. Ⓐ 정답 ⑤

09 공간정보의 구축 및 관리 등에 관한 법령상 합병신청을 할 수 있는 것은?

상중하
합병

① 합병하려는 토지 전부에 등기원인 및 그 연월일과 접수번호가 같은 가등기가 있는 경우
② 합병하려는 토지의 지번부여지역, 지목 또는 소유자가 서로 다른 경우
③ 합병하려는 토지 전부에 대한 「부동산등기법」 제81조 제1항 각 호의 등기사항이 동일한 신탁등기가 존재할 경우
④ 합병하려는 토지 전부에 등기원인 및 등기연월일은 같으나 접수번호가 다른 저당권설정등기가 존재하는 경우
⑤ 합병하려는 토지에 압류, 가압류, 가처분, 경매 등 처분제한등기가 존재할 경우

10 다음 중 합병신청을 할 수 있는 경우는?

상중하
합병

① 합병하려는 토지의 지번부여지역이 다른 경우
② 합병하려는 토지의 지목이 다른 경우
③ 합병하려는 토지의 소유자가 다른 경우
④ 합병하려는 토지의 지적도 및 임야도의 축척이 서로 다른 경우
⑤ 합병하려는 토지의 일부에 지상권이 있는 경우

Point
11 공간정보의 구축 및 관리 등에 관한 법령상 토지합병에 관한 설명으로 틀린 것은?

상중하
합병 대상

① 「주택법」에 따른 공동주택의 부지와 도로, 제방, 하천, 구거, 유지 등의 토지로서 합병하여야 할 토지가 있으면 토지소유자는 그 사유가 발생한 날부터 60일 이내에 지적소관청에 합병을 신청하여야 한다.
② 합병에 따른 지번은 합병 대상 지번 중 선순위지번을 그 지번으로 하는 것이 원칙이다.
③ 합병에 따라 경계나 면적을 정하는 경우에 경계는 합병을 통해 필요 없게 된 부분은 말소하며, 면적은 합산하여 정하므로 지적측량은 실시하지 않는다.
④ 토지합병을 마친 지적소관청은 지체 없이 관할 등기관서로 토지합병에 따른 등기를 촉탁하여야 한다.
⑤ 합병하려는 토지 전부에 관하여 등기원인 및 그 연월일과 접수번호가 같은 가압류등기가 존재할 경우 토지합병 신청이 가능하다.

제5절 지목변경

대표유형

지목변경 신청에 관한 설명으로 틀린 것은?   제22회

① 토지소유자는 지목변경을 할 토지가 있으면 그 사유가 발생한 날부터 60일 이내에 지적소관청에 지목변경을 신청하여야 한다.

② 「국토의 계획 및 이용에 관한 법률」 등 관계 법령에 따른 토지의 형질변경 등의 공사가 준공된 경우에는 지목변경을 신청할 수 있다.

③ 전·답·과수원 상호간의 지목변경을 신청하는 경우에는 토지의 용도가 변경되었음을 증명하는 서류의 사본첨부를 생략할 수 있다.

④ 지목변경 신청에 따른 첨부서류를 해당 지적소관청이 관리하는 경우에는 시·도지사의 확인으로 그 서류의 제출을 갈음할 수 있다.

⑤ 「도시개발법」에 따른 도시개발사업의 원활한 추진을 위하여 사업시행자가 공사 준공 전에 토지의 합병을 신청하는 경우에는 지목변경을 신청할 수 있다.

해설 ④ 토지소유자가 지적소관청에 첨부해야 할 서류를 해당 지적소관청이 관리하는 경우에는 '지적소관청'의 확인으로 그 서류의 제출을 갈음할 수 있다.   **Ⓐ 정답** ④

Point
12
상중하
지목변경

공간정보의 구축 및 관리 등에 관한 법령상 지목변경 신청에 관한 설명으로 틀린 것은?

① 토지소유자는 지목변경을 할 토지가 있으면 그 사유가 발생한 날부터 60일 이내에 지적소관청에 지목변경을 신청하여야 한다.

② 개발행위허가·농지전용허가·보전산지전용허가가 등 지목변경과 관련된 규제를 받지 않는 토지의 지목변경은 그 증명서류의 첨부를 생략할 수 있다.

③ 전·답·과수원 상호간의 지목변경을 신청하는 경우에는 토지의 용도가 변경되었음을 증명하는 서류의 사본 첨부를 생략할 수 있다.

④ 지목변경의 증명서류를 해당 지적소관청이 관리하는 경우에는 지적소관청의 확인으로 그 서류의 제출을 갈음할 수 있다.

⑤ 지목변경에 따른 경계나 면적은 지적측량을 실시하여 정하여야 한다.

13 공간정보의 구축 및 관리에 관한 법령상 지목변경의 대상토지가 아닌 것은?

상중하
지목변경 대상토지

① 토지이용상 불합리한 지상경계의 시정을 위한 경우
②「국토의 계획 및 이용에 관한 법률」등 관계법령에 따른 토지의 형질변경 등의 공사가 준공된 토지
③ 토지의 용도가 변경된 토지
④ 건축물의 용도가 변경된 토지
⑤ 도시개발사업 등의 원활한 사업추진을 위하여 사업시행자가 공사 준공 전이라도 토지의 합병을 신청하는 경우

제6절 바다로 된 토지의 등록말소

대표유형

공간정보의 구축 및 관리 등에 관한 법령상 바다로 된 토지의 등록말소에 관한 설명으로 옳은 것은?

제22회

① 지적소관청은 지적공부에 등록된 토지가 일시적인 지형의 변화 등으로 바다로 된 경우에는 공유수면의 관리청에 지적공부의 등록말소 신청을 하도록 통지하여야 한다.
② 지적소관청은 등록말소 신청 통지를 받은 자가 통지를 받은 날부터 60일 이내에 등록말소 신청을 하지 아니하면 직권으로 그 지적공부의 등록사항을 말소하여야 한다.
③ 지적소관청이 직권으로 등록말소를 할 경우에는 시·도지사의 승인을 받아야 하며, 시·도지사는 그 내용을 승인하기 전에 토지소유자의 의견을 청취하여야 한다.
④ 지적소관청은 말소한 토지가 지형의 변화 등으로 다시 토지가 된 경우에는 그 지적측량성과 및 등록말소 당시의 지적공부 등 관계 자료에 따라 토지로 회복등록을 할 수 있다.
⑤ 지적소관청이 지적공부의 등록사항을 말소하거나 회복등록 하였을 때에는 그 정리 결과를 시·도지사 및 국토교통부장관에게 통보하여야 한다.

▶해설 ① 지적소관청은 지적공부에 등록된 토지가 바다로 된 경우로서 원상으로 회복할 수 없거나 다른 지목의 토지로 될 가능성이 없는 때 '토지소유자'에게 지적공부의 등록말소 신청을 하도록 통지하여야 한다.
② 지적소관청은 등록말소 신청 통지를 받은 자가 통지를 받은 날부터 '90일' 이내에 등록말소 신청을 하지 아니하면 직권으로 그 지적공부의 등록사항을 말소하여야 한다.
③ 지적소관청이 직권으로 등록말소를 할 경우에 시·도지사의 승인을 받거나 토지소유자의 의견을 청취하는 절차는 필요 없다.
⑤ 지적소관청이 지적공부의 등록사항을 말소하거나 회복등록 하였을 때에는 그 정리 결과를 '토지소유자 및 해당 공유수면의 관리청'에게 통보하여야 한다.

Ⓐ 정답 ④

Point
14
상중하
등록말소

공간정보의 구축 및 관리 등에 관한 법령상 바다로 된 토지의 등록말소에 관한 설명으로 틀린 것은?

① 지적공부에 등록된 토지가 바다로 된 경우로서 원상으로 회복할 수 없거나 다른 지목의 토지로 될 가능성이 없는 때에 등록말소의 대상이 된다.

② 지적공부에 등록된 토지가 바다로 된 경우로서 원상으로 회복할 수 없거나 다른 지목의 토지로 될 가능성이 없는 때에 지적소관청은 토지소유자에게 등록말소를 신청하도록 통지하여야 한다.

③ 토지소유자가 통지받은 날로부터 90일 이내에 말소신청을 하지 않으면, 지적소관청이 직권으로 말소한다.

④ 지적공부의 등록사항을 직권으로 말소하거나 회복등록을 한 지적소관청은 토지소유자 및 시·도지사에게 통지하여야 한다.

⑤ 등록말소할 부분이 1필지의 일부인 경우 지적측량을 실시하여야 한다.

15
상중하
등록말소

공간정보의 구축 및 관리 등에 관한 법령상 바다로 된 토지의 등록말소에 관한 다음 설명 중 옳은 것은?

① 바다로 된 토지의 등록말소를 한 지적소관청은 등기촉탁을 할 필요가 없다.

② 지적소관청이 직권으로 지적공부의 등록사항을 말소한 후 지형의 변화 등으로 다시 토지가 된 경우에 토지소유자의 신청이 없이는 토지로 회복등록을 할 수 없다.

③ 토지가 바다로 된 경우에는 그 날로부터 90일 이내에 토지소유자가 지적소관청에 등록말소신청을 하여야 한다.

④ 토지소유자가 90일 이내에 등록말소신청을 하지 않더라도 지적소관청이 직권으로 말소할 수는 없다.

⑤ 등록말소를 하거나 회복등록을 한 지적소관청은 그 정리결과를 토지소유자 뿐만 아니라 해당 공유수면의 관리청에게도 통지하여야 한다.

제7절 축척변경

대표유형

1. 공간정보의 구축 및 관리 등에 관한 법령상 축척변경에 관한 설명이다. ( )안에 들어갈 내용으로 옳은 것은?
제28회

> • 지적소관청은 축척변경을 하려면 축척변경 시행지역의 토지소유자 (㉠)의 동의를 받아 축척변경위원회의 의결을 거친 후 (㉡)의 승인을 받아야 한다.
> • 축척변경 시행지역의 토지소유자 또는 점유자는 시행공고일부터 (㉢) 이내에 시행공고일 현재 점유하고 있는 경계에 경계점표지를 설치하여야 한다.

	㉠	㉡	㉢
①	2분의 1 이상	국토교통부장관	30일
②	2분의 1 이상	시·도지사 또는 대도시 시장	60일
③	2분의 1 이상	국토교통부장관	60일
④	3분의 2 이상	시·도지사 또는 대도시 시장	30일
⑤	3분의 2 이상	국토교통부장관	60일

해설 ④ ㉠ 3분의 2 이상, ㉡ 시·도지사 또는 대도시 시장, ㉢ 30일이 옳다.

> 법 제83조 【축척변경】 ③ 지적소관청은 제2항에 따라 축척변경을 하려면 축척변경 시행지역의 토지소유자 3분의 2 이상의 동의를 받아 제1항에 따른 축척변경위원회의 의결을 거친 후 시·도지사 또는 대도시 시장의 승인을 받아야 한다.
>
> 영 제71조 【축척변경 시행공고 등】 ③ 축척변경 시행지역의 토지소유자 또는 점유자는 시행공고가 된 날부터 30일 이내에 시행공고일 현재 점유하고 있는 경계에 국토교통부령으로 정하는 경계점표지를 설치하여야 한다.

Ⓐ 정답 ④

2. 축척변경에 관한 설명으로 틀린 것은?
제19회

① 청산금의 납부 및 지급이 완료된 때에는 소관청은 지체 없이 축척변경의 확정공고를 하여야 하며, 확정공고일에 토지의 이동이 있는 것으로 본다.

② 청산금의 납부고지 또는 수령통지된 청산금에 관하여 이의가 있는 자는 납부고지 또는 수령통지를 받은 날부터 60일 이내에 소관청에 이의신청을 할 수 있다.

③ 축척변경시행지역 안의 토지 소유자 또는 점유자는 시행공고가 있는 날부터 30일 이내에 시행공고일 현재 점유하고 있는 경계에 경계점표지를 설치하여야 한다.

④ 소관청은 청산금의 결정을 공고한 날부터 20일 이내에 토지소유자에게 청산금의 납부고지 또는 수령통지를 하여야 한다.

⑤ 청산금의 납부고지를 받은 자는 그 고지를 받은 날부터 6월 이내에 청산금을 소관청에 납부하여야 한다.

해설 ② 청산금에 관하여 이의가 있는 자는 납부고지 또는 수령통지를 받은 날부터 '1개월' 이내에 소관청에 이의신청을 할 수 있다.
Ⓐ 정답 ②

3. 공간정보의 구축 및 관리 등에 관한 법령상 축척변경위원회의 구성과 회의 등에 관한 설명으로 옳은 것을 모두 고른 것은?

제30회

> ㉠ 축척변경위원회의 회의는 위원장을 포함한 재적위원 과반수의 출석으로 개의(開議)하고, 출석위원 과반수의 찬성으로 의결한다.
> ㉡ 축척변경위원회는 5명 이상 15명 이하의 위원으로 구성하되, 위원의 3분의 2 이상을 토지소유자로 하여야 한다. 이 경우 그 축척변경 시행지역의 토지소유자가 5명 이하일 때에는 토지소유자 전원을 위원으로 위촉하여야 한다.
> ㉢ 위원은 해당 축척변경 시행지역의 토지소유자로서 지역 사정에 정통한 사람과 지적에 관하여 전문지식을 가진 사람 중에서 지적소관청이 위촉한다.

① ㉠
② ㉡
③ ㉠, ㉢
④ ㉡, ㉢
⑤ ㉠, ㉡, ㉢

▶해설◀ ③ ㉠, ㉢이 옳다.

> 영 제79조【축척변경위원회의 구성 등】① 축척변경위원회는 5명 이상 '10명' 이하의 위원으로 구성하되, 위원의 '2분의 1' 이상을 토지소유자로 하여야 한다. 이 경우 그 축척변경 시행지역의 토지소유자가 5명 이하일 때에는 토지소유자 전원을 위원으로 위촉하여야 한다.

ⓐ 정답 ③

16

상중하
축척변경

공간정보의 구축 및 관리에 관한 법령상 축척변경에 관한 다음 설명 중 옳은 것은?

① 지적도나 임야도에 등록된 경계점의 정밀도를 높이기 위하여 작은 축척을 큰 축척으로 변경하여 등록하는 것을 말한다.
② 지적소관청은 토지소유자의 신청 또는 지적소관청의 직권으로 일정한 지역을 정하여 그 지역의 축척을 변경할 수 있고, 토지소유자가 신청할 때에는 신청서에 토지소유자 3/4 이상의 동의서를 첨부하여야 한다.
③ 축척변경을 하려면 축척변경위원회의 의결을 거친 후 토지소유자 3/4 이상의 동의를 받아야 한다.
④ 지적소관청이 축척변경을 하기 위해서는 국토교통부장관의 승인을 받아야 한다.
⑤ 합병하고자 하는 토지가 축척이 다른 지적도에 각각 등록되어 있는 경우에는 축척변경위원회의 의결 및 시·도지사 또는 대도시 시장의 승인 없이 축척변경을 할 수 있다.

17 축척변경에 관한 다음 설명 중 틀린 것은?

상**중**하
축척변경

① 지적소관청은 축척변경 시행지역의 각 필지별 지번·지목·면적·경계 또는 좌표를 새로 정하여야 한다.

② 합병하려는 토지가 축척이 다른 지적도에 각각 등록되어 있어 축척변경을 하는 경우에는 각 필지별 지번·지목 및 경계는 종전의 지적공부에 따르고 면적만 새로 정하여야 한다.

③ 도시개발사업 등의 시행지역에 있는 토지로서 그 사업 시행에서 제외된 토지의 축척변경을 하는 경우에는 각 필지별 지번·지목 및 경계는 종전의 지적공부에 따르고 면적만 새로 정하여야 한다.

④ 축척변경의 승인신청을 받은 시·도지사 또는 대도시 시장은 「전자정부법」 제36조 제1항에 따른 행정정보의 공동이용을 통하여 축척변경 대상지역의 지적도 및 임야도를 확인하여야 한다.

⑤ 승인신청을 받은 시·도지사 또는 대도시 시장은 축척변경 사유 등을 심사한 후 그 승인 여부를 지적소관청에 통지하여야 한다.

18 공간정보의 구축 및 관리에 관한 법령상 축척변경의 시행공고 사항으로 틀린 것은?

상중하
축척변경의
시행공고사항

① 축척변경의 목적, 시행지역 및 시행기간

② 축척변경의 시행에 관한 세부계획

③ 축척변경의 시행에 따른 청산방법

④ 축척변경과 관련한 지적측량기술의 연구·개발·보급에 관한 사항

⑤ 축척변경의 시행에 따른 토지소유자 등의 협조에 관한 사항

19 축척변경과 관련한 청산금에 대한 설명 중 틀린 것은?

상중하
청산금

① 필지별 증감면적이 허용범위 이내인 경우에는 청산하지 아니한다. 다만, 축척변경위원회의 의결이 있는 경우는 청산한다.

② 토지소유자 전원이 청산하지 아니하기로 합의하여 서면으로 제출한 경우에는 청산하지 아니한다. 다만, 축척변경위원회의 의결이 있는 경우는 청산한다.

③ 청산금을 산정한 결과 차액이 생긴 경우 초과액은 그 지방자치단체의 수입으로 한다.

④ 청산금의 부족액은 그 지방자치단체가 부담한다.

⑤ 청산금에 대하여 이의가 있는 자는 1월 이내에 지적소관청에 이의신청을 할 수 있다.

20 다음 순서가 바르게 연결된 것은?

참중하
축척변경순서

> ㉠ 축척변경 시행공고 ㉡ 경계점표지 설치
> ㉢ 축척변경측량 ㉣ 지번별 조서 작성
> ㉤ 청산금 공고 ㉥ 청산금의 납부고지와 수령통지
> ㉦ 축척변경 확정공고 ㉧ 등기촉탁

① ㉠ - ㉡ - ㉢ - ㉣ - ㉤ - ㉥ - ㉦ - ㉧
② ㉡ - ㉠ - ㉣ - ㉢ - ㉤ - ㉥ - ㉧ - ㉦
③ ㉧ - ㉠ - ㉢ - ㉡ - ㉣ - ㉤ - ㉥ - ㉦
④ ㉠ - ㉡ - ㉢ - ㉥ - ㉣ - ㉤ - ㉦ - ㉧
⑤ ㉠ - ㉢ - ㉡ - ㉣ - ㉤ - ㉥ - ㉧ - ㉦

Point 21 (   )의 순서에 알맞게 연결된 것은?

참중하
축척변경 기간규정

> ㉠ 축척변경의 시행공고는 시·도지사 또는 대도시 시장의 승인 후 지체 없이 (   )일 이상 공고하여야 한다.
> ㉡ 토지소유자 또는 점유자는 시행공고일부터 (   )일 이내에 경계점표지를 설치하여야 한다.
> ㉢ 지적소관청은 청산금이 결정되었다는 뜻을 (   )일 이상 공고하여야 한다.
> ㉣ 지적소관청은 청산금의 결정을 공고한 날부터 (   )일 이내에 토지소유자에게 청산금의 납부고지 또는 수령통지를 하여야 한다.
> ㉤ 납부고지를 받은 자는 그 고지를 받은 날부터 (   )개월 이내에 청산금을 지적소관청에 내야 한다.
> ㉥ 지적소관청은 수령통지를 한 날부터 (   )개월 이내에 청산금을 지급하여야 한다.
> ㉦ 청산금에 관하여 이의가 있는 자는 납부고지 또는 수령통지를 받은 날부터 (   )개월 이내에 지적소관청에 이의신청을 할 수 있다.

	㉠	㉡	㉢	㉣	㉤	㉥	㉦
①	20	30	15	20	6	6	1
②	15	20	20	30	6	6	1
③	20	30	15	20	3	3	1
④	15	20	20	30	6	1	6
⑤	20	20	15	30	6	1	6

22

상중하
축척변경

축척변경과 관련한 다음 설명 중 틀린 것은?

① 축척변경 시행기간 중에는 축척변경 시행지역의 지적공부정리와 경계복원측량을 축척변경 확정공고일까지 정지하여야 한다.

② ①의 경우에 축척변경위원회의 의결이 있거나, 경계점표지의 설치를 위한 경계복원측량은 할 수 있다.

③ 위원은 5명 이상 10명 이하의 위원으로 구성하고 위원의 1/2 이상을 토지소유자로 하되 토지소유자가 5명 이하이면 전원을 위원으로 위촉하여야 한다.

④ 축척변경위원회의 회의를 소집할 때에는 회의일시·장소 및 심의안건을 회의 개최 7일 전까지 각 위원에게 서면으로 통지하여야 한다.

⑤ 청산금의 납부 및 지급이 완료되었을 때에는 지적소관청은 지체 없이 축척변경의 확정 공고를 하여야 한다.

Point
23

상중하
축척변경위원회의
위원

공간정보의 구축 및 관리에 관한 법령상 다음 (   )에 들어갈 사항으로 옳은 것은?

> 축척변경위원회는 (㉠)명 이상 (㉡)명 이하의 위원으로 구성하되, 위원의 (㉢) 이상을 토지소유자로 하여야 한다. 이 경우 그 축척변경 시행지역의 토지소유자가 (㉣)명 이하일 때에는 토지소유자 (㉤)을(를) 위원으로 위촉하여야 한다.

	㉠	㉡	㉢	㉣	㉤
①	10	15	3분의 2	10	전원
②	5	10	3분의 2	7	3분의 2
③	5	10	2분의 1	5	전원
④	10	15	2분의 1	10	전원
⑤	10	15	4분의 3	10	3분의 2

24

상중하
축척변경위원회의
심의·의결사항

공간정보의 구축 및 관리에 관한 법령상 축척변경위원회의 심의·의결사항으로 틀린 것은?

① 축척변경 시행계획에 관한 사항

② 지번별 제곱미터당 금액의 결정에 관한 사항

③ 축척변경 동의에 관한 사항

④ 청산금의 산정에 관한 사항

⑤ 청산금의 이의신청에 관한 사항

Point
25
상중하
축척변경위원회

공간정보의 구축 및 관리 등에 관한 법령상 축척변경위원회에 관한 설명으로 틀린 것은?

① 축척변경위원회의 회의는 위원장을 포함한 재적위원 과반수의 출석으로 개의하고, 출석위원 과반수의 찬성으로 의결한다.

② 지적소관청은 축척변경 시행지역 내 각 필지에 대하여 지번·지목·면적·경계 또는 좌표를 새로 결정하여야 한다.

③ 위원은 해당 축척변경 시행지역의 토지소유자로서 지역 사정에 정통한 사람과 지적에 관하여 전문지식을 가진 사람 중에서 국토교통부장관이 위촉한다.

④ 위원장은 위원 중에서 지적소관청이 지명한다.

⑤ 축척변경위원회 위원장은 회의를 소집하고자 할 경우 회의일시, 장소 및 심의안건 등을 회의 개최 5일 전까지 각 위원에게 서면으로 통지하여야 한다.

26
상중하
축척변경

공간정보의 구축 및 관리에 관한 법령상 축척변경의 확정공고사항이 아닌 것은?

① 청산금 조서
② 축척변경 지번별 조서
③ 토지의 소재 및 지역명
④ 지적도의 축척
⑤ 임야도의 축척

27
상중하
축척변경

공간정보의 구축 및 관리에 관한 법령상 다음 사항 중 틀린 것은?

① 지적소관청은 축척변경에 관한 측량을 완료하였을 때에는 시행공고일 현재의 지적공부상의 면적과 측량 후의 면적을 비교하여 그 변동사항을 표시한 축척변경 지번별 조서를 작성하여야 한다.

② 지적소관청은 청산금을 산정하였을 때에는 청산금 조서(축척변경 지번별 조서에 필지별 청산금 명세를 적은 것을 말한다)를 작성하여야 한다.

③ 지적소관청은 청산금을 지급받을 자가 행방불명 등으로 받을 수 없거나 받기를 거부할 때에는 그 청산금을 공탁할 수 있다.

④ 지적소관청은 청산금을 내야 하는 자가 제77조 제1항에 따른 기간 내에 청산금에 관한 이의신청을 하지 아니하고 제2항에 따른 기간 내에 청산금을 내지 아니하면 「지방행정제재·부과금의 징수 등에 관한 법률」에 따라 징수할 수 있다.

⑤ 축척변경 시행지역의 토지는 토지의 표시가 지적공부에 등록된 때에 토지의 이동이 있는 것으로 본다.

1. 공간정보의 구축 및 관리 등에 관한 법령상 도시개발사업 등 시행지역의 토지이동 신청 특례에 관한 설명으로 틀린 것은? 제26회

① 「농어촌정비법」에 따른 농어촌정비사업의 시행자는 그 사업의 착수·변경 및 완료 사실을 시·도지사에게 신고하여야 한다.

② 도시개발사업 등의 사업의 착수 또는 변경의 신고가 된 토지의 소유자가 해당 토지의 이동을 원하는 경우에는 해당 사업의 시행자에게 그 토지의 이동을 신청하도록 요청하여야 한다.

③ 도시개발사업 등의 사업시행자가 토지의 이동을 신청한 경우 토지의 이동은 토지의 형질변경 등의 공사가 준공된 때에 이루어진 것으로 본다.

④ 「도시개발법」에 따른 도시개발사업의 시행자는 그 사업의 착수·변경 또는 완료 사실의 신고를 그 사유가 발생한 날부터 15일 이내에 하여야 한다.

⑤ 「주택법」에 따른 주택건설사업의 시행자가 파산 등의 이유로 토지의 이동 신청을 할 수 없을 때에는 그 주택의 시공을 보증한 자 또는 입주예정자 등이 신청할 수 있다.

▶해설 ① 도시개발사업 등 각종의 토지개발사업의 사업시행자는 그 사업의 착수·변경 및 완료 사실을 사유발생일부터 15일 이내에 '지적소관청'에게 신고하여야 한다. **Ⓐ 정답** ①

2. 다음은 공간정보의 구축 및 관리 등에 관한 법령상 도시개발사업 등 시행지역의 토지이동 신청 특례에 관한 설명이다. ( )에 들어갈 내용으로 옳은 것은? 제31회

- 「도시개발법」에 따른 도시개발사업, 「농어촌정비법」에 따른 농어촌정비사업 등의 사업시행자는 그 사업의 착수·변경 및 완료 사실을 (㉠)에(게) 신고하여야 한다.
- 도시개발사업 등의 착수·변경 또는 완료 사실의 신고는 그 사유가 발생한 날부터 (㉡) 이내에 하여야 한다.

① ㉠: 시·도지사, ㉡: 15일　　② ㉠: 시·도지사, ㉡: 30일

③ ㉠: 시·도지사, ㉡: 60일　　④ ㉠: 지적소관청, ㉡: 15일

⑤ ㉠: 지적소관청, ㉡: 30일

▶해설 ④ 도시개발사업 등 각종의 토지개발사업의 사업시행자는 그 사업의 착수·변경 및 완료 사실을 사유발생일부터 15일 이내에 '지적소관청'에게 신고하여야 한다. **Ⓐ 정답** ④

01
상중하
대위신청자

「공간정보의 구축 및 관리 등에 관한 법률」상 토지소유자가 하여야 하는 토지의 이동 신청을 대신할 수 있는 자가 아닌 것은?

① 국가나 지방자치단체가 취득하는 토지인 경우는 해당 토지를 관리하는 행정기관의 장 또는 지방자치단체의 장
② 지상권자
③ 「주택법」에 따른 공동주택의 부지인 경우는 「집합건물의 소유 및 관리에 관한 법률」에 따른 관리인(관리인이 없는 경우에는 공유자가 선임한 대표자) 또는 해당 사업의 시행자
④ 공공사업 등에 따라 학교용지 · 철도용지 · 수도용지 · 유지 · 도로 · 구거 · 제방 · 하천 등의 지목으로 되는 토지인 경우는 해당 사업의 시행자
⑤ 「민법」 제404조에 따른 채권자

Point
02
상중하
도시개발사업과
토지이동신청

공간정보의 구축 및 관리에 관한 법령상 도시개발사업 등 시행지역의 토지이동 신청에 관한 다음 설명 중 옳은 것은?

① 도시개발사업 등 시행지역의 사업시행자는 그 사업의 착수 · 변경 및 완료 사실을 시 · 도지사 또는 대도시 시장에 신고하여야 한다.
② 도시개발사업과 관련하여 토지의 이동이 필요한 경우에는 해당 사업의 시행자가 지적소관청에 토지의 이동을 신청하여야 한다.
③ 도시개발사업 등에 따른 토지의 이동은 토지의 형질변경 등의 공사가 착공된 때에 이루어진 것으로 본다.
④ 토지의 소유자가 해당 토지의 이동을 원하는 경우에는 직접 지적소관청에 토지이동을 신청할 수 있다.
⑤ 토지소유자에게 토지이동의 신청을 요청받은 사업시행자는 지체 없이 지적소관청에 토지의 이동을 신청하여야 한다.

Point
03
상중하
도시개발사업과
토지이동신청

도시개발사업 등 시행지역의 토지이동 신청에 관한 다음 설명 중 틀린 것은?

① 「주택법」에 따른 주택건설사업의 시행자가 파산 등의 이유로 토지의 이동 신청을 할 수 없을 때에는 그 주택의 시공을 보증한 자 또는 입주예정자 등이 신청할 수 있다.
② 신청대상지역이 환지(換地)를 수반하는 경우에는 사업완료 신고로써 이를 갈음할 수 있다.
③ 신청대상지역이 환지를 수반하는 경우 사업완료 신고서에 토지의 이동 신청을 갈음한다는 뜻을 적어야 한다.
④ 도시개발사업 등의 착수 · 변경 또는 완료 사실의 신고는 그 사유가 발생한 날부터 20일 이내에 하여야 한다.
⑤ 「지역 개발 및 지원에 관한 법률」에 따른 지역개발사업, 「체육시설의 설치 · 이용에 관한 법률」에 따른 체육시설 설치를 위한 토지개발사업도 여기에 해당한다.

등록사항의 정정

대표유형

1. 공간정보의 구축 및 관리 등에 관한 법령상 지적소관청이 지적공부의 등록사항에 잘못이 있는지를 직권으로 조사·측량하여 정정할 수 있는 경우를 모두 고른 것은? 제30회

㉠ 지적공부의 작성 또는 재작성 당시 잘못 정리된 경우
㉡ 지적도에 등록된 필지의 경계가 지상 경계와 일치하지 않아 면적의 증감이 있는 경우
㉢ 측량 준비 파일과 다르게 정리된 경우
㉣ 지적공부의 등록사항이 잘못 입력된 경우

① ㉢
② ㉣
③ ㉠, ㉣
④ ㉡, ㉢
⑤ ㉠, ㉢, ㉣

▶**해설** ③ ㉠, ㉣이 해당된다.

ⓘ **직권정정사유**

1. 토지이동정리 결의서의 내용과 다르게 정리된 경우
2. 지적도 및 임야도에 등록된 필지가 면적의 증감 없이 경계의 위치만 잘못된 경우
3. 1필지가 각각 다른 지적도나 임야도에 등록되어 있는 경우로서 지적공부에 등록된 면적과 측량한 실제면적은 일치하지만 지적도나 임야도에 등록된 경계가 서로 접합되지 않아 지적도나 임야도에 등록된 경계를 지상의 경계에 맞추어 정정하여야 하는 토지가 발견된 경우
4. 지적공부의 작성 또는 재작성 당시 잘못 정리된 경우
5. 지적측량성과와 다르게 정리된 경우
6. 지적위원회의 의결서에 따라 지적공부의 등록사항을 정정하여야 하는 경우
7. 지적공부의 등록사항이 잘못 입력된 경우
8. 「부동산등기법」에 따른 토지합필등기신청의 각하통지가 있는 경우(지적소관청의 착오로 잘못 합병한 경우만 해당한다)
9. 면적 환산이 잘못된 경우

ⓐ 정답 ③

---

2. 다음은 공간정보의 구축 및 관리 등에 관한 법령상 등록사항 정정 대상토지에 대한 대장의 열람 또는 등본의 발급에 관한 설명이다. (   )에 들어갈 내용으로 옳은 것은? 제31회

> 지적소관청은 등록사항 정정 대상토지에 대한 대장을 열람하게 하거나 등본을 발급하는 때에는 (㉠)라고 적은 부분을 흑백의 반전(反轉)으로 표시하거나 (㉡)(으)로 적어야 한다.

① ㉠: 지적불부합지, ㉡: 붉은색
② ㉠: 지적불부합지, ㉡: 굵은 고딕체
③ ㉠: 지적불부합지, ㉡: 담당자의 자필(自筆)
④ ㉠: 등록사항 정정 대상토지, ㉡: 붉은색
⑤ ㉠: 등록사항 정정 대상토지, ㉡: 굵은 고딕체

해설 ④ 등록사항 정정 대상토지에 대한 대장을 열람하게 하거나 등본을 발급하는 때에는 "등록사항 정정 대상토지"라고 적은 부분을 흑백의 반전(反轉)으로 표시하거나 붉은색으로 적어야 한다. **정답 ④**

01 등록사항의 정정에 관한 다음 설명 중 틀린 것은?

상중하
등록사항 정정절차

① 토지소유자는 지적공부의 등록사항에 잘못이 있음을 발견하면 지적소관청에 그 정정을 신청할 수 있다.
② 지적공부의 등록사항이 토지이동정리 결의서의 내용과 다르게 정리된 경우에는 지적소관청이 직권으로 정정할 수 있다.
③ 정정으로 인접 토지의 경계가 변경되는 경우에는 인접 토지소유자의 승낙서 또는 이에 대항할 수 있는 확정판결서 정본을 제출하여야 한다.
④ 정정으로 인접 토지의 경계가 변경되는 경우에도 인접 토지소유자의 승낙서가 제출되는 경우에는 등록사항정정 측량성과도는 제출할 필요가 없다.
⑤ 지적공부의 등록사항 중 경계나 면적 등 측량을 수반하는 토지의 표시가 잘못된 경우에는 지적소관청은 그 정정이 완료될 때까지 지적측량을 정지시킬 수 있다.

84 부동산공시법령

02
상**중**하
등록사항의 직권정정

다음 중 지적소관청이 지적공부의 등록사항을 직권으로 정정할 수 있는 경우는?

① 토지이동현황조사계획서의 내용과 다르게 정리된 경우
② 지번별 조서와 다르게 정리된 경우
③ 지적측량성과와 다르게 정리된 경우
④ 지적공부의 토지표시가 등기기록과 일치하지 않는 경우
⑤ 토지이용계획서의 내용과 다르게 정리된 경우

Point
03
상**중**하
등록사항의 직권정정

다음 중 등록사항을 직권으로 조사·측량하여 정정할 수 있는 경우를 모두 고른 것은?

⊙ 토지이동정리 결의서의 내용과 다르게 정리된 경우
ⓒ 측량 준비 파일과 다르게 정리된 경우
ⓒ 지적측량성과와 다르게 정리된 경우
ⓔ 청산금조서의 내용과 다르게 정리된 경우
ⓜ 지적위원회의 의결서에 따라 지적공부의 등록사항을 정정하여야 하는 경우

① ⊙, ⓒ, ⓒ
② ⊙, ⓒ, ⓜ
③ ⊙, ⓒ, ⓜ
④ ⊙, ⓔ, ⓜ
⑤ ⓒ, ⓔ, ⓜ

Point
04
상**중**하
등록사항 정정

등록사항의 정정에 관한 설명 중 틀린 것은?

① 정정사항이 토지소유자에 관한 사항인 경우에는 등기필증, 등기완료통지서, 등기사항증명서 또는 등기관서에서 제공한 등기전산정보자료에 따라 정정하여야 한다.
② 미등기 토지에 대하여 토지소유자에 관한 등록사항이 명백히 잘못된 경우에는 주민등록등·초본에 따라 정정하여야 한다.
③ 지적도 및 임야도에 등록된 필지가 면적의 증감 없이 경계의 위치만 잘못된 경우에는 직권정정할 수 있다.
④ 면적환산이 잘못된 경우에는 직권정정할 수 있다.
⑤ 직권정정대상토지가 있는 경우에 지적소관청은 지체 없이 관계 서류에 따라 지적공부의 등록사항을 정정하여야 한다.

지적공부의 정리

대표유형

1. 토지대장에 등록된 토지소유자의 변경사항은 등기관서에서 등기한 것을 증명하거나 제공한 자료에 따라 정리한다. 다음 중 등기관서에서 등기한 것을 증명하거나 제공한 자료가 아닌 것은? 제25회

① 등기필증

② 등기완료통지서

③ 등기사항증명서

④ 등기신청접수증

⑤ 등기전산정보자료

해설 ④ 등기신청접수증은 토지소유자의 변경을 증명할 수 있는 자료가 아니다. **A** 정답 ④

2. 공간정보의 구축 및 관리 등에 관한 법령상 토지소유자의 정리 등에 관한 설명으로 틀린 것은? 제29회

① 지적소관청은 등기부에 적혀 있는 토지의 표시가 지적공부와 일치하지 아니하면 토지소유자를 정리할 수 없다.

② 「국유재산법」에 따른 총괄청이나 같은 법에 따른 중앙관서의 장이 소유자 없는 부동산에 대한 소유자 등록을 신청하는 경우 지적소관청은 지적공부에 해당 토지의 소유자가 등록되지 아니한 경우에만 등록할 수 있다.

③ 지적공부에 신규등록하는 토지의 소유자에 관한 사항은 등기관서에서 등기한 것을 증명하는 등기필증, 등기완료통지서, 등기사항증명서 또는 등기관서에서 제공한 등기전산정보자료에 따라 정리한다.

④ 지적소관청은 필요하다고 인정하는 경우에는 관할 등기관서의 등기부를 열람하여 지적공부와 부동산등기부가 일치하는지 여부를 조사·확인하여야 한다.

⑤ 지적소관청 소속 공무원이 지적공부와 부동산등기부의 부합 여부를 확인하기 위하여 등기전산정보자료의 제공을 요청하는 경우 그 수수료는 무료로 한다.

해설 ③ 신규등록하는 토지는 아직 미등기상태이므로 소유자에 관한 사항은 지적소관청이 직접 조사하여 결정한다.

A 정답 ③

Point

01

상중하

토지소유자 정리

공간정보의 구축 및 관리에 관한 법령상 토지소유자 정리에 관한 내용으로 옳은 것은?

① 신규등록하는 토지의 소유자는 등기기록을 기초로 하여 정리한다.

② 지적공부에 등록된 토지표시의 변경사항은 등기관서에서 등기한 것을 증명하는 등기필 증, 등기완료통지서, 등기사항증명서 또는 등기관서에서 제공한 등기전산정보자료에 따라 정리한다.

③ 총괄청이나 중앙관서의 장이 소유자 없는 부동산에 대한 소유자 등록을 신청하는 경우 지적소관청은 지체 없이 등록할 수 있다.

④ 등기부에 적혀 있는 토지의 표시가 지적공부와 일치하지 아니하면 토지소유자를 정리하여야 한다.

⑤ 지적소관청은 필요하다고 인정하는 경우에는 관할 등기관서의 등기부를 열람하여 지적공부와 부동산등기부가 일치하는지 여부를 조사·확인하여야 한다.

02

상중하

지적공부의 정리

지적공부의 정리에 관한 다음 설명 중 틀린 것은?

① 지적소관청은 토지의 이동이 있는 경우에는 토지이동정리 결의서를 작성하여야 한다.

② 도시개발사업 등은 토지의 형질변경 등의 공사가 준공된 때 토지의 이동이 이루어진 것으로 본다.

③ 지적소관청 소속 공무원이 지적공부와 부동산등기부의 부합 여부를 확인하기 위하여 등기부를 열람하거나, 등기사항증명서의 발급을 신청하거나, 등기전산정보자료의 제공을 요청하는 경우 그 수수료는 무료로 한다.

④ 축척변경은 축척변경의 시행공고일에 토지의 이동이 이루어진 것으로 본다.

⑤ 신규등록·등록전환·분할·합병·지목변경 등 토지의 이동이 있는 경우에는 지적공부를 정리하여야 하며, 이미 작성된 지적공부에 정리할 수 없을 때에는 새로 작성하여야 한다.

03

상중하
등기촉탁

지적공부의 등록사항 정정에 관한 설명으로 틀린 것은?

① 지적소관청은 등기부에 적혀 있는 토지의 표시가 지적공부와 일치하지 아니하면 토지소유자를 정리할 수 없다.

② 「국유재산법」에 따른 총괄청이나 같은 법에 따른 중앙관서의 장이 소유자 없는 부동산에 대한 소유자 등록을 신청하는 경우 지적소관청은 지적공부에 해당 토지의 소유자가 등록되지 아니한 경우에만 등록할 수 있다.

③ 등록사항정정 대상토지에 대한 대장을 열람하게 하거나 등본을 발급하는 때에는 '등록사항정정 대상토지'라고 적은 부분을 흑백의 반전으로 표시하거나 붉은색으로 적어야 한다.

④ 등기된 토지의 지적공부 등록사항정정 내용이 토지의 표시에 관한 사항인 경우 등기필증, 등기사항증명서, 등기완료통지서 또는 등기관서에서 제공한 등기전산정보자료에 따라 정정하여야 한다.

⑤ 등록사항정정 신청사항이 미등기 토지의 소유자 성명 등에 관한 사항으로서 명백히 잘못된 경우에는 가족관계 기록사항에 관한 증명서에 따라 정정하여야 한다.

04

상중하
지적정리의 통지

등기촉탁과 관련한 다음 설명 중 틀린 것은?

① 등기촉탁은 국가가 국가를 위하여 하는 등기로 본다.

② 토지의 표시 변경에 관한 등기를 할 필요가 있는 경우에는 7일 이내에 관할 등기관서에 그 등기를 촉탁하여야 한다.

③ 지번을 변경한 경우에는 등기촉탁을 하여야 한다.

④ 축척변경을 한 경우에는 등기촉탁을 하여야 한다.

⑤ 신규등록을 한 경우에는 등기촉탁을 하지 아니한다.

Point
05

상중하
지적공부와 등록사항

지적정리의 통지에 관한 내용 중 틀린 것은?

① 변경등기가 필요한 경우 등기완료통지서를 접수한 날부터 20일 이내에 통지하여야 한다.

② 변경등기가 필요하지 않은 경우 지적공부에 등록한 날부터 7일 이내에 통지하여야 한다.

③ 지적정리의 통지를 받을 자의 주소나 거소를 알 수 없는 때에는 일간신문, 해당 시·군·구의 공보 또는 인터넷 홈페이지에 공고하여야 한다.

④ 지적공부를 복구한 지적소관청은 지적정리의 통지를 하여야 한다.

⑤ 대위신청에 의하여 지적공부의 정리를 한 지적소관청은 지적정리의 통지를 하여야 한다.

제1절 **지적측량의 의의 및 구분**

대표유형

공간정보의 구축 및 관리 등에 관한 법령상 세부측량시 필지마다 면적을 측정하여야 하는 경우가 아닌 것은? 제24회

① 지적공부의 복구를 하는 경우

② 등록전환을 하는 경우

③ 지목변경을 하는 경우

④ 축척변경을 하는 경우

⑤ 도시개발사업 등으로 인한 토지의 이동에 따라 토지의 표시를 새로 결정하는 경우

해설 ① 복구측량, ② 등록전환측량, ④ 축척변경측량, ⑤ 지적확정측량
③ 지목변경은 지적측량의 대상이 아니다. **Ⓐ** 정답 ③

01

상중**하**
측량의 종류

공간정보의 구축 및 관리 등에 관한 법령상 지상건축물 등의 현황을 지적도 및 임야도에 등록된 경계와 대비하여 표시하는 지적측량은?

① 신규등록측량 　　　　　　　② 등록전환측량

③ 지적현황측량 　　　　　　　④ 지적확정측량

⑤ 축척변경측량

02

상중하
지적측량의 종류

공간정보의 구축 및 관리 등에 관한 법령상 지적측량의 설명에 대한 사항 중 틀린 것은?

① "지적측량"이란 토지를 지적공부에 등록하거나 지적공부에 등록된 경계점을 지상에 복원하기 위하여 필지의 경계 또는 좌표와 면적을 정하는 측량을 말하며, 지적확정측량 및 지적재조사측량을 포함한다.

② "지적확정측량"이란 신규등록한 토지의 경계와 면적을 새로 지적공부에 등록하기 위하여 토지의 표시를 확정시키는 측량을 말한다.

③ "지적재조사측량"이란 「지적재조사에 관한 특별법」에 따른 지적재조사사업에 따라 토지의 표시를 새로 정하기 위하여 실시하는 지적측량을 말한다.

④ "지적현황측량"이란 지상건축물 등의 현황을 지적도 및 임야도에 등록된 경계와 대비하여 표시하는 데에 필요한 지적측량을 말한다.

⑤ "경계복원측량"이란 지적공부상의 경계점을 지표상에 복원하기 위하여 하는 지적측량을 말한다.

03

상중하
지적측량의 대상

공간정보의 구축 및 관리 등에 관한 법령상 지적측량을 실시하여야 할 대상으로 틀린 것은?

① 토지소유자가 지적소관청에 바다가 된 토지에 대하여 지적공부의 등록말소를 신청하기 위하여 측량을 할 필요가 있는 경우

② 위성기준점 및 공공기준점을 설치하는 경우

③ 「지적재조사에 관한 특별법」에 따른 지적재조사사업에 따라 토지의 이동이 있는 경우로서 측량을 할 필요가 있는 경우

④ 지상건축물 등의 현황을 지적도 및 임야도에 등록된 경계와 대비하여 표시하기 위해 측량을 할 필요가 있는 경우

⑤ 「도시 및 주거환경정비법」에 따른 정비사업 시행지역에서 토지의 이동이 있는 경우로서 측량을 할 필요가 있는 경우

04

상중하
면적측정의 대상

공간정보의 구축 및 관리 등에 관한 법령상 세부측량시 필지마다 면적을 측정하여야 하는 경우가 아닌 것은?

① 지적공부의 복구를 하는 경우

② 등록전환측량을 하는 경우

③ 지적현황측량을 하는 경우

④ 축척변경측량을 하는 경우

⑤ 도시개발사업 등으로 인한 토지의 이동에 따라 토지의 표시를 새로 결정하는 경우

제2절 지적측량의 절차

대표유형

1. 공간정보의 구축 및 관리 등에 관한 법령상 지적측량 의뢰 등에 관한 설명으로 틀린 것은?

제25회

① 토지소유자는 토지를 분할하는 경우로서 지적측량을 할 필요가 있는 경우에는 지적측량수행자에게 지적측량을 의뢰하여야 한다.

② 지적측량을 의뢰하려는 자는 지적측량 의뢰서(전자문서로 된 의뢰서를 포함한다)에 의뢰 사유를 증명하는 서류(전자문서를 포함한다)를 첨부하여 지적측량수행자에게 제출하여야 한다.

③ 지적측량수행자는 지적측량 의뢰를 받은 때에는 측량기간, 측량일자 및 측량 수수료 등을 적은 지적측량 수행계획서를 그 다음 날까지 지적소관청에 제출하여야 한다.

④ 지적기준점을 설치하지 않고 측량 또는 측량검사를 하는 경우 지적측량의 측량기간은 5일, 측량검사기간은 4일을 원칙으로 한다.

⑤ 지적측량 의뢰인과 지적측량수행자가 서로 합의하여 따로 기간을 정하는 경우에는 그 기간에 따르되, 전체 기간의 5분의 3은 측량기간으로, 전체 기간의 5분의 2는 측량검사기간으로 본다.

해설 ⑤ 지적측량 의뢰인과 지적측량수행자가 서로 합의하여 따로 기간을 정하는 경우에는 그 기간에 따르되, 전체 기간의 '4분의 3'은 측량기간으로, 전체 기간의 '4분의 1'은 측량검사기간으로 본다. **Ⓐ 정답 ⑤**

2. 공간정보의 구축 및 관리 등에 관한 법령상 토지소유자 등 이해관계인이 지적측량수행자에게 지적측량을 의뢰하여야 하는 경우가 아닌 것을 모두 고른 것은? (단, 지적측량을 할 필요가 있는 경우임)

제32회

⊙ 지적측량성과를 검사하는 경우
ⓒ 토지를 등록전환하는 경우
ⓒ 축척을 변경하는 경우
ⓔ 「지적재조사에 관한 특별법」에 따른 지적재조사사업에 따라 토지의 이동이 있는 경우

① ⊙, ⓒ   ② ⊙, ⓔ

③ ⓒ, ⓔ   ④ ⊙, ⓒ, ⓒ

⑤ ⓒ, ⓒ, ⓔ

해설 ⊙ 검사측량과 ⓔ 지적재조사측량은 의뢰에 의하여 이루어지는 측량이 아니다. **Ⓐ 정답 ②**

3. 공간정보의 구축 및 관리 등에 관한 법령상 지적기준점성과와 지적기준점성과의 열람 및 등본 발급 신청기관의 연결이 옳은 것은?

제31회

① 지적삼각점성과 − 시・도지사 또는 지적소관청
② 지적삼각보조점성과 − 시・도지사 또는 지적소관청
③ 지적삼각보조점성과 − 지적소관청 또는 한국국토정보공사
④ 지적도근점성과 − 시・도지사 또는 한국국토정보공사
⑤ 지적도근점성과 − 지적소관청 또는 한국국토정보공사

해설 지적삼각점성과의 공개신청 − 시・도지사 또는 지적소관청
지적삼각보조점성과 및 지적도근점성과의 공개신청 − 지적소관청

ⓐ 정답 ①

Point 05
상중하
지적측량의 절차

공간정보의 구축 및 관리에 관한 법령상 지적측량에 관한 다음 설명 중 틀린 것은?

① 검사측량과 지적재조사측량은 측량의뢰의 대상이 아니다.
② 토지소유자 등 이해관계인은 지적측량을 할 필요가 있는 경우에는 지적측량수행자에게 지적측량을 의뢰하여야 한다.
③ 지적현황측량과 경계복원측량은 측량검사의 대상이 아니다.
④ 합병의 경우에 경계 또는 좌표는 합병 전 각 필지의 경계 또는 좌표 중 합병으로 필요 없게 된 부분을 말소하여 결정하면 되므로 측량할 필요가 없다.
⑤ 지적측량의 의뢰를 받은 지적측량수행자는 지체 없이 지적측량수행계획서를 지적소관청에 제출하여야 한다.

06
상중하
지적측량의 절차

공간정보의 구축 및 관리에 관한 법령상 지적측량절차에 관한 설명으로 옳은 것은?

① 지적측량을 의뢰하는 자는 지적소관청에게 지적측량수수료를 내야 한다.
② 지적측량의 의뢰를 받은 지적측량수행자는 5일 이내에 지적측량수행계획서를 지적소관청에 제출하여야 한다.
③ 지적측량수행자가 한 측량성과는 모두 측량검사를 받아야 한다.
④ 지적삼각점측량성과는 시・도지사 또는 대도시 시장이 검사한다.
⑤ 경위의측량방법으로 실시한 지적확정측량성과인 경우에는 모두 시・도지사 또는 대도시 시장이 검사한다.

Point
07
상중하
지적측량의 기간

다음은 지적측량의 기간에 관한 내용이다. (   )에 들어갈 내용으로 옳은 것은?

> 지적측량의 측량기간은 (㉠)로 하며, 측량검사기간은 (㉡)로 한다. 다만, 지적기준점을 설치하여 측량 또는 측량검사를 하는 경우 지적기준점이 (㉢) 이하인 경우에는 (㉣)을, 15점을 초과하는 경우에는 (㉤)에 15점을 초과하는 (㉥)마다 (㉦)을 가산한다.

	㉠	㉡	㉢	㉣	㉤	㉥	㉦
①	4일	3일	15점	4일	4일	4점	1일
②	4일	3일	10점	5일	5일	5점	1일
③	5일	4일	10점	4일	4일	3점	1일
④	5일	4일	15점	4일	4일	4점	1일
⑤	5일	4일	15점	3일	3일	4점	1일

08
상중하
지적측량의 기간

분할측량을 하면서 지적기준점을 23점 설치하는 경우 측량기간과 검사기간은 얼마인가?

① 측량기간: 5일, 검사기간: 4일
② 측량기간: 10일, 검사기간: 9일
③ 측량기간: 11일, 검사기간: 10일
④ 측량기간: 10일, 검사기간: 4일
⑤ 측량기간: 11일, 검사기간: 4일

09
상중하
지적기준점성과의
공개

공간정보의 구축 및 관리에 관한 법령상 지적삼각점측량성과를 열람하려는 경우에는 누구에게 신청하여야 하는가?

① 국토교통부장관
② 시·도지사
③ 시·도지사 또는 지적소관청
④ 국토교통부장관 또는 시·도지사
⑤ 시·도지사 또는 대도시 시장

Point
10
상중**하**
지적측량의 기간

공간정보의 구축 및 관리에 관한 법령상 (   )안에 들어갈 내용으로 옳은 것은?

> 지적측량 의뢰인과 지적측량수행자가 서로 합의하여 따로 기간을 정하는 경우에는 그 기간에
> 따르되, 전체 기간의 (㉠)은 측량기간으로, 전체 기간의 (㉡)은 측량검사기간으로 본다.

① ㉠: 3분의 2, ㉡: 3분의 1   ② ㉠: 2분의 1, ㉡: 2분의 1

③ ㉠: 4분의 3, ㉡: 4분의 1   ④ ㉠: 5분의 3, ㉡: 5분의 2

⑤ ㉠: 5분의 4, ㉡: 5분의 1

11
상중**하**
측량성과의 검사

공간정보의 구축 및 관리에 관한 법령상 측량성과의 검사에 관한 다음 내용 중 틀린 것은?

① 국토교통부장관이 정하여 고시하는 면적 규모 이상의 지적확정측량성과는 시·도지사
또는 대도시 시장이 검사한다.

② 국토교통부장관이 정하여 고시하는 면적 규모 미만의 지적확정측량성과는 지적소관청이
검사한다.

③ 시·도지사 또는 대도시 시장이 지적삼각점측량성과 및 경위의측량방법으로 실시한
지적확정측량성과에 대한 검사를 하였을 때에는 그 결과를 토지소유자에게 통지하여야
한다.

④ 지적측량수행자가 지적측량을 하였으면 시·도지사, 대도시 시장 또는 지적소관청으로
부터 측량성과에 대한 검사를 받아야 한다.

⑤ 다만, 지적공부를 정리하지 아니하는 경계복원측량 및 지적현황측량은 검사를 받지 아니
한다.

12
상중**하**
지적기준점성과의
보관·공개

지적기준점성과와 그 측량기록의 보관 및 열람 등에 관한 설명으로 틀린 것은?

① 지적기준점성과의 열람 및 등본 발급 신청을 받은 지적측량수행자는 이를 열람하게 하
거나 등본을 발급하여야 한다.

② 시·도지사나 지적소관청은 지적기준점성과와 그 측량기록을 보관하여야 한다.

③ 지적삼각점성과를 열람하거나 등본을 발급받으려는 자는 시·도지사 또는 지적소관청에
신청하여야 한다.

④ 지적삼각보조점성과를 열람하거나 등본을 발급받으려는 자는 지적소관청에 신청하여야
한다.

⑤ 지적도근점성과를 열람하거나 등본을 발급받으려는 자는 지적소관청에 신청하여야 한다.

제3절 지적위원회와 지적측량 적부심사

대표유형

1. 공간정보의 구축 및 관리 등에 관한 법령상 지적측량성과에 대하여 다툼이 있는 경우에 토지소유자, 이해관계인 또는 지적측량수행자가 관할 시·도지사를 거쳐 지적측량 적부심사를 청구할 수 있는 위원회는? 　제26회

① 지적재조사위원회　　　　　　② 지방지적위원회
③ 축척변경위원회　　　　　　　④ 토지수용위원회
⑤ 국가지명위원회

해설 ② 지적측량적부심사는 지방지적위원회에게, 재심사의 청구는 중앙지적위원회에게 한다.　　**A** 정답 ②

2. 공간정보의 구축 및 관리 등에 관한 법령상 중앙지적위원회의 구성 및 회의 등에 관한 설명으로 틀린 것은? 　제27회

① 위원장은 국토교통부의 지적업무 담당 국장이, 부위원장은 국토교통부의 지적업무 담당 과장이 된다.
② 중앙지적위원회는 관계인을 출석하게 하여 의견을 들을 수 있으며, 필요하면 현지조사를 할 수 있다.
③ 중앙지적위원회는 위원장 1명과 부위원장 1명을 포함하여 5명 이상 10명 이하의 위원으로 구성한다.
④ 중앙지적위원회의 회의는 재적위원 과반수의 출석으로 개의(開議)하고, 출석위원 과반수의 찬성으로 의결한다.
⑤ 위원장이 중앙지적위원회의 회의를 소집할 때에는 회의 일시·장소 및 심의 안건을 회의 7일 전까지 각 위원에게 서면으로 통지하여야 한다.

해설 ⑤ 회의 '5일 전까지' 각 위원에게 서면으로 통지하여야 한다.　　**A** 정답 ⑤

Point
13
상**중**하
중앙지적위원회의
심의·의결사항

공간정보의 구축 및 관리 등에 관한 법령상 중앙지적위원회의 심의·의결사항으로 틀린 것은?

① 지적기술자의 양성에 관한 사항
② 지적측량기술의 연구·개발 및 보급에 관한 사항
③ 지적기술자의 업무정지 처분 및 징계요구에 관한 사항
④ 지적 관련 정책 개발 및 업무 개선 등에 관한 사항
⑤ 지적측량적부심사에 대한 사항

14 공간정보의 구축 및 관리에 관한 법령상 지적위원회에 관한 다음 설명 중 옳은 것은?

상**중**하
지적위원회 권한과
구성

① 지방지적위원회는 지적측량 적부심사와 지적기술자의 업무정지처분에 대한 심의 · 의결을 한다.

② 지방지적위원회와 중앙지적위원회의 위원장 및 부위원장을 포함한 위원의 임기는 2년으로 한다.

③ 중앙지적위원회는 지적측량 적부심사에 대한 사항을 심의 · 의결한다.

④ 중앙지적위원회의 위원장은 국토교통부장관이, 부위원장은 국토교통부의 지적업무 담당 국장이 된다.

⑤ 중앙지적위원회는 위원장 1명과 부위원장 1명을 포함하여 5명 이상 10명 이하의 위원으로 구성한다.

15 공간정보의 구축 및 관리 등에 관한 법령상 중앙지적위원회에 대한 다음 설명 중 틀린 것은?

상**중**하
중앙지적위원회

① 시 · 도에 중앙지적위원회를 둔다.

② 중앙지적위원회는 관계인을 출석하게 하여 의견을 들을 수 있으며, 필요하면 현지조사를 할 수 있다.

③ 중앙지적위원회가 현지조사를 하려는 경우에는 관계 공무원을 지정하여 현지조사를 하고 그 결과를 보고하게 할 수 있으며, 필요할 때에는 지적측량수행자에게 그 소속 지적기술자를 참여시키도록 요청할 수 있다.

④ 위원장이 위원회의 회의를 소집하는 때에는 회의 일시 · 장소 · 심의 안건을 회의 5일 전까지 각 위원에게 서면으로 통지하여야 한다.

⑤ 중앙지적위원회의 위원에게는 예산의 범위에서 출석수당과 여비, 그 밖의 실비를 지급할 수 있다. 다만, 공무원인 위원이 그 소관 업무와 직접적으로 관련되어 출석하는 경우에는 그러하지 아니하다.

Point

16 지적위원회의 구성과 회의에 관한 설명으로 옳은 것은?

상중하
지적위원회의 구성과
회의

① 중앙지적위원회는 시·도에 두고, 지방지적위원회는 시·군·구에 둔다.
② 중앙지적위원회는 위원장 및 부위원장 각 1명을 제외하고 5명 이상 10명 이하의 위원으로 구성한다.
③ 위원장은 국토교통부장관이 위원 중에서 지정한다.
④ 위원장과 부위원장을 포함하여 위원의 임기는 2년으로 한다.
⑤ 위원장이 중앙지적위원회의 회의를 소집할 때에는 회의 일시·장소 및 심의 안건을 회의 5일 전까지 각 위원에게 서면으로 통지하여야 한다.

17 지적측량적부심사에 관한 다음 설명 중 틀린 것은?

상중하
지적측량적부심사

① 중앙지적위원회의 회의는 재적위원 과반수의 출석으로 개의하고, 출석위원 과반수의 찬성으로 의결한다.
② 중앙지적위원회는 관계인을 출석하게 하여 의견을 들을 수 있으며, 필요하면 현지조사를 할 수 있다.
③ 중앙지적위원회가 현지조사를 하려는 경우에는 관계 공무원을 지정하여 지적측량 및 자료조사 등 현지조사를 하고 그 결과를 보고하게 할 수 있다.
④ 토지소유자, 이해관계인은 물론 지적측량수행자도 지적측량 적부심사를 청구할 수 있다.
⑤ 지적측량 적부심사에 대한 재심사의 청구는 국토교통부장관에게 하여야 한다.

18 상중하
지적측량적부심사

지적측량의 적부심사 등에 관한 설명으로 틀린 것은?

① 토지소유자, 이해관계인 또는 지적측량수행자는 지적측량성과에 다툼이 있을 경우 관할 시·도지사를 거쳐 지방지적위원회에 지적측량 적부심사를 청구할 수 있다.

② 지적측량 적부심사를 청구하려는 토지소유자 또는 이해관계인은 지적측량을 의뢰하여 측량을 실시한 후 심사청구서에 그 측량성과를 첨부하여 시·도지사를 거쳐 지방지적위원회에게 제출하여야 한다.

③ 지적측량 적부심사 청구를 받은 시·도지사는 60일 이내에 다툼이 되는 지적측량의 경위 및 그 성과 등을 조사하여 지방지적위원회에 회부하여야 한다.

④ 지적측량 적부심사 청구를 회부받은 지방지적위원회는 부득이한 경우가 아닌 경우 그 심사청구를 회부받은 날부터 60일 이내에 심의·의결하여야 한다.

⑤ 지적측량 적부심사 청구인이 지방지적위원회의 의결에 대하여 불복하는 경우에는 그 의결서를 받은 날부터 90일 이내에 국토교통부장관을 거쳐 중앙지적위원회에 재심사를 청구할 수 있다.

Point 19 상중하
지적측량적부심사

다음 괄호에 알맞게 연결된 것은?

⑦ 지적측량 적부심사청구를 받은 시·도지사는 (　　　) 이내에 지방지적위원회에 회부하여야 한다.

⑧ 지방지적위원회는 그 심사청구를 회부받은 날부터 (　　　) 이내에 심의·의결하여야 한다.

⑨ 다만, 부득이한 경우에는 그 심의기간을 해당 지적위원회의 의결을 거쳐 (　　　) 이내에서 한 번만 연장할 수 있다.

② 지적측량 적부심사를 의결하였으면 위원장과 참석위원 전원이 서명 및 날인한 지적측량 적부심사 의결서를 (　　　) 시·도지사에게 송부하여야 한다.

⑩ 시·도지사는 의결서를 받은 날부터 (　　　) 이내에 지적측량 적부심사 청구인 및 이해관계인에게 그 의결서를 통지하여야 한다.

⑪ 지방지적위원회의 의결에 불복하는 경우에는 그 의결서를 받은 날부터 (　　　) 이내에 재심사를 청구할 수 있다.

	⑦	⑧	⑨	②	⑩	⑪
①	30일	60일	30일	지체 없이	7일	90일
②	60일	30일	30일	지체 없이	5일	60일
③	30일	60일	30일	지체 없이	5일	60일
④	30일	60일	60일	지체 없이	7일	90일
⑤	30일	60일	30일	지체 없이	5일	90일

20 공간정보의 구축 및 관리에 관한 법령상 지적측량 적부심사청구를 받은 시·도지사가 30일 이내
실중하
조사사항
에 조사하여 지방지적위원회에 회부하여야 하는 사항이 아닌 것은?

① 다툼이 되는 지적측량의 경위 및 그 성과

② 해당 토지에 대한 토지이동 및 소유권 변동 연혁

③ 해당 토지 주변의 측량기준점, 경계

④ 청산금의 이의신청에 관한 사항

⑤ 주요 구조물 등 현황 실측도

21 공간정보의 구축 및 관리에 관한 법령상 지적위원회 위원의 제척·기피·회피사항이 아닌 것은?
실중하
위원의
제척·기피·회피
① 위원의 배우자이었던 사람이 해당 안건의 당사자가 되거나 그 안건의 당사자와 공동권
리자 또는 공동의무자인 경우

② 위원이 해당 안건의 당사자와 전혀 관련없는 사람인 경우

③ 위원이 해당 안건에 대하여 증언, 진술 또는 감정을 한 경우

④ 위원이나 위원이 속한 법인·단체 등이 해당 안건의 당사자의 대리인이거나 대리인이었던
경우

⑤ 위원이 해당 안건의 원인이 된 처분 또는 부작위에 관여한 경우

22 공간정보의 구축 및 관리에 관한 법령상 다음 설명 중 틀린 것은?
실중하
위원의 지명
① 축척변경위원회의 위원은 지적소관청이 위촉한다.

② 축척변경위원회의 위원장은 위원 중에서 지적소관청이 지명한다.

③ 중앙지적위원회의 위원장은 국토교통부의 지적업무 담당 국장이 된다.

④ 중앙지적위원회의 부위원장은 시·도의 지적업무 담당 국장이 된다.

⑤ 중앙지적위원회의 간사는 국토교통부의 지적업무 담당 공무원 중에서 국토교통부장관이
임명한다.

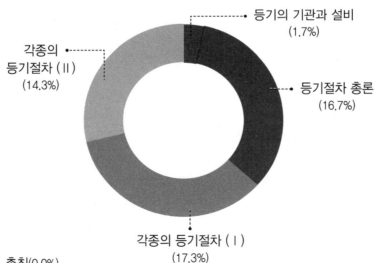

등기의 기관과 설비
(1.7%)

각종의
등기절차 (Ⅱ)
(14.3%)

등기절차 총론
(16.7%)

각종의 등기절차 (Ⅰ)
(17.3%)

■ 등기제도 총칙(0.0%)

▌최근 5개년 출제경향 분석

부동산등기법은 늘 그렇듯이 득점을 하기 위해서 많은 학습을 요구하는 부분이지만, 공간정보의 구축 및 관리에 관한 법령이 예전과 달리 평이하게 출제되면서 합격점수에 맞는 고득점을 보장해주므로 양이 많고 깊이가 있어 어려운 부동산등기법은 절반정도의 득점만 목표로 양을 줄여 공부하면 충분히 합격점수를 만들 수 있다. 공동신청과 단독신청, 각하, 보존등기, 담보물권등기, 부기등기, 가등기 등 거의 매년 나오다시피 하는 부분들을 유의해서 준비하면 된다.

PART

02

부동산등기법

부동산등기제도

제1절 | 부동산물권변동과 등기

대표유형

등기의 효력에 관한 설명으로 틀린 것은? (다툼이 있으면 판례에 따름) 제32회

① 등기관이 등기를 마친 경우 그 등기는 접수한 때부터 효력이 발생한다.

② 소유권이전등기청구권 보전을 위한 가등기에 기한 본등기가 된 경우 소유권이전의 효력은 본등기시에 발생한다.

③ 사망자 명의의 신청으로 마쳐진 이전등기에 대해서는 그 등기의 무효를 주장하는 자가 현재의 실체관계와 부합하지 않음을 증명할 책임이 있다.

④ 소유권이전등기청구권 보전을 위한 가등기권리자는 그 본등기를 명하는 판결이 확정된 경우라도 가등기에 기한 본등기를 마치기 전 가등기만으로는 가등기된 부동산에 경료된 무효인 중복 소유권보존등기의 말소를 청구할 수 없다.

⑤ 폐쇄된 등기기록에 기록되어 있는 등기사항에 관한 경정등기는 할 수 없다.

해설 ③ 사망자 명의로 실행된 등기는 유효하다는 추정력이 인정되지 않는다. 그러므로 원칙에 따라 그 등기의 유효를 주장하는 자가 입증책임을 진다. **Ⓐ 정답 ③**

01

삼중하

등기와 대장의 관계

등기부와 대장의 관계에 대한 다음 내용 중 틀린 것은?

① 대장에 등록되는 부동산의 표시에 대하여는 실질적 심사를 하나, 등기기록에 등기되는 부동산의 권리에 관하여는 형식적 심사를 한다.

② 부동산이 새로 만들어지면 먼저 등기부에 등기를 하고 후에 대장에 등록을 한다.

③ 등기기록과 대장의 부동산 표시가 일치하지 않으면 소유자는 대장을 기초로 등기기록의 부동산의 표시변경등기를 하여야 그 부동산에 대해 다른 등기를 신청할 수 있다.

④ 부동산 소유권의 이전등기를 하였을 때에는 지체 없이 그 사실을 대장 소관청에 알려야 한다.

⑤ 등기부와 대장상 소유자의 표시가 불일치한 경우 등기부상 소유자는 등기부를 기초로 대장상 소유자의 표시변경등록을 하여야 한다.

Point

02

상중하

등기의 효력발생시기

부동산등기에 관한 다음의 설명 중 틀린 것은?

① 법률행위로 인한 부동산의 물권변동은 등기하여야 효력이 생긴다.

② 법률규정에 의한 부동산의 물권 취득은 등기를 요하지 않는다. 다만, 등기하지 아니하면 이를 처분하지 못한다.

③ 등기관이 등기를 마치면 등기는 그 때부터 효력이 발생한다.

④ 등기의 접수시기는 등기신청정보가 전산정보처리조직에 저장(기록)된 때 접수된 것으로 본다.

⑤ 등기는 법률에 다른 규정이 있는 외에는 당사자의 신청 또는 관공서의 촉탁에 의한다.

03

상중하

권리변동성립시기

법률규정에 의한 물권취득의 시기에 대한 다음 설명 중 틀린 것은?

① 공유물분할판결이 있으면 판결 확정일에 권리관계가 확정된다.

② 수용은 수용의 개시일에 등기 없이도 권리가 취득된다.

③ 법인의 합병등기가 있으면 부동산등기부에 별도의 등기를 하지 않아도 소멸한 법인의 권리는 존속하는 법인이 취득한다.

④ 신축건물 또는 공유수면매립지에 대하여는 소유권보존등기를 하지 않아도 소유권 취득의 효력이 인정된다.

⑤ 단순히 피담보채권이 소멸했다는 사유만으로는 저당권은 소멸하지 않고 저당권의 말소등기를 하여야 비로소 저당권이 소멸된다.

04 등기에 관한 다음 설명 중 틀린 것은?

상중**하**
등기의 순위

① 등기관이 등기를 마치면 그 등기는 접수한 때부터 효력을 발생한다.

② 동일한 부동산에 등기한 권리의 순위는 법률에 다른 규정이 없는 한 등기한 순서에 따른다.

③ 주등기의 순위는 같은 구에서는 순위번호에 따른다.

④ 주등기의 순위는 다른 구에서는 순위번호에 따른다.

⑤ 같은 주등기에 한 부기등기 상호간의 순위는 그 등기순서에 따른다.

Point
05 등기에 관한 다음 설명 중 틀린 것은?

상**중**하
등기의 순위와 효력

① 가등기에 의한 본등기를 하면 본등기의 순위는 가등기의 순위에 따른다.

② 회복등기를 하면 그 순위는 종전의 순위에 따른다.

③ 대지권에 대한 등기로서 효력 있는 건물등기기록에 한 등기와 대지권의 목적인 토지의 등기기록 중 해당 구 사항란에 한 등기의 순서는 순위번호에 의한다.

④ 등기의 추정력은 권리관계에 관해서만 인정되므로 표제부의 등기에는 추정력이 인정되지 않는다.

⑤ 등기에 의해 추정을 받는 자는 입증책임이 면제되므로 입증책임은 무효를 주장하는 상대방이 진다.

06

등기의 추정력에 관한 다음 내용 중 틀린 것은?

① 가등기는 추정력이 인정되지 않는다.

② 등기된 권리는 물론 등기원인에도 추정력이 인정되므로 반증이 제시되더라도 추정력은 깨지지 않는다.

③ 등기가 불법말소 되거나 등기부가 멸실되더라도 그 등기의 명의인은 적법한 권리자로 추정된다.

④ 소유권보존등기는 추정력이 있으나, 전 소유자가 양도사실을 부인하면 추정력이 깨진다.

⑤ 소유권이전등기가 되면 전 소유자가 양도사실을 부인하더라도 현 소유자의 등기는 추정력이 인정된다.

07

등기의 추정력에 대한 내용 중 틀린 것은?

① 저당권등기가 있으면 저당권의 존재는 물론 피담보채권의 존재도 추정된다.

② 추정력은 당사자에게 불이익한 경우에도 인정된다.

③ 사망자 명의의 등기나 허무인 명의의 등기에도 추정력은 인정된다.

④ 추정력은 반증에 의하여 깰 수 있다.

⑤ 소유권이전등기가 되면 추정력이 인정되나, 직전 소유자가 양도사실을 부인하면 추정력은 깨진다.

등기소와 그 설비

대표유형

1. 등기부 등에 관한 설명으로 틀린 것은?   제27회

① 폐쇄한 등기기록은 영구히 보존해야 한다.

② A토지를 B토지에 합병하여 등기관이 합필등기를 한 때에는 A토지에 관한 등기기록을 폐쇄해야 한다.

③ 등기부부본자료는 등기부와 동일한 내용으로 보조기억장치에 기록된 자료이다.

④ 구분건물등기기록에는 표제부를 1동의 건물에 두고 전유부분에는 갑구와 을구만 둔다.

⑤ 등기사항증명서 발급신청시 매매목록은 그 신청이 있는 경우에만 등기사항증명서에 포함하여 발급한다.

해설 ④ 구분건물의 등기기록은 1동 건물의 표제부와 개개의 전유부분의 등기기록(표제부와 갑구 및 을구)을 전부 합하여 1등기기록으로 한다. 개개의 전유부분은 1동 건물의 표제부와는 별도로 그 전유부분의 표제부가 만들어진다.   Ⓐ 정답 ④

2. 전산이기된 등기부 등에 관한 설명으로 틀린 것은?   제33회

① 등기부는 영구(永久)히 보존해야 한다.

② 등기부는 법관이 발부한 영장에 의하여 압수하는 경우에는 대법원규칙으로 정하는 보관·관리 장소 밖으로 옮길 수 있다.

③ 등기관이 등기를 마쳤을 때는 등기부부본자료를 작성해야 한다.

④ 등기원인을 증명하는 정보에 대하여는 이해관계 있는 부분만 열람을 청구할 수 있다.

⑤ 등기관이 등기기록의 전환을 위해 등기기록에 등기된 사항을 새로운 등기기록에 옮겨 기록한 때에는 종전 등기기록을 폐쇄해야 한다.

해설 ② 등기부는 전쟁이나 천재지변이 아닌 한 보관장소 밖으로 옮길 수 없다.   Ⓐ 정답 ②

01 등기소에 관한 다음 설명 중 틀린 것은?

상중하
등기소의 관할

① 등기소의 관할은 목적 부동산의 소재지에 의한다.

② 등기소의 관할은 대체로 행정구역인 시·군·구와 일치하나 반드시 일치하는 것은 아니다.

③ 등기기록의 열람이나 등기사항증명서의 발급신청은 관할과 무관하다.

④ 등기신청은 반드시 관할 등기소에 하여야 한다.

⑤ 전자신청을 하기 위한 사용자등록신청은 반드시 관할등기소에 하여야 한다.

Point

02 부동산의 등기기록에 관한 다음 내용 중 틀린 것은?

상중하
등기기록의 편성

① 1부동산 1등기기록 원칙에 따라 이미 등기기록이 있는 부동산에 대하여 다시 등기기록을 편성하는 것은 인정되지 않는다.

② 1등기기록은 표제부와 갑구, 을구로 구성되는 것이 원칙이다.

③ 구분건물은 1동의 건물에 속하는 전부에 대하여 1등기기록을 사용한다.

④ 구분건물 등기기록에는 1동의 건물에 대한 표제부를 두고 전유부분마다 표제부, 갑구, 을구를 둔다.

⑤ 구분건물 등기기록에 대한 열람이나 등기사항증명서의 발급에 관하여는 1동의 건물의 표제부와 각 전유부분에 관한 등기기록(표제부, 갑구, 을구)을 전부 합하여 1개의 등기기록으로 본다.

03 등기기록의 편성에 관한 다음 내용 중 틀린 것은?

상중하
등기기록의 편성

① 부동산에 대한 표제부와 갑구, 을구를 합하여 1등기기록으로 한다.

② 집합건물에서 1동 건물과 규약상 공용부분에 대하여는 표제부만 둔다.

③ 규약상 공용부분을 규약 폐지 후 취득한 새로운 소유자는 지체 없이 소유권보존등기를 하여야 한다.

④ 신탁원부, 공동담보목록 등은 등기기록의 일부로 본다.

⑤ 폐쇄된 등기기록도 열람이나 증명서의 발급은 물론, 오류를 변경하거나 경정할 수 있다.

04

상중하
등기기록의 공개

등기기록에 관한 다음 설명 중 틀린 것은?

① 등기부를 편성할 때에는 1필의 토지 또는 1개의 건물에 대하여 1개의 등기기록을 둔다. 다만, 1동의 건물을 구분한 건물에 있어서는 1동의 건물에 속하는 전부에 대하여 1개의 등기기록을 사용한다.

② 부동산이 멸실하면 1개월 이내에 멸실등기를 신청하여야 하며, 존재하지 않는 건물의 멸실등기는 지체 없이 신청하여야 한다.

③ 신탁원부, 공동담보(전세)목록, 도면 또는 매매목록은 등기기록의 공개를 할 때 당연히 등기기록에 포함하여 공개된다.

④ 등기사항증명서의 발급이나 열람 시에 개인 및 법인 아닌 사단이나 재단의 대표자는 등록번호 뒤 7자리를 공시하지 아니할 수 있다.

⑤ 누구든지 수수료를 내고 등기기록에 기록되어 있는 사항의 전부 또는 일부의 열람과 이를 증명하는 등기사항증명서의 발급을 청구할 수 있다. 다만, 등기기록의 부속서류에 대하여는 이해관계 있는 부분만 열람을 청구할 수 있다.

Point
05

상중하
등기기록의 관리와
공개

등기기록의 보관과 공개에 관한 다음 내용 중 틀린 것은?

① 등기부는 영구히 보존하여야 한다.

② 등기부는 전쟁·천재지변이나 그 밖에 이에 준하는 사태를 피하기 위한 경우 외에는 보관장소 밖으로 옮기지 못한다.

③ 등기관이 등기기록에 등기된 사항을 새로운 등기기록에 옮겨 기록한 때에는 종전 등기기록을 폐쇄하여야 한다.

④ 폐쇄한 등기기록은 영구히 보존하여야 한다.

⑤ 신청서나 그 밖의 부속서류는 이해관계 있는 부분에 대해 열람하거나, 증명서의 발급을 청구할 수 있다.

06

상중하
등기사항증명서의
종류

등기사항증명서의 종류가 아닌 것은?

① 등기사항전부증명서(말소사항 포함)

② 등기사항전부증명서(현재 유효사항)

③ 등기사항전부증명서(특정인 지분)

④ 등기사항일부증명서(현재 소유현황)

⑤ 등기사항일부증명서(지분취득 이력)

Chapter 03 등기절차 일반

제1절 등기의 개시

대표유형

등기절차의 개시에 관한 내용 중 틀린 것은?

① 등기는 법률에 다른 규정이 있는 외에는 당사자의 신청 또는 관공서의 촉탁에 따라 한다.
② 촉탁에 따른 등기절차는 법률에 다른 규정이 없는 경우에는 신청에 따른 등기에 관한 규정을 준용한다.
③ 관공서는 등기를 촉탁하도록 되어 있으므로 상대방과 함께 공동신청 할 수는 없다.
④ 법률에 다른 규정이 있는 경우에는 등기관이 직권으로 등기를 할 수도 있다.
⑤ 등기를 방문신청 하는 경우에는 등기권리자와 등기의무자 또는 대리인이 등기소에 출석하여 이를 신청하는 방법으로 한다.

해설 ③ 관공서는 등기를 촉탁하지 않고 상대방과 함께 공동신청할 수도 있다. **정답** ③

01 등기관이 직권으로 하는 등기가 아닌 것은?

상중하
등기절차의 태양

① 미등기부동산에 대한 소유권의 처분제한의 등기촉탁이 있는 경우에 이루어지는 소유권보존등기
② 미등기주택에 대한 법원의 임차권등기명령에 의한 임차권등기촉탁이 있는 경우에 이루어지는 소유권보존등기
③ 관할위반의 등기가 마쳐진 경우 이를 말소하는 등기
④ 승역지의 등기기록에 지역권등기를 한 때에 요역지의 등기기록에 하는 지역권등기
⑤ 미등기부동산에 대하여 이루어지는 가압류의 등기

제2절 등기의 신청

대표유형

1. 등기당사자능력에 관한 설명으로 옳은 것은? (다툼이 있으면 판례에 따름)   제28회

① 태아로 있는 동안에는 태아의 명의로 대리인이 등기를 신청한다.

② 민법상 조합은 직접 자신의 명의로 등기를 신청한다.

③ 지방자치단체와 같은 공법인은 직접 자신의 명의로 등기를 신청할 수 없다.

④ 사립학교는 설립주체가 누구인지를 불문하고 학교 명의로 등기를 신청한다.

⑤ 법인 아닌 사단은 그 사단의 명의로 대표자나 관리인이 등기를 신청한다.

해설 ① 태아는 등기신청의 당사자능력이 없으므로 태아의 명의로 등기를 신청하는 것 자체가 인정되지 않는다.
② 민법상 조합의 명칭은 아예 등기될 수 없다.
③ 국가나 지방자치단체와 같은 공법인은 직접 자신의 명의로 등기를 신청할 수 있다.
④ 학교의 재산은 학교의 설립주체 명의로 등기하는 것이다. 시설물에 불과한 학교의 이름으로 부동산을 등기할 수 없다.   **A 정답 ⑤**

2. 절차법상 등기권리자와 등기의무자를 옳게 설명한 것을 모두 고른 것은?   제31회

> ㉠ 甲 소유로 등기된 토지에 설정된 乙 명의의 근저당권을 丙에게 이전하는 등기를 신청하는 경우, 등기의무자는 乙이다.
>
> ㉡ 甲에서 乙로, 乙에서 丙으로 순차로 소유권이전등기가 이루어졌으나 乙 명의의 등기가 원인 무효임을 이유로 甲이 丙을 상대로 丙 명의의 등기 말소를 명하는 확정판결을 얻은 경우, 그 판결에 따른 등기에 있어서 등기권리자는 甲이다.
>
> ㉢ 채무자 甲에서 乙로 소유권이전등기가 이루어졌으나 甲의 채권자 丙이 등기원인이 사해행위 임을 이유로 그 소유권이전등기의 말소판결을 받은 경우, 그 판결에 따른 등기에 있어서 등기권리자는 甲이다.

① ㉡   ② ㉢

③ ㉠, ㉡   ④ ㉠, ㉢

⑤ ㉡, ㉢

해설 ④ 등기가 되면 등기기록상 유리한 자가 등기권리자, 등기기록상 불리한 자가 등기의무자이다. ㉡ 甲에서 乙로, 乙에서 丙으로 순차로 소유권이전등기가 된 상태에서 丙 명의의 등기 말소를 명하는 확정판결에 따라 말소등기를 하게 되면 丙은 소유권을 잃고 등기기록상 직전 소유자인 乙이 소유권을 가지게 되므로 등기권리자는 乙이다.   **A 정답 ④**

3. 등기신청에 관한 설명으로 틀린 것은?   제23회

① 공동신청이 요구되는 등기라 하더라도 다른 일방의 의사표시를 명하는 이행판결이 있는 경우에는 단독으로 등기를 신청할 수 있다.

② 甲소유의 부동산에 관하여 甲과 乙이 매매계약을 체결한 후 아직 등기신청을 하지 않고 있는 동안, 매도인 甲이 사망한 경우에는 상속등기를 생략하고 甲의 상속인이 등기의무자가 되어 그 등기를 신청할 수 있다.

③ 유증으로 인한 소유권이전등기는 수증자를 등기권리자, 유언집행자 또는 상속인을 등기의무자로 하여 공동으로 신청하여야 한다.

④ 같은 채권의 담보를 위하여 소유자가 다른 여러 개의 부동산에 대한 저당권설정등기를 신청하는 경우, 1건의 신청정보로 일괄하여 신청할 수 없다.

⑤ 甲, 乙, 丙 순으로 소유권이전등기가 된 상태에서 甲이 乙과 丙을 상대로 원인무효에 따른 말소판결을 얻은 경우, 甲이 확정판결에 의해 丙명의의 등기의 말소를 신청할 때에는 乙을 대위하여 신청하여야 한다.

해설 ④ 같은 채권을 위한 담보라면 소유자가 다른 여러 개의 부동산에 대한 저당권등기신청을 하나의 신청정보로 일괄신청 할 수 있다.   **A** 정답 ④

4. 단독으로 신청할 수 있는 등기를 모두 고른 것은? (단, 판결에 의한 신청은 제외)   제27회

> ㉠ 소유권보존등기의 말소등기
> ㉡ 근저당권의 채권최고액을 감액하는 변경등기
> ㉢ 법인합병을 원인으로 한 저당권이전등기
> ㉣ 특정유증으로 인한 소유권이전등기
> ㉤ 승역지에 지역권설정등기를 하였을 경우, 요역지 지역권등기

① ㉠, ㉢   ② ㉠, ㉣

③ ㉡, ㉣   ④ ㉠, ㉢, ㉤

⑤ ㉢, ㉣, ㉤

해설 ㉠ 소유권보존등기와 소유권보존등기의 말소등기는 단독신청한다. ㉢ 상속 또는 합병을 원인으로 하는 권리의 이전등기는 등기의무자가 존재하지 않으므로 단독신청한다.
다만, ㉣ 특정유증이나 포괄유증은 등기의무자가 사망하여 존재하지 않으나 유언집행자 또는 상속인을 등기의무자로, 수증자를 등기권리자로 하여 공동신청한다.
㉡ 권리의 변경등기는 공동신청이 원칙이고, ㉤ 요역지에 하는 지역권의 등기는 직권으로 이루어진다. **A** 정답 ①

Point
02
상중하
등기신청적격

등기의 당사자능력에 관한 설명으로 옳은 것은? (다툼이 있으면 판례에 따름)

① 태아는 등기신청적격이 없으나 태아의 명의로 법정대리인이 등기신청을 할 수 있다.
② 학교의 재산은 학교명의가 아니라 학교의 설립주체 명의로 등기한다.
③ 국가나 지방자치단체는 자연인이 아니므로 부동산의 등기신청적격이 없다.
④ 동·리는 법인 아닌 사단의 실질을 가지더라도 등기신청적격을 가지지 못한다.
⑤ 외국인은 원칙적으로 우리나라의 부동산을 그의 명의로 등기할 수 없다.

03
상중하
등기신청

등기신청에 관한 설명 중 틀린 것은?

① 상속인 여러 명이 함께 상속을 원인으로 하는 소유권이전등기를 신청하는 것은 공동신청이다.
② 절차법상 등기권리자란 등기기록상 권리를 취득하거나 이익을 얻는 자를 말한다.
③ 법인 아닌 사단이나 재단이 부동산을 취득하면 그 대표자나 관리인이 그의 명의로 등기신청을 할 수 있다.
④ 甲이 자기 소유의 토지에 乙을 위하여 전세권설정등기를 신청하면 乙이 등기권리자이다.
⑤ 외국인도 법령이나 조약에 따른 제한이 없는 한 원칙적으로 자기 명의로 등기신청을 하고 등기명의인이 될 수 있다.

04
상중하
판결에 의한 등기

확정판결에 의한 등기신청에 관한 설명으로 틀린 것은?

① 공유물분할판결이 있으면 승소한 자나 패소한 자 모두 단독으로 공유물분할을 원인으로 한 지분이전등기를 신청할 수 있다.
② 승소한 등기권리자가 판결에 의한 등기신청을 하지 않는 경우에는 패소한 등기의무자도 그 판결에 의한 등기신청을 할 수 있다.
③ 소유권의 인수를 명하는 확정판결에서 승소한 등기의무자가 단독으로 소유권이전등기를 신청할 수 있다.
④ 채권자 대위소송에서 채무자가 그 소송이 제기된 사실을 알았을 경우, 채무자도 채권자가 얻은 승소판결에 의하여 단독으로 그 등기를 신청할 수 있다.
⑤ 등기절차의 이행을 명하는 판결이 확정된 후, 10년이 지난 경우에도 그 판결에 의한 등기신청을 할 수 있다.

05 등기에 관한 다음 내용 중 틀린 것은?

상중하
등기신청

① 법인 아닌 사단이 등기의무자인 경우에는 사원총회의 결의서를 제공하여야 한다.
② 법인 아닌 사단이나 재단의 대표자나 관리인은 부동산등기부에 등기가 되므로 등기신청
할 때에는 등기신청정보에 대표자나 관리인의 성명, 주소, 주민등록번호를 기록하여야
한다.
③ 법인 아닌 사단이 등기권리자인 경우에는 사원총회의 결의서를 제공할 필요가 없다.
④ 법인의 등기는 그 대표가 신청한다.
⑤ 법인의 대표는 부동산등기부에 등기가 되므로 등기신청 할 때에는 등기신청정보에 법인
대표의 성명, 주소, 주민등록번호를 기록하여야 한다.

06 다음 중 등기권리자는?

상중하
등기권리자와
등기의무자

① 전세권설정등기를 신청할 때 전세권설정자
② 전세권의 기간을 연장하는 변경등기를 신청할 때 전세권설정자
③ 저당권의 피담보채권액을 증액하는 변경등기를 신청할 때 저당권자
④ 甲에서 乙로, 乙에서 丙으로 순차로 소유권이전등기가 이루어진 상태에서 甲이 丙을 상대
로 丙 명의의 등기 말소를 명하는 확정판결을 받아 丙 명의의 등기를 말소할 때 甲
⑤ 甲 소유의 토지에 등기된 乙의 저당권이 불법 말소되고 甲으로부터 丙으로의 소유권이전
등기가 이루어진 후 乙의 저당권을 회복등기 할 때 甲

Point 07 단독으로 신청할 수 있는 등기를 모두 고른 것은? (단, 판결에 의한 신청은 제외)

상중하
단독신청

> ㉠ 토지의 합병을 원인으로 하는 부동산표시의 변경등기
> ㉡ 특정유증으로 인한 소유권이전등기
> ㉢ 등기명의인표시의 변경 또는 경정의 등기
> ㉣ 저당권의 피담보채권액을 증액하는 변경등기
> ㉤ 공유물분할판결에 따른 공유지분의 이전등기
> ㉥ 전세권자가 그 토지의 소유권을 취득한 때 전세권의 말소등기

① ㉠, ㉢
② ㉡, ㉣
③ ㉠, ㉣, ㉤
④ ㉠, ㉢, ㉤, ㉥
⑤ ㉡, ㉢, ㉣, ㉤

Point
08
상중하
단독신청

단독신청이 가능한 것은 모두 몇 개인가?

> ㉠ 소유권이전등기의 이행판결이 확정된 경우 승소한 등기권리자
> ㉡ 소유권이전등기의 인수판결이 확정된 경우 승소한 등기의무자
> ㉢ 공유물분할판결이 확정된 경우 패소한 자
> ㉣ 전세권을 목적으로 하는 저당권등기가 있을 때 저당권자의 동의를 받아 전세권의 말소등기를 할 때 저당권의 말소등기
> ㉤ 법인의 합병을 원인으로 한 소유권이전등기
> ㉥ 신탁등기의 말소등기
> ㉦ 소유권보존등기의 말소등기
> ㉧ 포괄유증을 원인으로 하는 소유권이전등기

① 3개
② 4개
③ 5개
④ 6개
⑤ 7개

Point
09
상중하
판결에 의한 등기

판결에 의한 등기를 신청할 때의 설명으로 틀린 것은?

① 등기절차의 이행 또는 인수를 명하는 판결에 의한 등기는 승소한 등기권리자 또는 등기의무자가 단독으로 신청하고, 공유물을 분할하는 판결에 의한 등기는 단독신청할 수 없다.
② 소유권이전등기의 이행판결이 확정되지 않았다면 가집행할 수 있다는 법원의 선고가 있는 경우에도 가집행선고에 의한 소유권이전등기를 신청할 수 없다.
③ 공정증서에 의하여 등기를 단독신청 할 수 없다.
④ 확정된 이행판결과 동일한 효력을 가지는 각종의 조서에 의해서는 등기를 단독신청할 수 있다.
⑤ 확인판결은 확정되더라도 등기를 단독신청 할 수 없다.

10
상중하
판결에 의한 등기

판결에 의한 등기에 관한 내용 중 옳은 것은?

① 이행판결에서 패소한 등기의무자도 등기를 단독신청 할 수 있다.
② 인수판결에서 패소한 등기권리자도 등기를 단독신청 할 수 있다.
③ 공유물분할판결에서 패소한 피고도 등기를 단독신청 할 수 있다.
④ 판결을 받아 단독신청 하는 등기의무자는 등기필정보를 제공할 필요가 없다.
⑤ 판결을 받아 단독신청 하는 등기권리자는 등기필정보를 제공하여야 한다.

Point

11
상중하
채권자대위신청

甲이 자신의 토지를 乙에게 매매하는 계약을 체결한 후 등기를 하지 못하고 사망하였다. 甲에게 단독상속인 丙이 있을 때 다음 설명 중 옳은 것은?

① 丙은 상속등기를 하지 않고 甲으로부터 직접 乙로의 소유권이전등기를 신청할 수 있다.

② 甲으로부터 乙로의 소유권이전등기는 丙이 단독신청한다.

③ 이때 丙은 자신에게 상속등기를 한 후 乙로의 소유권이전등기를 신청하여야 한다.

④ 丙이 乙과 함께 등기신청을 하면 등기기록상의 등기명의인과 신청서의 등기의무자가 일치하지 않으므로 각하의 대상이다.

⑤ 상속인에 의한 등기를 신청할 때 등기의무자의 등기필정보는 제공할 필요가 없다.

12
상중하
포괄승계인에 의한
등기

甲에서 乙로, 乙에서 丙으로 순차적 토지의 매매계약이 성립된 상황에서 다음 설명 중 틀린 것은?

① 최종 매수인 丙은 乙을 대위하여 甲에서 乙로의 소유권이전등기를 신청할 수 있다.

② 丙이 乙을 대위하려면 대위의 결과가 乙에게 불이익한 것이 아니어야 한다.

③ 丙은 甲에서 乙로의 등기를 대위신청하면서 동시에 자신으로의 소유권이전등기를 신청하여야 한다.

④ 채권자대위에 의한 등기가 되기 전에 丙으로부터 丁으로의 매매계약이 이루어졌다면 丁은 대위의 대위를 할 수 있다.

⑤ 채권자대위에 의한 등기를 한 등기관은 등기필정보를 작성하지 아니한다.

Point

13
상중하
채권자대위

채권자대위에 대한 다음 설명 중 옳은 것은?

① 채권자 甲이 채무자 乙을 대위하여 소유권이전등기를 신청하는 경우에 등기권리자는 甲이다.

② 乙에게 등기신청권이 없어도 甲은 대위신청 할 수 있다.

③ 채권자대위권을 행사하여 등기를 신청할 때에는 대위원인 증명서면을 첨부할 필요가 없다.

④ 채권자대위에 의한 등기를 한 등기관은 등기필정보를 작성하지 않고 대위채권자와 채무자에게 등기완료의 통지를 하여야 한다.

⑤ 채권자 甲이 채무자 乙의 권리를 대위할 때 대위의 결과가 甲에게 이익이 된다면 채무자 乙에게 불이익하더라도 대위권을 행사할 수 있다.

14 등기에 관한 다음 설명 중 틀린 것은?

제3자에 의한 등기

① 건물이 멸실된 경우에는 그 건물 소유권의 등기명의인은 그 사실이 있는 때부터 1개월 이내에 그 등기를 신청하여야 한다.

② 존재하지 아니하는 건물에 대한 등기가 있을 때에는 그 소유권의 등기명의인은 1개월 이내에 그 건물의 멸실등기를 신청하여야 한다.

③ 존재하지 아니하는 건물의 등기명의인이 1개월 이내에 멸실등기를 신청하지 아니하면 그 건물대지의 소유자가 건물 소유권의 등기명의인을 대위하여 그 등기를 신청할 수 있다.

④ 구분건물로서 그 대지권의 변경이나 소멸이 있는 경우에는 구분건물의 소유권의 등기명의인은 1동의 건물에 속하는 다른 구분건물의 소유권의 등기명의인을 대위하여 그 등기를 신청할 수 있다.

⑤ 1동의 건물에 속하는 구분건물 중 일부만에 관하여 소유권보존등기를 신청하는 경우에는 나머지 구분건물의 표시에 관한 등기를 동시에 신청하여야 한다. 이 경우에 구분건물의 소유자는 1동에 속하는 다른 구분건물의 소유자를 대위하여 그 건물의 표시에 관한 등기를 신청할 수 있다.

Point

15 등기신청을 대리하는 경우에 관한 설명 중 틀린 것은?

등기신청의 대리

① 등기신청은 자기계약이나 쌍방대리가 허용되지 않는다.

② 방문신청의 대리인은 일반인도 할 수 있다.

③ 전자신청의 대리인은 변호사나 법무사 등 자격자대리인만 할 수 있다.

④ 방문신청의 대리는 일반인도 업으로는 할 수 없다.

⑤ 전자신청을 대리하는 자격자대리인은 미리 사용자등록을 하여야 한다.

제**3**절 │ 등기신청에 필요한 정보

대표유형

1. 방문신청을 위한 등기신청서의 작성 및 제공에 관한 설명으로 틀린 것은? 제29회

① 등기신청서에는 신청인 또는 그 대리인이 기명날인하거나 서명하여야 한다.

② 신청서에 간인을 하는 경우, 등기권리자가 여러 명이고 등기의무자가 1명일 때에는 등기권리자 중 1명과 등기의무자가 간인하는 방법으로 한다.

③ 신청서의 문자를 삭제한 경우에는 그 글자 수를 난외(欄外)에 적으며 문자의 앞뒤에 괄호를 붙이고 이에 서명하고 날인하여야 한다.

④ 특별한 사정이 없는 한, 등기의 신청은 1건당 1개의 부동산에 관한 신청정보를 제공하는 방법으로 하여야 한다.

⑤ 같은 채권의 담보를 위하여 여러 개의 부동산에 대한 저당권설정등기를 신청하는 경우, 부동산의 관할 등기소가 서로 다르면 1건의 신청정보로 일괄하여 등기를 신청할 수 없다.

해설 ③ 신청서에 간인을 하거나, 신청서나 등기에 관한 서면에 적은 문자를 정정, 삽입, 삭제를 한 경우에는 날인 또는 서명을 하여야 한다. 설문에서 '서명하고 날인'하여야 한다고 했으므로 틀렸다.
신청서 : 당사자 또는 대리인이 기명·날인 또는 서명
간인 : 등기권리자 또는 등기의무자가 여러 명인 경우 그 중 1인이 날인 또는 서명
정정인 : 신청인 전원이 날인 또는 서명   **A** 정답 ③

2. 등기필정보에 관한 설명으로 틀린 것은? 제30회

① 승소한 등기의무자가 단독으로 등기신청을 한 경우, 등기필정보를 등기권리자에게 통지하지 않아도 된다.

② 등기관이 새로운 권리에 관한 등기를 마친 경우, 원칙적으로 등기필정보를 작성하여 등기권리자에게 통지해야 한다.

③ 등기권리자가 등기필정보를 분실한 경우, 관할 등기소에 재교부를 신청할 수 있다.

④ 승소한 등기의무자가 단독으로 권리에 관한 등기를 신청하는 경우, 그의 등기필정보를 등기소에 제공해야 한다.

⑤ 등기관이 법원의 촉탁에 따라 가압류등기를 하기 위해 직권으로 소유권보존등기를 한 경우, 소유자에게 등기필정보를 통지하지 않는다.

해설 ③ 등기필정보는 절대로 재교부되지 않는다.   **A** 정답 ③

3. 부동산등기용등록번호에 관한 설명으로 옳은 것은? 제27회

① 법인의 등록번호는 주된 사무소 소재지를 관할하는 시장, 군수 또는 구청장이 부여한다.

② 주민등록번호가 없는 재외국민의 등록번호는 대법원 소재지 관할 등기소의 등기관이 부여한다.

③ 외국인의 등록번호는 체류지를 관할하는 시장, 군수 또는 구청장이 부여한다.

④ 법인 아닌 사단의 등록번호는 주된 사무소 소재지 관할 등기소의 등기관이 부여한다.

⑤ 국내에 영업소나 사무소의 설치 등기를 하지 아니한 외국법인의 등록번호는 국토교통부장관이 지정 · 고시한다.

해설 주민등록번호 또는 부동산등기용 등록번호 증명정보

원 칙	"새롭게 등기명의인이 되는 등기권리자의 것"을 제출
주민등록번호 없는 때	부동산등기용 등록번호 부여 1. 국가 · 지방자치단체 · 국제기관 · 외국정부 ⇨ 국토교통부장관이 지정 · 고시 2. 주민등록번호가 없는 재외국민 ⇨ 대법원 소재지 관할 등기소의 등기관이 부여 3. 법인(외국법인 포함) ⇨ 주된 사무소 소재지(외국법인은 국내에 최초로 설치등기를 한 영업소나 사무소 소재지) 관할 등기소의 등기관이 부여 4. 비법인 사단이나 재단(국내에 영업소나 사무소 설치등기를 하지 않은 외국법인 포함) ⇨ 시장 · 군수 · 구청장이 부여 5. 외국인 ⇨ 체류지를 관할하는 지방출입국 · 외국인관서의 장이 부여. 국내에 체류지가 없는 경우 대법원 소재지에 체류하는 것으로 본다.

ⓐ 정답 ②

16

상중하
등기신청서

다음 등기신청에 관한 설명 중 틀린 것은?

① 등기신청서에는 신청인 또는 그 대리인이 기명날인하거나 서명하여야 한다.

② 등기의 신청은 1건당 1개의 부동산에 관한 신청정보를 제공하는 방법으로 하여야 한다.

③ 같은 채권의 담보를 위하여 여러 개의 부동산에 대한 저당권설정등기를 신청하는 경우에 관할 등기소가 동일하더라도 소유자가 다르면 1건의 신청정보로 일괄하여 등기신청할 수 없다.

④ 동일한 등기소의 관할인 수개의 부동산에 대하여 등기신청을 할 때 등기원인과 등기목적이 동일하면 1건의 신청정보로 일괄하여 신청할 수 있다.

⑤ 등기원인과 그 연월일은 등기신청정보의 필요적 기재사항이나 소유권보존등기의 경우에는 기록할 필요가 없다.

17 다음 중 등기신청서의 임의적 기재사항인 것은?

상중**하**
신청정보의 기재사항

① 임차권설정등기의 경우 차임
② 지상권설정등기의 경우 지료
③ 저당권설정등기의 경우 채권액
④ 근저당권설정등기의 경우 채권최고액
⑤ 전세권설정등기의 경우 전세금

18 다음 중 농지취득자격증명에 대한 다음 설명 중 옳은 것은?

상중**하**
신청정보의 기재사항

① 수용으로 인한 등기신청 시 농지취득자격증명을 첨부해야 한다.
② 상속을 원인으로 하여 농지에 대한 소유권이전등기를 신청하는 경우, 농지취득자격증명을 제공하여야 한다.
③ 농지에 대하여 공유물분할을 원인으로 하는 소유권이전등기를 신청하는 경우, 농지취득자격증명을 첨부하여야 한다.
④ 농지에 대하여 진정명의회복을 원인으로 하는 소유권이전등기를 신청하는 경우에는 농지취득자격증명을 제공할 필요가 없다.
⑤ 농지의 합병등기를 신청하는 경우에는 농지취득자격증명을 제공하여야 한다.

19 등기필정보에 관한 다음 설명 중 틀린 것은?

상중하
등기필정보

① 소유권보존등기의 신청인은 등기필정보를 제공할 필요가 없다.
② 관공서가 등기를 촉탁하는 경우에는 등기필정보를 제공할 필요가 없다.
③ 판결에 의한 등기를 신청하는 당사자는 등기필정보를 제공할 필요가 없으나, 승소한 등기의무자가 신청할 때에는 등기필정보를 제공하여야 한다.
④ 등기필정보는 재교부되지 않으므로 멸실이나 분실시에는 대용정보를 작성하여야 한다.
⑤ 승소한 등기의무자의 신청에 의한 등기가 실행되거나 직권보존등기가 된 경우에는 등기명의인이 된 자에게 등기필정보를 작성하여 통지한다.

Point

20

상중하

등기필정보

등기필정보에 대한 다음 설명 중 틀린 것은?

① 공동신청하는 등기는 등기필정보를 제공하여야 하나, 승소한 등기의무자가 단독신청하는 경우에는 등기필정보를 제공할 필요가 없다.

② 승소한 등기의무자가 단독신청한 등기의 경우 등기필정보를 작성하여 통지할 필요가 없다.

③ 채권자가 채무자를 대위하여 등기를 신청한 경우 등기필정보는 작성하지 아니하고, 등기신청한 채권자와 등기명의인이 된 채무자에게 등기완료통지를 하여야 한다.

④ 등기관은 등기를 마치면 등기필정보를 등기명의인이 된 신청인에게 통지한다.

⑤ 법정대리인이 등기를 신청한 경우에는 그 법정대리인에게, 법인의 대표자나 지배인이 신청한 경우에는 그 대표자나 지배인에게, 법인 아닌 사단이나 재단의 대표자나 관리인이 신청한 경우에는 그 대표자나 관리인에게 등기필정보를 통지한다.

21

상중하

등기완료통지

다음 중 등기완료의 통지를 할 필요가 없는 자는?

① 채권자대위에 의한 등기가 된 경우 피대위채무자

② 승소한 등기의무자의 신청에 의한 등기가 된 경우 등기권리자

③ 직권보존등기가 된 경우 보존등기의 명의인

④ 등기필증이 멸실되어 대용정보에 의한 등기가 된 경우 등기의무자

⑤ 부동산표시의 변경등기가 직권으로 된 경우 그 부동산의 소유자

22

상중하

법인 아닌 사단이나

재단의 등기

다음 내용 중 틀린 것은?

① 법인 아닌 사단이 등기의무자인 경우에는 사원총회결의서를 제공하여야 하고, 등기권리자인 경우에는 사원총회결의서를 제공할 필요가 없다.

② 법인 아닌 사단이나 재단의 대표자나 관리인은 등기되므로 그의 주소와 주민등록번호증명정보를 제공해야 한다.

③ 주소증명정보는 새롭게 등기명의인이 되는 등기권리자의 것을 제출하면 되나, 소유권이전등기의 경우에는 등기의무자의 것도 제공하여야 한다.

④ 법인 아닌 사단이나 재단에 속하는 부동산의 등기는 그 대표자나 관리인이 그의 명의로 등기를 신청한다.

⑤ 종중, 문중, 그 밖에 대표자나 관리인이 있는 법인 아닌 사단이나 재단에 속하는 부동산의 등기에 관하여는 그 사단이나 재단을 등기권리자 또는 등기의무자로 한다.

23 부동산등기용 등록번호의 부여기관 중 옳은 것은?

부동산등기용
등록번호

① 외국인은 대법원소재지 관할 등기소의 등기관
② 주민등록번호가 없는 재외국민은 체류지를 관할하는 지방출입국·외국인관서의 장
③ 법인(외국법인 포함)은 국토교통부장관
④ 법인 아닌 사단이나 재단(국내에 영업소나 사무소 설치등기를 하지 않은 외국법인 포함)은 부동산의 소재지를 관할하는 등기소의 등기관
⑤ 국가·지방자치단체·국제기관·외국정부 등은 국토교통부장관

24 소유권이전등기를 하는 경우에 관한 설명 중 옳은 것은?

등기신청절차

① 계약을 원인으로 하는 소유권이전등기를 신청하는 경우 등기원인증명정보에는 검인을 받아야 하는데, 대상 부동산이 미등기부동산이거나 무허가건물인 경우에는 검인을 받을 수 없다.
② 신고필증의 부동산이 여러 개이거나, 부동산이 1개이더라도 매도인과 매수인이 각각 여러 명이면 매매목록을 제출하여야 한다.
③ 토지거래허가구역 내의 토지에 대하여 진정명의회복을 원인으로 하는 소유권이전등기를 신청하는 경우에도 토지거래허가는 받아야 한다.
④ 배우자가 농지를 상속받은 경우이더라도 농지취득자격증명은 제출하여야 한다.
⑤ 같은 채권의 담보를 위하여 소유자가 다른 여러 개의 부동산에 대한 저당권설정등기를 신청하는 경우, 1건의 신청정보로 일괄하여 신청할 수 없다.

제**4**절 등기신청의 절차

대표유형

1. 등기신청의 각하사유에 해당하는 것을 모두 고른 것은? 제23회

㉠ 가등기에 기한 본등기금지가처분 등기를 신청한 경우
㉡ 소유권이전등기말소청구권을 보전하기 위한 가등기를 신청한 경우
㉢ 저당권을 피담보채권과 분리하여 다른 채권의 담보로 하는 등기를 신청한 경우
㉣ 일부 지분에 대한 소유권보존등기를 신청한 경우

① ㉠, ㉡, ㉢   ② ㉠, ㉡, ㉣   ③ ㉡, ㉢   ④ ㉡, ㉢, ㉣   ⑤ ㉠, ㉡, ㉢, ㉣

해설 ㉠ 본등기금지가처분 등기는 할 수 없다.
㉡ 말소등기청구권은 물권적청구권이므로 가등기 할 수 없다.
㉢ 저당권을 피담보채권과 분리할 수 없다.
㉣ 1물1권주의 원칙상 일부 지분에 대한 소유권보존등기 또는 부동산의 일부에 대한 소유권보존등기는 할 수 없다.

1물1권주의			
구 분	지/지/전/임	소/이전, 저, 처분제한 등	소유권 보존등기
부동산의 일부	가능	각하	각하
권리 일부(지분)	각하	가능	각하

Ⓐ 정답 ⑤

2. 등기관이 직권으로 말소할 수 없는 등기는? 제23회

① 甲소유 건물에 대한 乙의 유치권등기
② 甲소유 농지에 대한 乙의 전세권설정등기
③ 채권자 乙의 등기신청에 의한 甲소유 토지에 대한 가압류등기
④ 공동상속인 甲과 乙 중 乙의 상속지분만에 대한 상속등기
⑤ 위조된 甲의 인감증명에 의한 甲으로부터 乙로의 소유권이전등기

해설 ⑤ 직권으로 말소할 수 있는 등기는 '관할위반의 등기'가 있거나, '사건이 등기할 것이 아닌 경우'에 해당하는 등기이다.
※ ⑴ 위조된 서류에 의한 등기, ⑵ 무권대리인의 신청에 의하여 이루어진 등기는 실체관계와 부합하면 유효인 등기이다.
① 유치권은 등기가 불가능한 권리이다.
② 농지를 목적으로 하는 전세권설정은 할 수 없다.
③ 가압류등기는 당사자가 직접 신청할 수 없다.

❶ 처분제한의 등기(압류, 가압류, 가처분, 경매)
㉠ 처분을 제한할 뿐 처분을 금지하는 효력은 없다.
㉡ 관공서의 촉탁으로 등기된다. 개인이 직접 등기신청 불가.

④ 가/포: 자기지분, 상/공: 전원명의

수인의 가등기권리자 중 일부가 전원명의로 신청하는 본등기: 불가능	일부가 자기지분만 신청하거나,
수인의 포괄수증자 중 일부가 전원명의로 신청하는 이전등기: 불가능	전원이 전원명의로 신청 가능
수인의 공동상속인 중 일부가 자기 상속분만의 상속등기 신청: 불가능	일부가 전원명의로 신청하거나,
수인의 공유자 중 일부가 자기 지분만의 보존등기 신청: 불가능	전원이 전원명의로 신청 가능

Ⓐ 정답 ⑤

Point

25
상중하
등기신청절차

부동산등기에 대한 다음 설명 중 틀린 것은?

① 등기관이 등기를 마친 경우 그 등기는 그 때부터 효력을 발생한다.

② 등기관은 접수번호의 순서대로 사건을 처리하여야 한다.

③ 확정판결을 받은 후 10년이 지나서 하는 등기신청은 각하하지 못한다.

④ 등기관은 등기신청을 반드시 접수하여야 하며, 거절하지 못한다.

⑤ 유류분을 침해하는 소유권이전등기신청은 각하하지 못한다.

26
상중하
등기신청의 각하

다음 중 등기가 가능한 것은?

① 저당권을 피담보채권과 분리하여 양도하거나, 피담보채권과 분리하여 다른 채권의 담보로 하는 등기를 신청한 경우

② 구분건물의 전유부분과 대지사용권의 분리처분 금지에 위반한 등기를 신청한 경우

③ 공유지분이전청구권의 가등기를 신청한 경우

④ 이미 보존등기된 부동산에 대하여 다시 보존등기를 신청한 경우

⑤ 합유지분이전청구권의 가등기를 신청한 경우

27
상중하
등기신청의 각하

다음 중 등기를 할 수 없는 것은?

① 토지 일부를 목적으로 한 임차권설정등기

② 甲이 가지는 공유지분 2분의 1을 목적으로 하는 전세권설정의 등기

③ 부동산의 공유지분에 대한 저당권설정등기

④ 전세권을 목적으로 하는 근저당권등기

⑤ 가등기상 권리의 이전금지가처분의 등기

Point
28
상중하
각하사유

다음 중 등기가 불가능한 것은?

① 가압류결정에 의하여 가압류채권자 甲이 乙소유 토지에 대하여 가압류등기를 신청한 경우
② 공동상속인 중 甲이 전원명의 상속등기를 신청한 경우
③ 건물의 공유자 중 甲이 전원명의의 소유권보존등기를 신청한 경우
④ 여러 명의 가등기권리자 중 1인이 자기 지분만의 본등기를 신청한 경우
⑤ 공유자 중 甲의 지분만에 대하여 저당권설정등기를 신청한 경우

29
상중하
각하사유

다음 중 등기가 가능한 것은?

① 농지에 대하여 전세권설정등기를 신청한 경우
② 신축건물에 대하여 甲이 가지는 3분의 2 지분에 대한 소유권보존등기를 신청한 경우
③ 공동상속인 甲과 乙 중 甲이 자신의 상속지분만에 대한 상속등기를 신청한 경우
④ 1필지 토지의 특정한 일부에 대하여 분할을 하지 않고 전세권등기를 신청한 경우
⑤ 분묘기지권의 등기를 신청한 경우

Point
30
상중하
각하사유

등기신청의 각하사유에 해당하는 것을 모두 고른 것은?

> ㉠ 관할을 위반한 등기를 신청한 때
> ㉡ 여러 명의 포괄유증 받은 자 중 1인이 자기 지분만의 이전등기를 신청한 경우
> ㉢ 첨부정보를 제공하지 아니하고 신청한 때
> ㉣ 공동상속인 중 일부가 자신의 상속지분만에 대한 상속등기를 신청한 경우

① ㉠, ㉢
② ㉠, ㉡, ㉣
③ ㉠, ㉡, ㉢
④ ㉠, ㉢, ㉣
⑤ ㉠, ㉡, ㉢, ㉣

31 다음 중 등기가 되면 직권말소를 하여야 하는 것은?

상중하
각하사유

① 위조한 인감증명에 의하여 소유권이전등기가 된 경우

② 무권대리인의 신청에 의하여 등기가 된 경우

③ 등기의무자의 등기필정보가 제공되지 않았는데도 등기가 된 경우

④ 甲이 가지는 1/2지분만 소유권보존등기가 된 경우

⑤ 신청정보와 등기기록의 등기의무자표시가 불일치하는데도 등기가 된 경우

32 다음 중 등기를 할 수 있는 것은?

상중하
각하사유

① 당사자의 약정에 따라 등기신청 되었지만, 법령에 근거규정이 없는 경우

② 가압류등기를 가압류채권자 甲이 신청한 경우

③ 부동산의 합유지분에 대한 처분금지가처분

④ 건물의 일부에 대한 전세권등기가 신청된 경우

⑤ 甲이 가지는 권리의 일부를 목적으로 임차권등기를 신청한 경우

Point

33 甲과 乙이 공유하면서 각자 1/2의 지분을 가지고 있는 토지에 대하여 신청하는 다음의 등기 중 가능한 것은?

상중하
각하사유

① 甲에게 금전채권을 가진 丙이 甲이 가진 1/2지분을 목적으로 신청하는 가압류등기

② 乙이 가진 1/2지분을 목적으로 하는 근저당권설정등기

③ 공유부동산의 절반을 목적으로 신청하는 저당권설정등기

④ 甲이 신청하는 자신의 1/2지분에 대한 소유권보존등기

⑤ 甲과 乙이 함께 신청하는 부동산의 절반에 대한 소유권보존등기

34 다음 중 틀린 것은?

① 소유권이전등기를 이행하라는 확정판결 후 10년이 지나서 하는 소유권이전등기의 신청은 수리하여야 한다.

② 유증을 원인으로 하는 소유권이전등기의 신청이 상속인의 유류분을 침해하더라도 등기신청을 각하하지 못한다.

③ 방문신청을 하는 경우에 당사자 또는 그 대리인이 출석하지 않으면 각하하여야 한다.

④ 신청정보의 부동산 또는 등기의 목적인 권리의 표시가 등기기록과 일치하지 않더라도 그 등기는 수리하여야 한다.

⑤ 신청정보에 기록된 등기의무자의 표시가 등기기록과 부합하지 않더라도 포괄승계인에 의한 등기라면 각하하지 못한다.

35 등기신청에 대한 등기관의 처분에 대한 설명으로 틀린 것은?

① 각하는 이유를 적은 결정으로 하여야 한다.

② 각하사유에 해당하더라도 신청의 잘못된 부분이 보정될 수 있는 경우로서 신청인이 등기관이 보정을 명한 날의 다음 날까지 그 잘못된 부분을 보정하였을 때에는 각하하지 아니한다.

③ 등기관은 신청인에게 흠결을 보정하도록 권고하는 것이 바람직하나 보정을 명할 의무가 있는 것은 아니다.

④ 공동으로 한 등기신청은 반드시 공동으로 취하하여야 한다.

⑤ 전산정보처리조직에 의한 등기신청에 대하여는 전산정보처리조직에 의하여 각하한다.

제5절 | 방문신청과 전자신청

대표유형

전산정보처리조직에 의한 등기신청(이하 '전자신청'이라 함)에 관련된 설명으로 틀린 것은? 제20회

① 사용자등록을 한 법무사에게 전자신청에 관한 대리권을 수여한 등기권리자도 사용자등록을 하여야 법무사가 대리하여 전자신청을 할 수 있다.

② 최초로 사용자등록을 신청하는 당사자 또는 자격자대리인은 등기소에 출석하여야 한다.

③ 전자신청을 위한 사용자등록은 전국 어느 등기소에서나 신청할 수 있다.

④ 법인 아닌 사단은 전자신청을 할 수 없다.

⑤ 사용자등록 신청서에는 인감증명을 첨부하여야 한다.

해설 ① 전자신청의 대리인인 자격자대리인이 사용자등록을 하여야 하고, 대리권을 수여한 본인은 사용자등록을 할 필요 없다.   **Ⓐ 정답 ①**

36

상중**하**
전자신청절차

전산정보처리조직에 의한 등기신청(이하 '전자신청'이라 함)에 관련된 설명으로 틀린 것은?

① 사용자등록을 하면 외국인도 전자신청을 할 수 있다.

② 법인 아닌 사단이나 재단은 사용자등록을 하여도 전자신청을 할 수 없다.

③ 법인은 사용자등록을 하지 않아도 전자신청을 할 수 있다.

④ 사용자등록의 유효기간은 3년이며, 3년씩 연장신청을 할 수 있다.

⑤ 공동신청 하는 등기를 전자신청하려면 등기명의인이 될 등기권리자가 사용자등록을 하여야 한다.

각종 권리에 관한 등기

제1절 | 소유권보존등기

대표유형

1. 토지의 소유권보존등기에 관한 설명으로 옳은 것은? 제23회

① 등기관이 미등기 토지에 대하여 법원의 촉탁에 따라 가압류등기를 할 때에는 직권으로 소유권보존등기를 한다.

② 특별자치도지사의 확인에 의해 자기의 소유권을 증명하여 소유권보존등기를 신청할 수 있다.

③ 미등기 토지를 토지대장상의 소유자로부터 증여받은 자는 직접 자기명의로 소유권보존등기를 신청할 수 있다.

④ 등기관이 소유권보존등기를 할 때에는 등기부에 등기원인과 그 연월일을 기록하여야 한다.

⑤ 확정판결에 의하여 자기의 소유권을 증명하여 소유권보존등기를 신청할 경우, 소유권을 증명하는 판결은 소유권확인판결에 한한다.

▶해설 ② 특별자치도지사, 시장, 군수, (자치)구청장의 확인으로 보존등기를 신청할 수 있는 부동산은 건축물이다. 문제에서 '토지'를 전제로 하고 있으므로 틀렸다.

③ 미등기부동산을 사망자로부터 포괄승계(상속, 합병, 포괄유증)받은 자는 직접 자기의 명의로 보존등기가 가능하나, 증여는 포괄승계가 아니므로 직접 자기명의로 보존등기를 할 수 없다.

④ 소유권보존등기는 등기원인이 존재하지 않으므로 등기원인과 그 연월일을 기재하지 않는다.

⑤ 소유권보존등기를 신청할 수 있는 확정판결은 이행판결, 형성판결, 확인판결 모두 자기의 소유임을 증명하는 내용이면 가능하다. Ⓐ 정답 ①

2. 소유권보존등기에 관한 설명으로 옳은 것은? 제29회

① 보존등기에는 등기원인과 그 연월일을 기록한다.

② 군수의 확인에 의하여 미등기 토지가 자기의 소유임을 증명하는 자는 보존등기를 신청할 수 있다.

③ 등기관이 미등기 부동산에 관하여 과세관청의 촉탁에 따라 체납처분으로 인한 압류등기를 하기 위해서는 직권으로 소유권보존등기를 하여야 한다.

④ 미등기 토지에 관한 소유권보존등기는 수용으로 인하여 소유권을 취득하였음을 증명하는 자도 신청할 수 있다.

⑤ 소유권보존등기를 신청하는 경우 신청인은 등기소에 등기필정보를 제공하여야 한다.

>**해설** ① 소유권보존등기는 등기원인이 존재하지 않으므로 등기원인과 그 연월일을 기재하지 않는다.
>② 군수의 확인 = '건물'의 보존등기가 가능하다.
>③ 미등기 부동산에 관하여 처분제한의 등기촉탁이 있으면 등기관은 직권으로 보존등기를 한 후 촉탁한 처분제한의 등기를 하도록 되어 있으나, 압류는 직권보존등기의 사유에서 제외된다.
>⑤ 등기필정보는 등기의무자가 등기소에 제공하여야 한다. 보존등기의 신청인은 등기의무자가 아니다. 보존등기를 신청하는 부동산은 아직 등기된 적이 없으므로 등기필정보도 존재하지 않는다. **ⓐ 정답** ④

Point 01 보존등기절차

소유권보존등기에 관한 다음 설명 중 틀린 것은?

① 소유권보존등기는 미등기부동산에 대하여 최초로 하는 등기로서 등기기록이 새로 개설되는 등기이다.

② 건물을 신축하거나 공유수면을 매립한 자는 등기하지 않아도 소유권을 취득하므로 소유권보존등기는 이미 취득한 소유권을 확인하는 등기에 불과하다.

③ 甲과 乙이 공동투자하여 신축한 건물의 소유권보존등기는 甲과 乙이 공동신청한다.

④ 소유권보존등기에는 등기원인이 없으므로 신청정보 및 등기기록에는 등기원인과 그 연월일을 기록하지 않는다.

⑤ 소유권보존등기는 원시취득자가 단독신청하고, 소유권보존등기의 말소등기는 보존등기 명의인이 단독신청한다.

Point 02 보존등기절차

다음 중 보존등기를 신청할 수 없는 자는?

① 건물에 대하여 건축물대장상 국가로부터 이전등록을 받은 자

② 건물에 대하여 시장·군수·구청장을 상대로 하여 판결을 받은 자

③ 토지에 대하여 국가를 상대로 하여 판결을 받은 자

④ 건물의 경우에 특별자치도지사, 시장·군수·(자치)구청장의 확인에 의하여 자기의 소유권을 증명하는 자

⑤ 규약상 공용부분을 규약폐지 후 취득한 새로운 소유자

03 다음 甲 중에서 보존등기를 신청할 수 있는 자는?

상중하
보존등기절차

① 건물의 보존등기를 하기 위하여 건축허가명의인을 상대로 하여 판결을 받은 甲

② 토지대장상 최초의 소유자로부터 이전등록을 받은 상속인 甲

③ 지적공부상 국가로부터 이전등록을 받은 甲

④ 건축물대장상 국가로부터 이전등록을 받은 甲

⑤ 국가를 상대로 하여 건축물이 甲의 것이라는 확인판결을 받은 甲

04 판결에 의한 등기와 관련된 다음 설명 중 틀린 것은?

상중하
보존등기절차

① 확정판결의 내용이 보존등기신청인에게 소유권이 있음을 증명하는 것이면 이행판결이나 형성판결, 확인판결을 가리지 않고 소유권보존등기를 신청할 수 있다.

② 판결에 의한 등기를 하려면 확정판결이어야 하며, 확정판결과 동일한 효력을 가지는 각종의 조서에 의하여도 등기를 신청할 수 있다.

③ 등기 없이도 권리를 취득할 수 있는 판결은 형성판결에 한한다.

④ 당해 부동산이 소유권보존등기 신청인의 소유임을 이유로 부진정한 권리자의 명의로 된 소유권보존등기를 말소하라는 판결에 의해 자기의 소유권을 증명하더라도 보존등기의 말소판결로 보존등기를 신청할 수는 없다.

⑤ 이행판결이나 인수를 명하는 판결에 의해 단독신청 할 수 있는 자는 승소한 등기권리자나 등기의무자이어야 하나, 공유물분할판결은 등기권리자나 등기의무자 모두 단독신청 할 수 있다.

05 다음은 토지의 소유권보존등기에 관한 설명이다. 틀린 것은?

상중하
보존등기

① 미등기 토지의 지적공부상 '국'으로부터 소유권이전등록을 받은 경우 직접 소유권보존등기를 신청할 수 있다.

② 미등기토지를 수용한 자는 자신의 명의로 보존등기를 단독신청할 수 있다.

③ 소유권보존등기를 하는 경우 등기원인과 그 연월일은 기재하지 아니한다.

④ 당해 부동산이 소유권보존등기 신청인의 소유임을 이유로 소유권보존등기의 말소를 명한 확정판결에 의해 자신의 소유권을 증명하는 자는 소유권보존등기를 신청할 수 있다.

⑤ 토지대장에 최초의 소유자로 등록되어 있는 자로부터 포괄유증을 받은 자는 유언자 명의로 소유권보존등기를 한 후 이전등기를 하여야 한다.

Point
06
상중하
직권보존등기

다음 설명 중 틀린 것은?

① 미등기부동산에 관하여 세무서의 압류촉탁이 있더라도 직권으로 보존등기를 할 수 없다.

② 미등기주택에 대하여 임차권등기명령이 있는 경우 법원은 소유권보존등기와 임차권등기를 동시에 촉탁하여야 한다.

③ 가압류, 가처분 등 처분제한의 등기는 처분금지의 효력은 없으므로 가압류나 가처분된 부동산도 소유권이전등기를 할 수 있다.

④ 압류, 가압류, 가처분, 경매 등 처분제한의 등기는 당사자가 직접 신청할 수 없다.

⑤ 강제경매등기의 촉탁이 있는 경우에는 직권보존등기의 대상이 되지만, 임의경매등기의 촉탁은 직권보존등기의 대상이 아니다.

07
상중하
직권보존등기

다음 중 틀린 것은?

① 건물에 대하여 국가를 상대로 한 소유권의 확인판결에 의해 자기의 소유권을 증명하는 자는 소유권보존등기를 신청할 수 있다.

② 미등기상가건물에 대하여 임차권등기명령에 의한 등기촉탁이 있는 경우에는 등기관이 직권으로 소유권보존등기를 한 후 상가건물의 임차권등기를 하여야 한다.

③ 소유권보존등기는 물론 소유권보존등기의 말소등기도 단독으로 신청할 수 있다.

④ 인수를 명하는 판결에 의하여 소유권이전등기를 단독으로 신청하는 등기의무자는 등기필정보를 제공하여야 한다.

⑤ 법인 아닌 사단이 등기권리자로 등기신청을 하는 경우 사원총회결의서는 제공할 필요가 없다.

08
상중하
직권보존등기

다음 중 틀린 것은?

① 건물을 신축한 공유자 전원이 보존등기를 신청하거나 공유자의 1인이 공유자 전원을 위하여 보존등기를 신청할 수 있다.

② 공유자의 1인이 자신의 공유지분만 먼저 보존등기를 할 수는 없다.

③ 토지대장상 최초의 소유자인 甲의 미등기 토지가 상속되거나 포괄승계가 된 경우, 甲 명의로 보존등기를 한 후 상속인 또는 포괄승계인의 명의로 소유권이전등기를 하여야 한다.

④ 민법상 조합의 명의로 소유권보존등기를 신청할 수 없다.

⑤ 미등기부동산을 수용하였을 경우에는 소유권보존등기를 단독신청하고, 등기된 부동산을 수용하였을 경우에는 소유권이전등기를 단독신청 한다.

Point
09
상**중**하

직권보존등기

다음 중 미등기부동산에 대하여 직권보존등기를 할 수 있는 경우에 해당하는 것은 모두 몇 개인가?

> • 압류등기의 촉탁
> • 처분금지가처분등기의 촉탁
> • 가등기가처분등기의 촉탁
> • 경매개시결정등기의 촉탁
> • 임차권등기명령에 따른 주택임차권등기의 촉탁
> • 가압류등기의 촉탁

① 1개   ② 2개
③ 3개   ④ 4개
⑤ 5개

제2절 **소유권이전등기**

01 공유, 합유

대표유형

1. 공유에 관한 등기에 대한 설명으로 옳은 것은? (다툼이 있으면 판례에 따름)   제30회

① 미등기 부동산의 공유자 중 1인은 전체 부동산에 대한 소유권보존등기를 신청할 수 없다.

② 공유자 중 1인의 지분포기로 인한 소유권이전등기는 지분을 포기한 공유자가 단독으로 신청한다.

③ 등기된 공유물 분할금지기간 약정을 갱신하는 경우, 공유자 중 1인이 단독으로 변경을 신청할 수 있다.

④ 건물의 특정부분이 아닌 공유지분에 대한 전세권설정등기를 할 수 있다.

⑤ 1필의 토지 일부를 특정하여 구분소유하기로 하고 1필지 전체에 공유지분등기를 마친 경우, 대외관계에서는 1필지 전체에 공유관계가 성립한다.

해설 ① 미등기 부동산의 공유자 중 1인은 전체 부동산에 대한 소유권보존등기를 신청할 수 '있다' = 상공/전원 명의
② 공유자 중 1인의 지분포기로 인한 소유권이전등기는 공유지분권을 포기하는 공유자가 등기의무자, 잔존 공유자가 등기권리자가 되어 공동신청 하여야 한다.
③ 등기된 공유물분할 금지기간 약정을 갱신하는 것은 '공유관계'에 기한 것이므로 공유자 전원이 공동신청 한다.
④ 전세권은 부동산의 일부에 대하여는 설정 가능하나, 권리의 일부(= 지분)에 대하여는 설정할 수 없다.
🅐 정답 ⑤

2. 합유등기에 관한 설명으로 틀린 것은? 제30회

① 민법상 조합의 소유인 부동산을 등기할 경우, 조합원 전원의 명의로 합유등기를 한다.

② 합유등기를 하는 경우, 합유자의 이름과 각자의 지분비율이 기록되어야 한다.

③ 2인의 합유자 중 1인이 사망한 경우, 잔존 합유자는 그의 단독소유로 합유명의인 변경등기 신청을 할 수 있다.

④ 합유자 중 1인이 다른 합유자 전원의 동의를 얻어 합유지분을 처분하는 경우, 지분이전등기를 신청할 수 없다.

⑤ 공유자 전원이 그 소유관계를 합유로 변경하는 경우, 변경계약을 등기원인으로 변경등기를 신청해야 한다.

해설 ② 합유지분은 등기되지 않으므로 신청서 및 등기부에 모두 기재할 필요가 없다. **Ⓐ 정답 ②**

Point
10
상**중**하
공유, 합유

공유등기에 대한 설명으로 틀린 것은?

① 공유지분만의 소유권보존등기는 공유자의 1인이 신청할 수 있다.

② 공유지분만의 이전청구권가등기는 가능하나, 공유지분에 대한 전세권의 설정등기는 할 수 없다.

③ 공유자 중 1인이 지분포기를 한 경우 지분을 포기한 공유자가 등기의무자, 나머지 공유자가 등기권리자가 되어 공동신청한다.

④ 신청정보에는 이전되는 지분을 기재하여야 하고, 등기기록에 지분이 등기된다.

⑤ 공유지분에 대한 저당권의 등기와 경매개시결정의 등기는 가능하다.

Point
11
상**중**하
공유, 합유

합유등기에 대한 설명으로 옳은 것은?

① 합유지분은 등기되므로 합유라는 뜻을 기재할 필요는 없다.

② 신청서와 등기부에는 합유라는 뜻을 기재하여야 한다.

③ 민법상 조합이 재산을 취득하는 경우 조합의 명의로 등기를 한다.

④ 공유자 전원이 그 소유관계를 합유로 변경하는 경우, 소유권이전등기를 한다.

⑤ 2인의 합유자 중 1인이 사망하게 되면 잔존 합유자는 그의 단독소유로 하는 합유지분이전등기를 신청할 수 있다.

12
상**중**하
공유, 합유

공유관계의 등기에 관한 설명 중 틀린 것은?

① 등기관이 소유권의 일부에 관한 이전등기를 할 때에는 이전되는 지분을 기록하여야 하고, 그 등기원인에 분할금지약정이 있을 때에는 그 약정에 관한 사항도 기록하여야 한다.

② 갑구 순위번호 2번에 기록된 A의 공유지분 4분의 3 중 절반을 B에게 이전하는 경우, 등기목적란에 "2번 A 지분 4분의 3 중 일부(8분의 3) 이전"으로 기록한다.

③ 합유등기에는 지분을 기록하고, '합유'라는 뜻을 기록한다.

④ 토지에 대한 공유물분할약정으로 인한 소유권이전등기는 공유자가 공동으로 신청할 수 있다.

⑤ 등기된 공유물분할 금지기간 약정을 갱신하는 경우, 이에 대한 변경등기는 공유자 전원이 공동으로 신청하여야 한다.

13
상**중**하
공유, 합유

공유등기와 합유등기에 관한 다음 설명 중 틀린 것은?

① 공유지분만의 소유권보존등기나 부동산 일부만의 소유권보존등기는 모두 할 수 없다.

② 잔존합유자 전원의 동의를 받으면 합유지분을 처분할 수 있고, 이 경우 '합유명의인변경등기'를 한다.

③ 공유지분에 대한 저당권설정등기는 할 수 있다.

④ 공유자 전원의 합의로 공유를 합유로 하는 경우에는 소유권이전등기를 하여야 한다.

⑤ 공유지분은 등기되므로 공유지분에 대한 가압류의 등기는 할 수 있다.

14
상**중**하
공동소유

공동소유등기에 관련된 다음 설명 중 가장 옳지 않은 것은?

① 합유등기를 신청할 때에는 합유라는 뜻을 기록하여야 한다.

② 합유자가 2인인 경우에 그 중 1인이 사망한 때에는 특별한 약정이 없다면 잔존 합유자는 자기의 단독소유로 하는 합유명의인 변경등기를 신청할 수 있다.

③ 합유등기에 있어서 등기기록상 각 합유자의 지분을 기록하여야 한다.

④ 공유자 전원의 합의로 공유를 합유로 한 경우에는 소유권의 변경등기를 한다.

⑤ 공유지분의 이전청구권가등기를 신청할 수 있으나 공유지분을 목적으로 하는 전세권설정등기는 신청할 수 없다.

02 계약을 원인으로 하는 소유권이전등기

대표유형

소유권에 관한 등기의 설명으로 옳은 것을 모두 고른 것은?   제32회

ⓐ 공유물분할금지약정이 등기된 부동산의 경우에 그 약정상 금지기간 동안에는 그 부동산의 소유권 일부에 관한 이전등기를 할 수 없다.

ⓑ 2020년에 체결된 부동산매매계약서를 등기원인을 증명하는 정보로 하여 소유권이전등기를 신청하는 경우에는 거래가액을 신청정보의 내용으로 제공하여야 한다.

ⓒ 거래가액을 신청정보의 내용으로 제공하는 경우, 1개의 부동산에 관한 여러 명의 매도인과 여러 명의 매수인 사이의 매매계약인 때에는 매매목록을 첨부정보로 제공하여야 한다.

ⓓ 공유물분할금지약정이 등기된 경우, 그 약정의 변경등기는 공유자 중 1인이 단독으로 신청할 수 있다.

① ㉠, ㉡   ② ㉠, ㉢
③ ㉡, ㉢   ④ ㉡, ㉣
⑤ ㉢, ㉣

해설 ㉠ 공유물분할금지약정이 등기된 부동산의 경우 약정기간동안 공유물의 분할이 금지될 뿐이고 지분의 처분은 가능하므로 그 부동산의 소유권 일부에 관한 이전등기를 할 수 있다.
㉣ 공유물분할금지약정은 공유관계에 기초한 것이므로, 그 약정의 변경등기는 공유자 전원이 공동신청 하여야 한다.

ⓐ 정답 ③

---

15 거래가액의 등기에 관한 다음 내용 중 틀린 것은?

상중하
거래가액등기

① 매매를 원인으로 하는 소유권이전등기를 하는 경우에는 거래가액을 등기한다.

② 매매부동산이 2개 이상이면 매매목록을 첨부하여야 하고, 매매목록에 거래가액이 기록된다.

③ 부동산이 1개이면 매도인과 매수인이 각각 여러 명이더라도 매매목록을 작성할 필요가 없다.

④ 매매목록이 제공되지 않은 신청의 경우에는 거래가액을 갑구의 권리자 및 기타사항란에 기록한다.

⑤ 소유권이전등기는 갑구에 주등기로 하며, 종전의 소유권등기는 말소하지 않는다.

03 수용으로 인한 소유권이전등기

대표유형

1. 토지수용으로 인한 소유권이전등기를 하는 경우, 그 토지에 있던 다음의 등기 중 등기관이 직권으로 말소할 수 없는 것은? (단, 수용의 개시일은 2013. 4. 1.임) 제24회

① 2013. 2. 1. 상속을 원인으로 2013. 5. 1.에 한 소유권이전등기

② 2013. 2. 7. 매매를 원인으로 2013. 5. 7.에 한 소유권이전등기

③ 2013. 1. 2. 설정계약을 원인으로 2013. 1. 8.에 한 근저당권설정등기

④ 2013. 2. 5. 설정계약을 원인으로 2013. 2. 8.에 한 전세권설정등기

⑤ 2013. 5. 8. 매매예약을 원인으로 2013. 5. 9.에 한 소유권이전청구권가등기

해설 ① 수용개시일(2013.4.1.) 이전에 발생한 상속(2013.2.1.)을 원인으로 수용개시일 이후에 경료(2013.5.1.)된 상속등기는 직권말소 할 수 없다.

ⓘ 등기된 토지의 수용은 이전등기의 형식을 취하나 법적효과는 원시취득이므로 기존 등기부상의 권리의 등기는 직권말소하나, 다음의 등기는 말소를 하지 않는다(= 다음의 등기를 제외하고는 모두 직권말소 된다).

> 1. 수용개시일 이전의 소유권보존 · 이전등기
> 2. 수용개시일 이전에 발생한 상속을 원인으로 수용개시일 이후에 경료된 상속등기
> 3. 그 부동산을 위하여 존재하는 (요역지)지역권등기
> 4. 재결로 존속이 인정된 권리

ⓐ 정답 ①

2. 소유권이전등기에 관한 설명으로 옳은 것을 모두 고른 것은? (다툼이 있으면 판례에 따름) 제29회

> ㉠ 甲이 그 명의로 등기된 부동산을 乙에게 매도한 뒤 단독상속인 丙을 두고 사망한 경우, 丙은 자신을 등기의무자로 하여 甲에서 직접 乙로의 이전등기를 신청할 수는 없다.
> ㉡ 甲소유 토지에 대해 사업시행자 乙이 수용보상금을 지급한 뒤 乙 명의로 재결수용에 기한 소유권이전등기를 하는 경우, 수용개시일 후 甲이 丙에게 매매를 원인으로 경료한 소유권이전등기는 직권 말소된다.
> ㉢ 공동상속인이 법정상속분과 다른 비율의 지분이전등기를 상속을 원인으로 신청하는 경우, 그 지분이 신청인이 주장하는 지분으로 변동된 사실을 증명하는 서면을 신청서에 첨부하여 제출하지 않으면 등기관은 그 신청을 각하한다.
> ㉣ 甲소유 토지에 대해 甲과 乙의 가장매매에 의해 乙 앞으로 소유권이전등기가 된 후에 선의의 丙 앞으로 저당권설정등기가 설정된 경우, 甲과 乙은 공동으로 진정명의회복을 위한 이전등기를 신청할 수 없다.

① ㉠, ㉡   ② ㉠, ㉣   ③ ㉡, ㉢

④ ㉢, ㉣   ⑤ ㉡, ㉢, ㉣

해설 ㉠ 甲이 그 명의로 등기된 부동산을 乙에게 매도한 뒤 단독상속인 丙을 두고 사망한 경우, 丙은 자신을 등기의무자로 하여 甲에서 직접 乙로의 이전등기를 신청할 수 '있다'(상속인에 의한 등기).

㉣ 甲소유 토지에 대해 甲과 乙의 가장매매에 의해 乙 앞으로 소유권이전등기가 된 후에 선의의 丙 앞으로 저당권설정등기가 설정된 경우, 선의의 丙은 확정적으로 저당권을 취득하게 되므로 甲은 을의 소유권이전등기의 말소를 청구할 수 없게 된다(乙의 소유권이전등기를 말소하면 乙의 소유권이 부정되므로 乙이 丙에게 해준 저당권등기도 말소되어야 하나, 丙의 저당권등기는 확정적으로 유효하므로 말소할 수가 없다). 그러므로 이 때 甲과 乙은 공동으로 진정명의회복을 위한 이전등기를 신청하여 甲은 乙로부터 소유권이전등기를 받아 소유권을 회복하되, 丙의 저당권의 부당을 안게 되지만, 소유권을 회복하였다는 점에서 甲에게도 이익이 된다.

ⓐ 정답 ③

Point

16
상**중**하
수용과 직권말소

토지수용으로 인한 소유권이전등기를 하는 경우 그 토지에 있던 다음의 등기 중 직권말소 되는 등기는?

① 수용개시일 이전의 소유권이전등기

② 수용개시일 이전에 발생한 상속을 원인으로 수용개시일 이후의 이루어진 소유권이전등기

③ 관할 토지수용위원회의 재결로 존속이 인정된 권리

④ 수용되는 부동산을 위하여 존재하는 지역권의 등기

⑤ 수용개시일 이전에 실행된 수용부동산을 목적으로 하는 경매개시결정의 등기

Point

17
상중하
수용과
소유권이전등기

토지수용으로 인한 소유권이전등기에 관한 설명으로 옳은 것은?

① 수용은 법률규정에 의한 물권취득이므로 수용의 개시일에 소유권이전등기를 하여야 권리를 취득한다.

② 수용재결의 실효로 인한 소유권이전등기의 말소등기는 사업시행자가 단독신청한다.

③ 수용에 의한 등기를 실행한 경우 수용개시일 후에 실행된 소유권이전등기는 사업시행자와 상대방이 공동으로 말소신청을 하여야 한다.

④ 수용에 의한 등기를 실행한 경우 수용 전에 실행된 처분금지가처분등기나 가압류등기는 직권으로 말소할 수 있다.

⑤ 수용을 원인으로 하는 소유권의 이전등기는 등기권리자와 등기의무자가 공동으로 신청하여야 한다.

18
상중하
수용과
소유권이전등기

토지수용을 원인으로 하는 소유권이전등기에 관한 설명으로 틀린 것은?

① 등기원인은 '토지수용'으로, 등기원인일자는 '수용의 개시일'을 기재한다.

② 수용으로 인한 소유권이전등기를 신청하는 경우에는 보상이나 공탁을 증명하는 정보를 첨부정보로서 등기소에 제공하여야 한다.

③ 수용을 원인으로 하는 소유권이전등기는 단독신청하는 것이 원칙이나 국가나 지방자치단체 등 관공서가 직접 수용하는 경우에는 촉탁한다.

④ 미등기부동산을 수용하면 보존등기를 하고, 등기된 부동산을 수용하면 소유권이전등기를 한다.

⑤ 토지를 수용하여 소유권이전등기를 하는 경우 가등기, 가압류, 가처분, 압류등기는 직권말소할 수 없다.

19

진정명의회복을 등기원인으로 한 소유권이전등기에 대한 설명 중 틀린 것은?

① 진정명의회복을 원인으로 하는 소유권이전등기는 현재의 소유자만을 상대로 하면 되지만, 말소등기를 하는 경우에는 후순위 권리자 모두를 상대로 말소등기를 하여야 한다.

② 진정명의회복을 원인으로 하는 소유권이전청구권은 물권적 청구권이므로 가등기를 할수 없다.

③ 신청정보에 등기원인은 '진정명의회복'으로, 등기원인일자는 '합의일자'를 기록하여야 한다.

④ 진정명의회복은 계약이나 회복이 아니므로 등기를 신청할 때 검인, 토지거래허가, 농지취득자격증명은 필요 없다.

⑤ 이미 자기 앞으로 소유권을 표상하는 등기가 되어 있는 자는 현재의 등기명의인과 공동으로 진정명의회복을 등기원인으로 하여 소유권이전등기를 신청할 수 있다.

20

상속을 원인으로 하는 소유권이전등기에 관한 내용이다. 틀린 것은?

① 상속등기를 한 후 상속재산의 분할협의를 한 경우에는 이미 행한 상속지분의 이전등기를 공동신청 하여야 한다.

② 상속은 피상속인의 사망일에 등기 없이 상속인에게 권리가 승계된다.

③ 상속등기는 상속인 전원이 상속인 전원명의로 신청을 하는 것이 원칙이다.

④ 상속인 중 1인이 상속등기를 신청할 때에는 전원명의의 상속등기를 신청하여야 한다.

⑤ 상속인이 여러 명이더라도 상속등기는 단독신청 한다.

04 유증으로 인한 소유권이전등기

대표유형

유증으로 인한 소유권이전등기에 관한 설명으로 틀린 것은? (다툼이 있으면 판례에 의함) 제24회

① 유증에 기한이 붙은 경우에는 그 기한이 도래한 날을 등기원인일자로 기록한다.

② 포괄유증은 수증자 명의의 등기가 없어도 유증의 효력이 발생하는 시점에 물권변동의 효력이 발생한다.

③ 유증으로 인한 소유권이전등기는 상속등기를 거쳐 수증자 명의로 이전등기를 신청하여야 한다.

④ 유증으로 인한 소유권이전등기 신청이 상속인의 유류분을 침해하는 내용이라 하더라도 등기관은 이를 수리하여야 한다.

⑤ 미등기부동산이 특정유증된 경우, 유언집행자는 상속인 명의의 소유권보존등기를 거쳐 유증으로 인한 소유권이전등기를 신청하여야 한다.

해설 ③ 유증으로 인한 이전등기는 '직접 수증자의 명의'로 한다(상속등기가 안 된 상태라면 안 된 상태에서 직접 수증자의 명의로, 이미 상속등기가 된 상태라면 된 상태에서 직접 수증자의 명의로).
단, 미등기부동산을 특정유증한 경우에는 '상속인의 명의로 보존등기'를 한 후 수증자의 명의로 이전등기를 한다.
정답 ③

Point 21 상중하
유증으로 인한 소유권이전등기

유증으로 인한 소유권이전등기에 관한 설명으로 옳은 것은?

① 포괄유증으로 인한 소유권이전등기는 공동신청하고, 특정유증으로 인한 소유권이전등기는 단독신청한다.

② 유증자가 사망하기 전에는 가등기를 할 수 있을 뿐이다.

③ 포괄유증받은 자가 여러 명인 경우 그 중 일부의 자가 자신의 유증지분에 대하여 먼저 소유권이전등기를 신청한 경우 각하하여야 한다.

④ 유증이 상속인의 유류분을 침해하는 경우 그 이전등기는 각하하여야 한다.

⑤ 포괄유증인 경우 유언자가 사망하면 이전등기를 하지 않아도 수증자가 소유권을 취득하나, 특정유증인 경우에는 수증자의 명의로 이전등기가 되어야 소유권을 취득한다.

Point
22
상중하
유증으로 인한
소유권이전등기

유증으로 인한 등기신청에 관한 설명 중 틀린 것은?

① 미등기토지가 포괄유증 된 경우 수증자는 직접 자기의 명의로 소유권보존등기를 신청할 수 있다.

② 미등기토지가 특정유증 된 경우 유언집행자가 상속인명의로 소유권보존등기를 한 다음 유증으로 인한 소유권이전등기를 신청하여야 한다.

③ 유증받은 토지가 이미 상속등기가 되어버리면 상속등기를 말소하고 유증으로 인한 소유권이전등기를 하여야 한다.

④ 포괄유증이든 특정유증이든 상속등기를 거칠 필요 없이 유증자의 명의에서 직접 수증자의 명의로 소유권이전등기를 할 수 있다.

⑤ 유증에 조건이나 기한이 붙은 경우 등기원인일자는 조건성취일이나 기한도래일을 기록한다.

23
상중하
환매특약등기

환매특약등기에 관한 설명으로 틀린 것은?

① 환매특약의 등기는 매매로 인한 소유권이전등기와 동시에 신청하여야 한다.

② 신청정보에는 매수인이 지급한 매매대금과 매매비용을 기록하여야 한다.

③ 환매특약등기는 부기등기로 한다.

④ 환매에 따른 권리취득의 등기를 한 경우, 등기관은 특별한 사정이 없는 한 환매특약의 등기를 직권으로 말소해야 한다.

⑤ 환매기간을 기록해야 한다.

05 신탁에 관한 등기

대표유형

1. 신탁등기에 관한 설명으로 틀린 것은? 제23회

① 신탁재산의 처분으로 수탁자가 얻은 부동산이 신탁재산에 속하게 된 경우, 수탁자가 단독으로 신탁등기를 신청할 수 있다.

② 수익자 또는 위탁자는 수탁자를 대위하여 신탁등기를 신청할 수 있다.

③ 수탁자가 여러 명인 경우 등기관은 신탁재산이 공유인 뜻을 등기부에 기록하여야 한다.

④ 등기관이 신탁등기를 할 때에는 신탁원부를 작성하여야 하는데, 이때의 신탁원부는 등기기록의 일부로 본다.

⑤ 농지에 대하여 신탁법상 신탁을 등기원인으로 하여 소유권이전등기를 신청하는 경우, 신탁의 목적에 관계없이 농지취득자격증명을 첨부하여야 한다.

해설 ③ 수탁자가 여러 명인 경우의 소유와 민법상 조합의 소유는 '합유'이다.　　**Ⓐ** 정답 ③

2. 신탁등기에 관한 설명으로 틀린 것은? 제26회

① 신탁의 일부가 종료되어 권리이전등기와 함께 신탁등기의 변경등기를 할 때에는 하나의 순위번호를 사용한다.

② 신탁재산에 속하는 부동산의 신탁등기는 수탁자가 단독으로 신청한다.

③ 신탁재산이 수탁자의 고유재산이 되었을 때에는 그 뜻의 등기를 부기등기로 하여야 한다.

④ 신탁가등기의 등기신청도 가능하다.

⑤ 신탁등기의 신청은 해당 신탁으로 인한 권리의 이전 또는 보존이나 설정등기의 신청과 함께 1건의 신청정보로 일괄하여 하여야 한다.

해설 ③ 신탁재산이 수탁자의 고유재산으로 된 뜻의 등기는 '주등기'로 한다.　　**Ⓐ** 정답 ③

24

신탁등기

신탁등기에 관한 설명으로 틀린 것은?

① 신탁등기의 신청은 해당 부동산에 관한 권리의 설정등기, 보존등기, 이전등기 또는 변경등기의 신청과 동시에 하여야 한다.

② 신탁재산에 속한 권리가 이전, 변경 또는 소멸됨에 따라 신탁재산에 속하지 아니하게 된 경우 신탁등기의 말소신청은 신탁된 권리의 이전등기, 변경등기 또는 말소등기의 신청과 동시에 하여야 한다.

③ 수탁자가 2인 이상이면 수탁된 지분을 분리하여 각각 기재하여야 한다.

④ 신탁등기 또는 신탁등기의 말소등기는 수탁자가 단독으로 신청한다.

⑤ 위탁자나 수익자는 수탁자를 대위하여 신탁의 등기나 신탁등기의 말소등기를 신청할 수 있다.

Point
25
상중하
신탁등기

신탁등기에 관한 설명으로 틀린 것은?

① 신탁재산의 일부가 처분되어 권리이전등기와 함께 신탁등기의 변경등기를 할 경우, 각기 다른 순위번호를 사용한다.

② 등기관이 수탁자의 고유재산으로 된 뜻의 등기와 함께 신탁등기의 말소등기를 할 경우, 하나의 순위번호를 사용한다.

③ 수탁자의 신탁등기 신청은 해당 부동산에 관한 권리의 설정등기, 보존등기, 이전등기의 신청과 함께 1건의 신청정보로 일괄하여 해야 한다.

④ 수탁자가 여러 명인 경우, 등기관은 신탁재산이 합유인 뜻을 기록해야 한다.

⑤ 합필하고자 하는 두 필지에 「부동산등기법」 제81조 제1항 각 호의 등기사항이 동일한 신탁등기가 존재할 경우 합필등기를 할 수 있다.

Point
26
상중하
신탁등기

신탁등기에 관한 설명으로 틀린 것은?

① 신탁재산이 수탁자의 고유재산으로 된 경우 고유재산으로 된 뜻의 변경등기는 주등기로 한다.

② 여러 개의 부동산이 일괄하여 신탁이 된 경우 신탁원부는 하나로 일괄하여 작성할 수 있다.

③ 신탁원부는 등기관이 작성하여야 하고 신탁원부는 등기기록의 일부로 본다.

④ 신탁등기와 신탁을 원인으로 하는 권리의 보존·이전·설정의 등기는 1건의 신청정보로 일괄하여 신청하여야 한다.

⑤ 위탁자나 수익자가 수탁자를 대위하여 신탁등기를 신청하는 경우에는 동시신청 할 필요는 없다.

27 다음 설명 중 틀린 것은?

상중하
신탁등기

① 신탁된 부동산에 대하여 위탁자를 등기의무자로 한 저당권설정등기 신청은 각하사유이다.

② 신탁의 가등기도 가능하다.

③ 수탁자를 등기의무자로 한 가압류등기는 신탁의 목적에 반하지 않더라도 수리할 수 없다.

④ 신탁등기 전에 설정된 근저당권에 기한 경매개시의 등기는 각하할 수 없다.

⑤ 신탁의 합병 또는 분할로 인하여 하나의 신탁재산에 속하는 부동산에 관한 권리가 다른 신탁의 신탁재산에 귀속되는 경우 신탁등기의 말소등기 및 새로운 신탁등기의 신청은 신탁의 합병 또는 분할로 인한 권리변경등기의 신청과 동시에 하여야 한다.

28 신탁원부 기록의 변경등기에 관한 다음 설명 중 틀린 것은?

상중하
신탁등기

① 법원이 수탁자 해임의 재판을 한 경우 지체 없이 신탁원부 기록의 변경등기를 등기소에 촉탁하여야 한다.

② 법원이 신탁관리인 선임 또는 해임의 재판을 한 경우 지체 없이 신탁원부 기록의 변경등기를 등기소에 촉탁하여야 한다.

③ 법원이 신탁 변경의 재판을 한 경우 지체 없이 신탁원부 기록의 변경등기를 등기소에 촉탁하여야 한다.

④ 법무부장관이 수탁자를 직권으로 해임한 경우 지체 없이 신탁원부 기록의 변경등기를 등기소에 촉탁하여야 한다.

⑤ 수탁자의 변경으로 인한 이전등기를 하거나, 여러 명의 수탁자 중 1인의 임무 종료로 인한 변경등기를 한 경우 신탁원부 기록의 변경등기는 법원의 촉탁으로 이루어진다.

제**3**절 소유권 이외의 권리

01 용익물권의 등기

1. 각 권리의 설정등기에 따른 필요적 기록사항으로 옳은 것을 모두 고른 것은? 제25회

> ㉠ 지상권: 설정목적과 범위, 지료
> ㉡ 지역권: 승역지 등기기록에서 설정목적과 범위, 요역지
> ㉢ 전세권: 전세금과 설정범위
> ㉣ 임차권: 차임과 존속기간
> ㉤ 저당권: 채권액과 변제기

① ㉠   ② ㉡, ㉢   ③ ㉡, ㉣, ㉤

④ ㉠, ㉢, ㉣, ㉤   ⑤ ㉠, ㉡, ㉢, ㉣, ㉤

해설 ② ㉡, ㉢이 옳다.

구 분	필요적 기재사항	임의적 기재사항
지상권	범위, 목적	지료, 기간, 지료지급시기 등
지역권	범위, 목적, 요역지의 표시	특약사항 등
전세권	범위, 전세금	특약, 기간 등
임차권	범위, 차임	기간, 보증금 등
저당권	채권액, 채무자	이자, 변제기 등
근/저	채권최고액, 채무자, '근'저당인 뜻	결산기(존속기간), ※이자, 지연이자, 변제기는 기재사항 ×

※ 지/(승)지/전/임차권이 부동산의 일부에 대한 것이면 그 부분을 표시한 '도면' 첨부

❶ **필요적 기재사항**: 반드시 적어야 하는 사항
    임의적 기재사항: (약정) 있으면 적고, 없으면 안 적는 사항   ❸ 정답 ②

2. **지역권등기에 관한 설명으로 틀린 것은?** 제24회

① 등기관이 승역지의 등기기록에 지역권설정의 등기를 할 때에는 지역권설정의 목적을 기록
하여야 한다.

② 요역지의 소유권이 이전되면 지역권은 별도의 등기 없이 이전된다.

③ 지역권설정등기는 승역지 소유자를 등기의무자, 요역지 소유자를 등기권리자로 하여 공동으
로 신청함이 원칙이다.

④ 지역권설정등기시 요역지지역권의 등기사항은 등기관이 직권으로 기록하여야 한다.

⑤ 승역지의 지상권자는 그 토지 위에 지역권을 설정할 수 있는 등기의무자가 될 수 없다.

해설 ⑤ 승역지의 소유자, 지상권자, 전세권자, 임차권자는 그 토지 위에 지역권을 설정할 수 있는 등기의무자가
될 수 '있다'.   ❸ 정답 ⑤

3. 전세권의 등기에 관한 설명으로 틀린 것은? 제25회

① 수개의 부동산에 관한 권리를 목적으로 하는 전세권설정등기를 할 수 있다.

② 공유부동산에 전세권을 설정할 경우, 그 등기기록에 기록된 공유자 전원이 등기의무자이다.

③ 등기원인에 위약금약정이 있는 경우, 등기관은 전세권설정등기를 할 때 이를 기록한다.

④ 전세권이 소멸하기 전에 전세금반환채권의 일부양도에 따른 전세권일부이전등기를 신청할 수 있다.

⑤ 전세금반환채권의 일부양도를 원인으로 한 전세권일부이전등기를 할 때 양도액을 기록한다.

▶해설 ④ 전세금반환채권의 일부양도에 따른 전세권일부이전등기는 반드시 전세권이 소멸하여야 신청할 수 있다.

Ⓐ 정답 ④

29 지상권등기에 대한 다음 설명 중 틀린 것은?
상중하
지상권등기

① 지상권의 존속기간은 불특정기간이나 영구무한의 기간을 정하는 것도 가능하다.

② 지상권의 목적이 토지의 일부인 때에는 그 부분을 표시한 지적도를 제공하여야 한다.

③ 구분지상권등기를 신청할 때에는 지하 또는 지상 공간의 상하의 범위를 명백히 기록하여야 하나 도면을 첨부할 필요는 없다.

④ 계층적 구분건물의 특정계층을 구분소유하기 위한 목적의 구분지상권등기는 할 수 없다.

⑤ 동일 토지에 관하여 지상권이 미치는 범위가 다른 2개 이상의 지상권을 각기 따로 등기할 수 없다.

Point
30 지역권등기에 관한 설명으로 틀린 것은?
상중하
지역권등기

① 지역권의 등기는 요역지를 관할하는 등기소에 신청하여야 한다.

② 요역지의 등기기록에는 승역지를 표시하고, 승역지의 등기기록에는 요역지를 표시한다.

③ 지역권설정등기는 승역지 소유자를 등기의무자, 요역지 소유자를 등기권리자로 하여 공동으로 신청함이 원칙이다.

④ 지역권설정등기시 요역지 등기기록에 하는 지역권의 등기사항은 등기관이 직권으로 기록하여야 한다.

⑤ 지역권설정등기의 신청정보에는 지역권설정의 목적과 범위 및 요역지의 표시를 하여야 한다.

Point

31
상**중**하
전세권등기

전세권등기에 관한 설명 중 틀린 것은?

① 전세금반환채권의 일부양도를 원인으로 한 전세권일부이전등기는 부기등기로 하여야 한다.

② 전세금반환채권의 일부양도를 원인으로 한 전세권일부이전등기는 양도액을 기록하여야 한다.

③ 전세금반환채권의 일부양도를 원인으로 한 전세권일부이전등기는 전세권이 소멸하기 전에 하여야 한다.

④ 전세권설정등기를 신청할 때에는 그 범위와 전세금을 기록하여야 하고, 전세권의 설정목적은 기재할 사항이 아니다.

⑤ 전세금반환채권의 일부양도를 원인으로 한 전세권일부이전등기를 신청할 때 전세권의 존속기간이 만료되기 전이라면 해당 전세권이 소멸하였음을 증명하여야 한다.

32
상**중**하
전세권등기

다음 중 옳은 것은?

① 전세권의 범위가 건물의 특정 층의 전부인 경우 도면을 첨부하여야 한다.

② 2개 이상의 부동산에 관하여 전세권설정등기를 실행할 때에는 등기관이 공동전세목록을 작성하여야 한다.

③ 공유부동산에 전세권을 설정할 경우, 그 등기기록에 기록된 공유자 중 1인을 등기의무자로 하여 신청하면 된다.

④ (근)저당권의 채권액이나 채권최고액이 금전채권이 아닌 경우에는 그 평가액을 기록하여야 한다.

⑤ 임차권설정등기를 신청하는 경우 차임은 필요적 기록사항이나 그 범위는 임의적 기록사항이다.

33
상**중**하
전세권등기

전세권설정등기의 신청절차와 관련된 설명 중 틀린 것은?

① 토지의 공유지분을 목적으로 한 전세권설정등기는 할 수 없다.

② 농경지를 목적으로 한 전세권설정등기는 할 수 없다.

③ 토지 일부를 목적으로 하는 전세권등기는 할 수 있다.

④ 전세권의 존속기간은 전세권설정등기를 신청할 때 반드시 기록하여야 한다.

⑤ 전세권설정등기 신청정보에는 전세권의 목적인 범위를 반드시 기록하여야 한다.

Point
34
상**중**하
신청서의 기재사항

다음 중 등기신청서의 필요적 기록사항인 것은 모두 몇 개인가?

> ㉠ 지상권의 지료　　　㉡ 전세권의 전세금　　　㉢ 임차권의 차임
> ㉣ 저당권의 이자　　　㉤ 저당권의 채무자　　　㉥ 근저당권의 이자
> ㉦ 전세권의 목적　　　㉧ 지역권의 목적　　　㉨ 차임지급시기

① 3개　　　　　　　　② 4개　　　　　　　　③ 5개
④ 6개　　　　　　　　⑤ 7개

02 담보물권의 등기

대표유형

1. 저당권의 등기에 관한 설명으로 틀린 것은?　　　제25회

① 공동저당설정등기를 신청하는 경우, 각 부동산에 관한 권리의 표시를 신청정보의 내용으로 등기소에 제공하여야 한다.
② 저당의 목적이 되는 부동산이 5개 이상인 경우, 등기신청인은 공동담보목록을 작성하여 등기소에 제공하여야 한다.
③ 금전채권이 아닌 채권을 담보하기 위한 저당권설정등기를 할 수 있다.
④ 대지권이 등기된 구분건물의 등기기록에는 건물만을 목적으로 하는 저당권설정등기를 하지 못한다.
⑤ 저당권부 채권에 대한 질권을 등기할 수 있다.

해설 ② 저당의 목적이 되는 부동산이 5개 이상인 경우, '등기관'은 공동담보목록을 작성하여야 한다.
Ⓐ 정답 ②

2. 근저당권등기에 관한 설명으로 옳은 것은?　　　제31회

① 근저당권의 약정된 존속기간은 등기사항이 아니다.
② 피담보채권의 변제기는 등기사항이 아니다.
③ 지연배상액은 등기하였을 경우에 한하여 근저당권에 의해 담보된다.
④ 1번 근저당권의 채권자가 여러 명인 경우, 그 근저당권설정등기의 채권최고액은 각 채권자별로 구분하여 기재한다.
⑤ 채권자가 등기절차에 협력하지 아니한 채무자를 피고로 하여 등기절차의 이행을 명하는 확정판결을 받은 경우, 채권자는 채무자와 공동으로 근저당권설정등기를 신청하여야 한다.

해설 ① 근저당권의 결산기(= 존속기간)은 근저당권등기의 '임의적' 기록사항이므로, '약정'되었다면 등기사항이다.
③ 지연배상액은 채권최고액에 당연히 포함되므로 등기하지 않아도 당연히 채권최고액에 포함되어 담보된다.
④ 근저당권의 채권최고액은 채권자나 채무자가 여러 명이더라도 반드시 단일하게 기재하여야 한다.
⑤ 이행판결이 확정되면 그 등기는 단독신청할 수 있다.
Ⓐ 정답 ②

Point
35
상중하
저당권등기

담보물권에 관한 등기에 대한 설명으로 틀린 것은?

① 공동담보의 등기를 신청하는 경우에는 신청정보에 각 부동산에 관한 권리를 표시하여야 한다.

② 저당권의 피담보채권은 금전채권에 한하지 않는다.

③ 저당권은 피담보채권과 함께 이전하므로 저당권의 이전등기를 신청할 때 채권이 저당권과 같이 이전한다는 뜻을 기재하여야 한다.

④ 저당권의 목적이 소유권 이외의 권리인 때에는 신청정보에 그 권리의 표시를 하여야 한다.

⑤ 동일한 채권에 관해 2개 이상의 부동산에 저당권등기를 할 때는 공동담보목록을 작성해야 한다.

36
상중하
저당권등기

담보물권의 등기에 관한 설명으로 옳은 것은?

① 근저당권의 존속기간은 등기할 수 없다.

② 「민법」상 조합 자체를 채무자로 표시하여 근저당권설정등기를 할 수 있다.

③ 채무자는 저당권등기의 필요적 기록사항이므로 채무자와 저당권설정자가 동일인이더라도 기재하여야 한다.

④ 저당권설정등기를 할 때 변제기는 반드시 기록하여야 한다.

⑤ 甲과 乙이 공유하는 토지에 대하여 그 토지의 일부만 저당권등기를 신청할 때에는 그 부분을 표시한 도면을 첨부하여야 한다.

37
상중하
저당권등기

근저당권에 관한 내용으로 틀린 것은?

① 근저당권의 이전등기를 할 때 피담보채권이 확정되기 전이라면 채권의 양도나 채권의 일부양도를 원인으로 하여 근저당권이전등기를 신청할 수 있다.

② 증축된 건물이 기존 건물과 일체성이 인정되어 건물표시변경등기로 증축등기가 된 경우, 증축건물에 근저당권의 효력이 미치도록 하기 위하여 별도의 변경등기를 할 필요가 없다.

③ 근저당권의 채권최고액을 증액하는 경우 근저당권설정자가 등기의무자가 되므로 근저당권설정자의 등기필정보를 첨부하여야 한다.

④ 처분금지가처분등기가 되어있는 토지에도 근저당권설정등기는 가능하다.

⑤ 근저당권변경등기를 할 때 등기상 이해관계인이 없으면 부기등기로 실행하여야 한다.

Point
38
상중하
저당권등기

근저당권의 설명 중 틀린 것은?

① 근저당권의 채권최고액은 채권자가 여러 명이더라도 채권자별로 구분하여 기재할 수 없다.

② 근저당권설정등기에는 채권최고액과 채무자가 반드시 기재되어야 하지만, 근저당권의 존속기간은 그렇지 않다.

③ 저당권을 설정하는 경우 채권자와 채무자 및 제3자 사이에 합의가 있었고 제3자에게 그 채권이 실질적으로 귀속되었다고 볼 수 있는 특별한 사정이 있으면 제3자 명의의 저당권 등기도 유효하다.

④ 공동저당의 대위등기는 공동신청 하여야 하고, 부기등기로 이루어진다.

⑤ 공동저당 부동산 중 일부의 매각대금을 먼저 배당하여 경매부동산의 후순위 저당권자가 대위등기를 할 때, 매각대금을 기록하는 것이 아니라 선순위 저당권자가 변제받은 금액을 기록해야 한다.

39
상중하
저당권등기

공동저당 대위등기에 관한 설명 중 틀린 것은?

① 공동저당 대위등기는 선순위저당권자가 등기의무자, 대위자(차순위저당권자)가 등기권리자가 되어 공동신청 하여야 한다.

② 공동저당의 대위등기를 신청할 때에는 일반적인 신청정보 외에 매각부동산, 매각대금, 선순위저당권자가 변제받은 금액 및 매각 부동산 위에 존재하는 차순위저당권자의 피담보채권에 관한 사항을 신청정보의 내용으로 등기소에 제공하여야 한다.

③ 공동저당 대위등기는 대위등기의 목적이 된 저당권등기에 주등기로 한다.

④ 공동저당의 대위등기를 신청하는 경우에는 일반적인 첨부정보 외에 집행법원에서 작성한 배당표 정보를 첨부정보로서 등기소에 제공하여야 한다.

⑤ 등기관이 공동저당 대위등기를 할 때에는 매각부동산 위에 존재하는 차순위저당권자의 피담보채권에 관한 내용과 매각부동산, 매각대금, 선순위 저당권자가 변제받은 금액을 기록하여야 한다.

03 임차권등기

대표유형

임차권등기에 관한 설명으로 옳은 것은?

① 임차권등기명령에 따라 임차권등기가 된 경우, 그 등기에 기초한 임차권이전등기나 전대차등기를 할 수 있다.

② 임차보증금은 임차권등기를 신청할 때 반드시 기록하여야 한다.

③ 목적부동산의 임차범위는 반드시 기재하여야 하며, 부동산의 일부를 임차하는 때에는 그 부분을 표시한 도면을 첨부하여야 한다.

④ 임차권은 등기하지 않으면 대항력이 없으나, 주택은 주택의 인도와 전입신고를 하면 그 날부터 대항력을 취득한다.

⑤ 임대차가 끝난 후 보증금이 반환되지 아니할 것이 확실시되는 경우에는 임대차가 끝나지 않았더라도 임차인은 임차주택의 소재지를 관할하는 지방법원·지방법원지원 또는 시·군법원에 임차권등기명령을 신청할 수 있다.

해설 ① 임차권등기명령에 따라 임차권등기에 기초한 임차권이전등기나 전대차등기는 할 수 없다.
② 임차보증금은 임의적 기재사항에 불과하다.
④ 주택은 주택의 인도와 전입신고를 하면 그 다음날부터 대항력을 취득한다.
⑤ 임차권등기명령은 임대차가 종료된 후이어야 신청할 수 있다.　　　　　　　　**Ⓐ** 정답 ③

04 구분건물의 등기

대표유형

집합건물의 등기에 관한 설명으로 옳은 것은? 제29회

① 등기관이 구분건물의 대지권등기를 하는 경우에는 건축물대장 소관청의 촉탁으로 대지권의 목적인 토지의 등기기록에 소유권, 지역권, 전세권 또는 임차권이 대지권이라는 뜻을 기록하여야 한다.

② 구분건물로서 그 대지권의 변경이 있는 경우에는 구분건물의 소유권의 등기명의인은 1동의 건물에 속하는 다른 구분건물의 소유권의 등기명의인을 대위하여 대지권의 변경등기를 신청할 수 있다.

③ '대지권에 대한 등기로서 효력이 있는 등기'와 '대지권의 목적인 토지의 등기기록 중 해당 구에 한 등기'의 순서는 순위번호에 따른다.

④ 구분건물의 등기기록에 대지권이 등기된 후 건물만에 관해 저당권설정계약을 체결한 경우, 그 설정계약을 원인으로 구분건물만에 관한 저당권설정등기를 할 수 있다.

⑤ 토지의 소유권이 대지권인 경우 토지의 등기기록에 대지권이라는 뜻의 등기가 되어 있더라도, 그 토지에 대한 새로운 저당권설정계약을 원인으로 하여, 그 토지의 등기기록에 저당권설정등기를 할 수 있다.

▶해설 대지권에 관한 등기는 일부 구분건물의 소유자가 다른 소유자를 대위하여 신청할 수 있다.
① 대지권의 목적인 토지의 등기기록에 소유권, 지역권, 전세권 또는 임차권이 대지권이라는 뜻을 등기하는 것은 등기관이 직권으로 한다.
③ '대지권에 대한 등기로서 효력이 있는 등기'와 '대지권의 목적인 토지의 등기기록 중 해당 구에 한 등기'의 순서는 '접수'번호에 따른다.
④ 구분건물의 등기기록에 대지권이 등기된 후에는 건물과 토지를 일체로 처분하여야 하므로 건물만이나 토지만에 관한 저당권등기는 할 수 없다.
⑤ ④ 해설 참조
A 정답 ②

40
상중하
구분건물의 등기

구분건물의 등기에 관한 다음 설명 중 틀린 것은?

① 대지사용권이 될 수 있는 것은 소유권, 지상권, 지역권, 전세권, 임차권이다.

② 구조상 공용부분은 등기능력이 없다.

③ 1동건물과 규약상 공용부분은 표제부만 둔다.

④ 대지권의 등기는 건물등기기록의 표제부에 하며, 단독신청으로 이루어진다.

⑤ 규약상 공용부분을 규약 폐지 후 취득한 자는 지체 없이 소유권보존등기를 신청하여야 한다.

41
상중하
구분건물의 등기

소유권이 대지권인 경우에 다음 중 허용되는 등기는?

① 건물만의 소유권이전등기

② 토지만의 가압류등기

③ 건물만의 저당권등기

④ 토지만의 압류등기

⑤ 건물만의 전세권등기

Point
42
상중하
구분건물의 등기

집합건물의 등기에 관한 설명 중 틀린 것은?

① 구분건물에 있어서는 1동의 건물에 속하는 전부에 대하여 표제부를 두고 전유부분마다 표제부, 갑구, 을구를 둔다.

② 대지권을 등기한 후에 한 건물의 권리에 관한 등기는 건물만에 관한 것이라는 뜻의 부기등기가 없으면 대지권에 대하여 동일한 등기로서 효력이 있다.

③ 구분건물에서 대지권에 대한 등기로서 효력이 있는 등기와 대지권의 목적인 토지의 등기기록 중 해당 구에 한 등기의 순서는 순위번호에 의한다.

④ 대지권이 등기된 구분건물의 등기기록에는 건물만에 관한 소유권이전등기 또는 저당권설정등기, 그 밖에 이와 관련이 있는 등기를 할 수 없다.

⑤ 구분건물로서 그 대지권의 변경이나 소멸이 있는 경우에는 구분건물의 소유권의 등기명의인은 1동의 건물에 속하는 다른 구분건물의 소유권의 등기명의인을 대위하여 그 등기를 신청할 수 있다.

Chapter 05 각종 등기의 절차

제1절 변경등기

대표유형

1. 건축물대장에 甲 건물을 乙 건물에 합병하는 등록을 2018년 8월 1일에 한 후, 건물의 합병등기를 하고자 하는 경우에 관한 설명으로 틀린 것은? 제29회

① 乙 건물의 소유권의 등기명의인은 건축물대장상 건물의 합병등록이 있은 날로부터 1개월 이내에 건물합병등기를 신청하여야 한다.

② 건물합병등기를 신청할 의무 있는 자가 그 등기신청을 게을리하였더라도, 「부동산등기법」상 과태료를 부과 받지 아니한다.

③ 합병등기를 신청하는 경우, 乙 건물의 변경 전과 변경 후의 표시에 관한 정보를 신청정보의 내용으로 등기소에 제공하여야 한다.

④ 甲 건물에만 저당권등기가 존재하는 경우에 건물합병등기가 허용된다.

⑤ 등기관이 합병제한 사유가 있음을 이유로 신청을 각하한 경우 지체 없이 그 사유를 건축물대장 소관청에 알려야 한다.

해설 ④ 저당권은 부동산의 일부를 목적으로 할 수 없으므로 저당권이 있는 부동산과 저당권이 없는 부동산은 하나의 부동산으로 합병할 수 없다. **Ⓐ 정답 ④**

2. 등기상 이해관계 있는 제3자가 있는 경우에 그 제3자의 승낙이 없으면 부기등기로 할 수 없는 것은? 제29회

① 환매특약등기

② 지상권의 이전등기

③ 등기명의인표시의 변경등기

④ 지상권 위에 설정한 저당권의 이전등기

⑤ 근저당권에서 채권최고액 증액의 변경등기

해설 ⑤ 권리의 변경등기나 경정등기는 이해관계인이 존재하지 않거나 이해관계인의 승낙 있으면 부기등기, 이해관계인의 승낙이 없으면 주등기로 한다.
① 환매특약등기 = 부기등기
② 지상권의 이전등기 = 부기등기
③ 등기명의인표시의 변경등기 = 부기등기
④ 지상권 위에 설정한 저당권의 이전등기 = 부기등기 **Ⓐ 정답 ⑤**

Point
01
상중하
변경등기

변경등기에 관한 다음 설명 중 틀린 것은?

① 행정구역 또는 그 명칭이 변경되었을 때에는 등기기록에 기록된 행정구역 또는 그 명칭에 대하여 변경등기가 있는 것으로 본다.

② 건물의 구조나 면적이 변경된 경우에 그 변경등기는 주등기로 한다.

③ 저당권의 피담보채권액을 증액하는 변경등기는 주등기로 하여야 한다.

④ 권리의 변경등기는 등기된 권리의 내용과 실체관계에 후발적인 일부 불일치가 있을 때 이를 시정하는 등기를 말한다.

⑤ 행정구역 또는 그 명칭이 변경된 경우에 등기관은 직권으로 부동산의 표시변경등기 또는 등기명의인의 주소변경등기를 할 수 있다.

Point
02
상중하
변경등기

다음 설명 중 틀린 것은?

① 건물이 멸실된 경우 1개월 이내에 그 멸실등기를 신청하여야 한다.

② 존재하지 않는 건물에 대한 등기기록이 있는 경우 건물의 소유권등기명의인은 1월 이내에 멸실등기를 신청하여야 한다.

③ 등기사항과 실체관계가 전부 불일치하는 경우에는 말소등기를 하여야 하므로 변경등기를 하지 못한다.

④ 토지의 면적에 증감이 있거나 지목의 변경이 있는 경우 토지소유자는 1월 이내에 그 변경등기를 신청하여야 한다.

⑤ 멸실등기의 신청이 있으면 등기관은 표제부의 등기를 말소하는 표시를 한 후 그 등기기록을 폐쇄하여야 한다.

03 다음 설명 중 틀린 것은?

상중하
변경등기

① 건물 멸실시 그 소유권의 등기명의인이 1개월 이내에 멸실등기를 신청하지 않는 경우에는 그 건물대지의 소유자가 건물소유자를 대위하여 신청할 수 있다.

② 증축된 부분에 대한 등기가 마쳐지지 아니하여 등기기록과 건축물대장의 건물면적이 다소 차이가 있는 상태에서 건물이 멸실된 경우 등기기록의 건물과 건축물대장의 건축물 사이에 동일성이 인정된다면 증축 부분에 대한 표시변경등기를 생략하고 멸실등기를 신청할 수 있다.

③ 등기명의인표시의 변경등기는 등기명의인이 단독으로 신청한다.

④ 채무자변경으로 인한 근저당권의 변경등기를 할 때 피담보채권액이 확정되기 전에는 채권양도를 등기원인으로 하는 근저당권의 변경등기를 신청할 수 없다.

⑤ 대지권의 변경등기는 일부의 구분소유자가 다른 구분소유자를 대위하여 신청할 수 없다.

04 등기명의인의 표시에 관한 다음 내용 중 틀린 것은?

상중하
변경등기

① 소유권이전등기를 할 때 등기의무자의 주소가 일치하지 않으면 주소변경사실이 주소증명서면에 의해 명백하더라도 각하하여야 한다.

② 부동산이 전부 멸실되어 멸실등기를 하는 경우 소유명의인의 주소가 일치하지 않더라도 변경등기를 생략하고 멸실등기를 할 수 있다.

③ 행정구역이나 그 명칭의 변경이 있는 경우 등기명의인표시의 변경등기는 하지 않아도 변경된 것으로 본다.

④ 저당권등기의 말소등기를 하는 경우에는 저당권자의 주소가 일치하지 않더라도 말소등기를 할 수 있다.

⑤ 등기기록상의 주소로부터 여러 번의 주소 이전이 있는 경우 중간의 주소이전은 생략하고 바로 현 주소로 변경등기를 할 수 있다.

Point
05

상중하
변경등기

경정등기에 대한 다음 설명 중 틀린 것은?

① 등기관이 등기의 착오나 빠진 부분이 등기관의 잘못으로 인한 것임을 발견한 경우에는 지체 없이 그 등기를 직권으로 경정하여야 한다.

② 직권에 의한 경정등기를 할 때 등기상 이해관계인이 있을 때 그의 승낙을 받으면 부기등기로, 승낙을 받지 못하면 주등기로 하여야 한다.

③ 저당권을 착오로 전세권으로 잘못 신청한 경우에는 저당권으로 경정할 수 없다.

④ 권리자 甲을 乙로 바꾸는 경정등기는 할 수 없다.

⑤ 등기관이 직권으로 경정등기를 하였을 때에는 그 사실을 등기권리자, 등기의무자 또는 등기명의인에게 알려야 한다. 이 경우 등기권리자, 등기의무자 또는 등기명의인이 각 2인 이상인 경우에는 그 중 1인에게 통지하면 된다.

Point
06

상중하
변경등기

등기상 이해관계인이 있을 때 그의 승낙이 있어야 부기등기로 가능한 것은?

① 전세권의 존속기간 만료로 인한 말소등기

② 전세권의 존속기간 연장으로 인한 변경등기

③ 토지의 일부멸실로 인한 변경등기

④ 2층 주택을 단층주택으로 경정하는 등기

⑤ 부적법하게 말소된 저당권을 전부 회복하는 등기

07

상중하
변경등기

경정등기에 관한 다음 설명 중 옳은 것은?

① 등기사항의 전부에 관하여 착오나 빠진 부분이 있을 때에는 경정등기로 시정하여야 한다.

② 등기의 착오나 빠진 부분을 등기 완료 전에 발견한 때에는 경정등기로 시정하여야 한다.

③ 폐쇄등기부에 기록된 사항도 변경등기나 경정등기를 할 수 있다.

④ 등기에 착오나 빠진 부분이 있음을 발견한 등기관은 지체 없이 등기권리자와 등기의무자에게 알려야 한다.

⑤ 등기권리자나 등기의무자가 각 2인 이상일 때에는 전원에게 통지하여야 한다.

제2절 말소등기

대표유형

1. 말소등기에 관한 설명으로 틀린 것은? (다툼이 있으면 판례에 따름) 제28회

① 말소되는 등기의 종류에는 제한이 없으며, 말소등기의 말소등기도 허용된다.

② 말소등기는 기존의 등기가 원시적 또는 후발적인 원인에 의하여 등기사항 전부가 부적법할 것을 요건으로 한다.

③ 농지를 목적으로 하는 전세권설정등기가 실행된 경우, 등기관은 이를 직권으로 말소할 수 있다.

④ 피담보채무의 소멸을 이유로 근저당권설정등기가 말소되는 경우, 채무자를 추가한 근저당권 변경의 부기등기는 직권으로 말소된다.

⑤ 말소등기신청의 경우에 '등기상 이해관계 있는 제3자'란 등기의 말소로 인하여 손해를 입을 우려가 있다는 것이 등기기록에 의하여 형식적으로 인정되는 자를 말한다.

▶**해설** ① 말소등기의 말소등기는 허용되지 않는다. 말소된 등기는 '말소회복등기'에 의하여 회복할 수 있다.

🅐 정답 ①

2. 말소등기를 신청하는 경우 그 말소에 관하여 승낙서를 첨부하여야 하는 등기상 이해관계 있는 제3자에 해당하는 것을 모두 고른 것은? 제29회

> ㉠ 지상권등기를 말소하는 경우 그 지상권을 목적으로 하는 저당권자
> ㉡ 순위 2번 저당권등기를 말소하는 경우 순위 1번 저당권자
> ㉢ 순위 1번 저당권등기를 말소하는 경우 순위 2번 저당권자
> ㉣ 토지에 대한 저당권등기를 말소하는 경우 그 토지에 대한 지상권자
> ㉤ 소유권보존등기를 말소하는 경우 가압류권자

① ㉠, ㉣ ② ㉠, ㉤

③ ㉡, ㉢ ④ ㉡, ㉤

⑤ ㉢, ㉣

▶**해설** ② 등기상 이해관계인은 '그 등기로 인해 등기기록상 손해볼 우려가 있는 자'이므로 ㉡, ㉢, ㉣은 등기상 이해관계인이 아니다.

🅐 정답 ②

Point

08
상중하
말소등기

말소등기에 대한 설명으로 틀린 것은?

① 권리의 말소등기는 공동신청하는 것이 원칙이지만, 소유권보존등기의 말소등기는 보존등기 명의인이 단독신청한다.

② 말소등기를 신청할 때 '등기상 이해관계 있는 제3자'란 등기의 말소로 인하여 손해를 입을 우려가 있다는 것이 등기기록에 의하여 형식적으로 인정되는 자를 말한다.

③ 말소되는 등기의 종류에는 제한이 없으므로 말소등기의 말소등기도 허용된다.

④ 甲에서 乙로 소유권이전등기를 하고 乙이 丙에게 전세권설정등기를 한 후 乙의 소유권이전등기를 말소할 때 전세권자인 丙은 등기상 이해관계인이다.

⑤ 등기의무자의 소재불명으로 공동신청을 할 수 없을 때에는 등기권리자는 제권판결을 받아 단독으로 말소등기를 신청할 수 있다.

09
상중하
말소등기

말소등기에 대한 설명이다. 틀린 것은?

① 말소등기를 할 때 승낙한 제3자의 등기는 등기관이 직권으로 말소한다.

② 저당권설정등기를 한 후 소유권이전이 되었을 때 피담보채권의 소멸로 인한 저당권 말소등기의 등기권리자는 저당권설정당시의 소유자 또는 현재의 소유자이다.

③ 말소등기의 등기의무자가 소재불명인 때에는 그의 상속인과 공동으로 말소등기를 신청하여야 한다.

④ 등기상 이해관계있는 제3자의 승낙을 받아 말소등기를 할 때 그 제3자의 등기는 직권말소한다.

⑤ 乙의 소유권이전등기가 말소될 때 乙의 소유권에 터잡아 이루어진 저당권설정등기는 말소되므로 저당권자의 승낙서가 첨부되어야 한다.

10
상중하
말소등기

말소등기에 관한 설명으로 옳은 것은 모두 몇 개인가?

> ⊙ 전세권을 목적으로 한 저당권설정등기는 전세권말소시 등기관이 직권으로 말소한다.
> ⓒ 전세권의 존속기간이 만료된 경우, 토지소유자와 전세권자는 공동으로 전세권의 말소등기를 신청할 수 있다.
> ⓒ 수용으로 인한 소유권이전등기시 수용되는 부동산을 위해 존재하는 지역권설정등기는 등기관이 직권으로 말소한다.
> ⓒ 실체관계와 일치하지 않는 것이 등기사항의 일부인 경우에는 말소등기를 할 수 없다.
> ⓜ 환매에 의한 권리취득의 등기를 하였을 때에는 환매특약의 등기를 등기관이 직권으로 말소하여야 한다.

① 1개   ② 2개   ③ 3개

④ 4개   ⑤ 없음

11

상중하
말소등기

다음 중 등기상 이해관계인이 아닌 자는 모두 몇 명인가?

> ㉠ 소유권보존등기를 말소하는 경우 가압류권자
> ㉡ 순위 1번 저당권을 말소하는 경우 순위 2번 저당권자
> ㉢ 전세권등기를 말소하는 경우 그 전세권을 목적으로 하는 저당권자
> ㉣ 전세권의 불법말소 후 지상권이 설정된 경우 전세권의 말소회복등기를 할 때 지상권자
> ㉤ 선순위 소유권의 말소회복등기를 할 때 현재의 소유자
> ㉥ 선순위 소유권의 말소등기를 할 때 현재의 소유자
> ㉦ 선순위 저당권등기의 회복등기를 할 때 후순위 지상권자

① 1명 　　　　　　② 2명 　　　　　　③ 3명
④ 4명 　　　　　　⑤ 5명

12

상중하
말소등기

직권으로 말소할 수 없는 등기는?

① 가압류채권자 乙의 등기신청에 의해 甲소유 토지에 마쳐진 가압류등기
② 공유물분할금지기간을 8년으로 정한 공유물분할금지약정의 등기
③ 토지의 일부에 대한 소유권보존등기
④ 여러 명의 가등기권리자 중 1인의 지분만 본등기가 된 경우
⑤ 무권대리인의 신청에 의하여 이루어진 소유권이전등기

Point

13

상중하
말소등기

말소등기에 관한 다음 설명 중 가장 옳지 않은 것은?

① 말소등기를 신청하는 경우에 그 말소에 대하여 등기상 이해관계 있는 제3자가 있을 때에는 제3자 명의의 등기말소를 동시에 신청하여야 한다.
② 등기의무자가 소재불명인 경우 공시최고를 거쳐 제권판결을 받아 단독으로 말소신청을 할 수 있다.
③ 말소등기는 언제나 주등기로 한다.
④ 등기명의인인 사람의 사망 또는 법인의 해산으로 권리가 소멸한다는 약정이 등기되어 있는 경우에 사람의 사망 또는 법인의 해산으로 그 권리가 소멸하였을 때에는 등기권리자는 그 사실을 증명하여 단독으로 해당 등기의 말소를 신청할 수 있다.
⑤ 말소등기의 말소등기는 할 수 없다.

제3절 말소회복등기

대표유형

등기제도에 관한 설명으로 옳은 것은? 제27회

① 등기기록에 기록되어 있는 사항은 이해관계인에 한해 열람을 청구할 수 있다.

② 등기관이 등기를 마친 경우, 그 등기는 등기를 마친 때부터 효력을 발생한다.

③ 전세권의 존속기간이 만료된 경우, 전세금반환채권의 일부양도를 원인으로 한 전세권 일부 이전등기도 가능하다.

④ 말소된 등기의 회복을 신청할 때에 등기상 이해관계 있는 제3자가 있는 경우, 그 제3자의 승낙은 필요하지 않다.

⑤ 등기소에 보관 중인 등기신청서는 법관이 발부한 영장에 의해 압수하는 경우에도 등기소 밖으로 옮기지 못한다.

해설 전세권이 소멸되면 전세금반환채권의 일부양도를 원인으로 한 전세권 일부이전등기를 할 수 있다.

① 등기기록은 누구나 열람할 수 있고, 신청서 기타 부속서류는 이해관계인에 한해 열람을 청구할 수 있다.

② 등기관이 등기를 마친 경우, 그 등기는 접수한 때부터 효력을 발생한다.

④ 말소등기, 말소회복등기, 직권경정등기는 등기상 이해관계 있는 제3자의 승낙이 있어야 가능하다.

⑤ 등기신청서 기타 부속서류는 법관이 발부한 영장에 의해 압수하는 경우 등기소 밖으로 옮길 수 있다.

Ⓐ 정답 ③

Point
14
상**중**하
말소회복등기

말소회복등기에 관한 다음 설명 중 틀린 것은?

① 말소된 등기에 대한 회복 신청을 받아 등기관이 등기를 회복할 때에는 회복의 등기를 한 후 다시 말소된 등기와 같은 등기를 하여야 한다.

② 다만, 등기전체가 아닌 일부 등기사항만 말소된 것일 때에는 부기에 의하여 말소된 등기 사항만 다시 등기한다.

③ 등기상 이해관계 있는 제3자가 존재하는 경우 반드시 그의 승낙을 받아야 회복등기를 할 수 있다.

④ 직권말소한 등기는 직권으로 회복하고, 촉탁으로 말소한 등기는 촉탁으로 회복한다.

⑤ 저당권등기가 불법말소된 후 소유권이전등기가 되면 말소된 저당권의 회복등기는 현재의 소유자와 공동신청 하여야 한다.

15

상**중**하
말소회복등기

다음 중 옳은 설명은?

① 전세권이 불법말소된 후 지상권이 설정된 경우 말소된 전세권을 회복하고자 할 때 지상권자는 등기상 이해관계인이다.

② 선순위 소유권의 회복등기를 할 때 현재의 소유자는 등기상 이해관계인이다.

③ 후순위 지상권등기를 회복할 때 선순위 저당권자는 등기상 이해관계인이다.

④ 선순위 저당권등기를 회복할 때 후순위 저당권자는 등기상 이해관계인이다.

⑤ 말소회복등기를 하면 회복된 등기는 새로운 순위와 효력을 가진다.

16

상**중**하
말소등기와
말소회복등기

말소등기와 말소회복등기에 관한 다음 설명 중 틀린 것은?

① 등기상 이해관계 있는 제3자의 승낙서나 그에 대항할 수 있는 재판의 등본이 없으면 말소등기나 회복등기를 할 수 없다.

② 피담보채무의 소멸을 이유로 근저당권설정등기가 말소되는 경우에, 채무자를 추가한 근저당권변경의 부기등기는 직권말소 된다.

③ 순위번호 2번의 저당권이 말소된 후에 등기된 순위번호 3번의 전세권의 등기명의인은 저당권의 말소회복등기를 할 때 등기상 이해관계 있는 제3자에 해당되지 아니한다.

④ 말소등기가 된 후에 등기된 후순위 권리자도 말소회복등기를 할 때에 등기상 이해관계 있는 제3자에 해당될 수 있다.

⑤ 전부말소회복등기는 주등기로 하고, 일부말소회복등기는 부기등기로 한다.

제4절 부기등기

대표유형

1. 부기로 하는 등기로 옳은 것은?   제33회

① 부동산멸실등기
② 공유물 분할금지의 약정등기
③ 소유권이전등기
④ 토지분필등기
⑤ 부동산의 표시변경등기 등 표제부의 등기

해설 ② 각종 ~특약이나 ~약정의 등기는 부기등기로 한다.

주등기	소유권	이전등기
		이전청구권의 가등기
		을 목적으로 하는 권리의 등기(저당권, 용익물권 등)
		에 대한 처분제한의 등기(압류, 가압류, 가처분, 경매)
부기등기	소유권 이외의 권리	이전등기
		이전청구권의 가등기
		을 목적으로 하는 권리의 등기(저당권, 용익물권 등)
		에 대한 처분제한의 등기(압류, 가압류, 가처분, 경매)
기타 부기등기	① 등기명의인 표시변경(경정)등기 ② ~특약, ~약정의 등기 ③ 일부말소회복등기 ④ 등기상 이해관계인이 없거나 그의 승낙이 있는 권리의 변경ㆍ경정등기 ⑤ 가등기의 이전등기와 가등기의 (이전)가등기 ⑥ 본등기가 부기등기인 가등기 ⑦ 공동저당의 대위등기		

Ⓐ 정답 ②

Point

17

부기등기

다음 중 부기등기로 하는 경우가 아닌 것은?

① 환매특약의 등기
② 공유물분할금지약정의 등기
③ 말소된 전세권의 전부를 회복하는 등기
④ 전세권에 대한 가압류의 등기
⑤ 가등기상 권리의 이전등기

18

부기등기

다음 등기에 관한 설명 중 틀린 것은?

① 소유권에 대한 처분금지가처분의 등기는 주등기로 한다.
② 부동산의 표시에 관한 등기는 부기등기로 할 수 없다.
③ 지상권을 목적으로 하는 저당권의 등기는 부기등기로 한다.
④ 전세금을 증액하는 변경등기를 할 때 등기상 이해관계인이 없으면 주등기로 한다.
⑤ 환매권의 이전등기는 부기등기의 부기등기로 한다.

19

상중하
부기등기

다음 등기에 관한 설명 중 틀린 것은?

① 부기등기는 주등기 또는 부기등기의 순위번호에 가지번호를 붙여서 하여야 한다.
② 부기등기는 이미 행해진 권리의 순위유지를 목적으로 하는 등기이므로 표제부에는 부기등기를 하지 않는다.
③ 전세금반환채권의 일부양도를 원인으로 하는 전세권의 일부이전등기는 주등기로 한다.
④ 부기등기만의 말소는 원칙적으로 인정되지 않고, 주등기를 말소하여 부기등기를 직권말소하게 한다.
⑤ 저당권이전등기가 된 후 피담보채무가 전액 변제된 경우 저당권설정자와 현재의 저당권자는 저당권설정등기의 말소등기를 공동신청한다.

20 다음 등기에 관한 설명 중 틀린 것은?

상중하
부기등기

① 갑과 을의 공동신청으로 갑 단독소유를 갑과 을의 공동소유로 경정하거나 갑과 을의 공동소유를 을의 단독소유로 하는 경정등기를 신청할 수 있다.

② 일부말소 의미의 경정등기는 등기상 이해관계 있는 제3자의 승낙 또는 이에 대항할 수 있는 재판이 있음을 증명하는 정보가 제공된 경우에만 부기등기로 한다.

③ 소유권이전등기를 신청할 때에는 등기의무자의 주소증명정보도 제공하여야 한다.

④ 소유권이전등기를 할 때에는 등기의무자의 주소변경등기를 등기관이 직권으로 할 수 있다.

⑤ 건물의 일부가 멸실된 경우에는 그 일부만 멸실등기를 신청하여야 한다.

Point 21 부기등기를 하는 경우가 아닌 것은?

상중하
부기등기

① 저당권을 목적으로 한 채권담보권등기

② 공유물(共有物)을 분할하지 않기로 하는 약정의 등기

③ 가등기된 청구권을 양도한 경우 가등기의 이전등기

④ 전세권의 이전등기

⑤ 소유권을 목적으로 하는 처분금지가처분의 등기

제5절 가등기

대표유형

1. 가등기에 관한 설명으로 틀린 것은? (다툼이 있으면 판례에 따름)   제28회

① 물권적 청구권을 보전하기 위한 가등기는 허용되지 않는다.

② 가등기의무자가 가등기명의인의 승낙을 얻어 단독으로 가등기의 말소를 신청하는 경우에는 그 승낙이 있음을 증명하는 정보를 등기소에 제공해야 한다.

③ 가등기에 의하여 순위 보전의 대상이 되어 있는 물권변동청구권이 양도된 경우, 그 가등기상의 권리에 대한 이전등기를 할 수 있다.

④ 가등기에 의한 본등기를 한 경우, 본등기의 순위는 가등기의 순위에 따른다.

⑤ 지상권설정등기청구권보전 가등기에 의하여 본등기를 한 경우, 가등기 후 본등기 전에 마쳐진 당해 토지에 대한 저당권설정등기는 직권말소대상이 된다.

해설 ⑤ 지상권설정등기청구권보전 가등기에 의하여 본등기를 한 경우, 가등기 후 본등기 전에 마쳐진 당해 토지에 대한 저당권설정등기는 직권말소의 대상이 아니다.   **A 정답 ⑤**

2. A건물에 대해 甲이 소유권이전등기청구권보전 가등기를 2016. 3. 4.에 하였다. 甲이 위 가등기에 의해 2016. 10. 18. 소유권이전의 본등기를 한 경우, A건물에 있던 다음 등기 중 직권으로 말소하는 등기는? 제27회

① 甲에게 대항할 수 있는 주택임차권에 의해 2016. 7. 4.에 한 주택임차권등기

② 2016. 3. 15. 등기된 가압류에 의해 2016. 7. 5.에 한 강제경매개시결정등기

③ 2016. 2. 5. 등기된 근저당권에 의해 2016. 7. 6.에 한 임의경매개시결정등기

④ 위 가등기상 권리를 목적으로 2016. 7. 7.에 한 가처분등기

⑤ 위 가등기상 권리를 목적으로 2016. 7. 8.에 한 가압류등기

해설 ② 가등기 전에 마쳐진 가압류에 의한 강제경매시결정의 등기는 직권말소할 수 없으나, 설문의 가압류(3.15)는 가등기(3.4) 후에 이루어진 것이다.

ⓘ 소유권이전청구권의 가등기에 의한 소유권이전의 본등기를 한 때 : 다음을 제외하고 직권 말소
　㉠ 당해 가등기상의 권리를 목적으로 하는 가압류나 가처분등기
　㉡ 가등기 전에 마쳐진 저당권·전세권·담보가등기에 의한 임의경매개시결정등기
　㉢ 가등기 전에 마쳐진 가압류에 의한 강제경매개시결정등기
　㉣ 가등기권자에게 대항할 수 있는 주택임차권등기, 주택임차권설정등기, 상가건물임차권등기, 상가건물임차권설정등기

ⓘ 지상권, 전세권, 임차권의 설정청구권 가등기에 의하여 지상권, 전세권 또는 임차권 설정의 본등기를 한 경우 다음의 등기는 직권말소
　㉠ 지상권설정등기
　㉡ 지역권설정등기
　㉢ 전세권설정등기
　㉣ 임차권설정등기
　㉤ 주택임차권등기 등. 다만, 가등기권자에게 대항할 수 있는 임차권등기는 직권말소 대상이 아니다.

ⓘ 저당권설정청구권의 가등기에 의하여 저당권의 본등기를 한 경우에는 어떤 등기도 직권말소되지 않는다.

Ⓐ 정답 ②

Point
22
상**중**하
부기등기

가등기에 관한 다음 설명 중 틀린 것은?

① 가등기를 신청하는 경우에는 그 가등기로 보전하려고 하는 권리를 신청정보의 내용으로 등기소에 제공하여야 한다.

② 가등기권리자가 단독으로 가등기를 신청하는 경우에는 가등기의무자의 승낙이나 가처분명령이 있음을 증명하는 정보를 첨부정보로서 등기소에 제공하여야 한다.

③ 가등기를 한 후 본등기의 신청이 있을 때에는 본등기의 순위번호를 별도로 부여하여야 한다.

④ 가등기에 의한 본등기를 한 다음 가등기 후 본등기 전에 마쳐진 등기를 등기관이 직권으로 말소할 때에는 가등기에 의한 본등기로 인하여 그 등기를 말소한다는 뜻을 기록하여야 한다.

⑤ 가등기의무자 또는 등기상 이해관계인이 단독으로 가등기의 말소등기를 신청하는 경우에는 가등기명의인의 승낙이나 이에 대항할 수 있는 재판이 있음을 증명하는 정보를 첨부정보로서 등기소에 제공하여야 한다.

23
상**중**하
가등기

다음 가등기에 관한 설명 중 옳은 것은?

① 가등기에 의한 본등기가 이루어지면 본등기의 순위와 물권변동의 효력이 가등기시로 소급한다.

② 소유권이전청구권이 아직 확정되지 아니하여 장래에 확정될 뿐인 경우에는 가등기를 할 수 없다.

③ 소유권이전청구권의 가등기를 하면 상대방인 가등기의무자의 처분권은 제한된다.

④ 채권적 청구권은 가등기할 수 있으나, 물권적 청구권은 가등기할 수 없다.

⑤ 소유권이전청구권의 가등기가 된 경우에 그 소유권이전청구권에 대한 처분금지가처분의 등기는 주등기로 한다.

Point
24
상중하
가등기의 대상

다음 중 가능한 등기는 모두 몇 개인가?

> ㉠ 매매를 원인으로 하는 소유권이전등기의 말소등기청구권의 가등기
> ㉡ 진정명의회복을 원인으로 하는 소유권이전청구권의 가등기
> ㉢ 처분금지가처분의 가등기
> ㉣ 등기명의인표시변경의 가등기
> ㉤ 해제조건부청구권의 가등기
> ㉥ 유언자의 사망 전에 신청하는 유증을 원인으로 하는 소유권이전청구권의 가등기
> ㉦ 가등기에 의한 본등기금지가처분의 등기
> ㉧ 부동산표시변경의 가등기

① 1개 ② 2개 ③ 3개
④ 4개 ⑤ 없음

25
상중하
가등기의 대상

다음 중 가능한 등기는 모두 몇 개인가?

> ㉠ 매매를 원인으로 하는 소유권이전청구권이 종기부 청구권인 경우 그 가등기
> ㉡ 가등기상 권리의 이전금지가처분
> ㉢ 유언자 사망전 신청한 유증가등기
> ㉣ 가등기의 가등기
> ㉤ 이미 소유권이전청구권의 가등기가 되어 있는 부동산에 또 하나의 소유권이전청구권의 가등기신청
> ㉥ 증여를 원인으로 하는 소유권이전청구권이 정지조건부 청구권인 경우 그 가등기

① 2개 ② 3개 ③ 4개
④ 5개 ⑤ 6개

Point

26
상중하
가등기의 신청과
말소신청

가등기 및 그 말소에 관한 설명이다. 틀린 것은?

① 가등기명의인 또는 가등기명의인의 승낙을 받은 가등기의무자는 가등기의 말소를 단독
신청할 수 있으나 등기상 이해관계 있는 제3자가 가등기의 말소를 단독신청할 수는 없다.

② 가등기의무자의 승낙이 있거나 법원의 가등기가처분명령이 있으면 가등기권리자가 가
등기를 단독신청할 수 있다.

③ 가등기를 명하는 가처분명령은 부동산의 소재지를 관할하는 지방법원이 가등기권리자의
신청으로 가등기 원인사실의 소명이 있는 경우에 할 수 있다.

④ 가등기는 가등기권리자와 가등기의무자가 공동으로 신청하는 것이 원칙이다.

⑤ 가등기의 말소등기는 가등기명의인과 현재의 소유명의인이 공동으로 신청하는 것이 원
칙이다.

27
상중하
가등기

가등기에 관한 다음 설명 중 틀린 것은?

① 가등기에 의한 본등기를 한 경우 본등기의 순위는 가등기의 순위에 따른다.

② 가등기에 의한 본등기를 한 경우 본등기의 권리변동의 효력은 가등기시로 소급하지 아니
한다.

③ 가등기의 방식은 장래 행해질 본등기의 방식에 의하므로 전세권이전청구권의 가등기는
주등기로 한다.

④ 가등기에 의한 본등기를 함으로써 직권말소된 등기는 그 본등기가 말소되면 직권으로
회복된다.

⑤ 가등기가 불법말소 되어 회복등기를 하려고 하는 경우에 소유권이 이전된 경우라도 가
등기 말소 당시의 소유명의인을 상대로 회복등기를 할 수 있다.

Point

28
상중하
가등기의 절차

가등기에 관한 다음 설명 중 틀린 것은?

① 가등기를 할 때의 소유자와 본등기를 할 때의 소유자가 다른 경우 본등기의무자는 가등기
당시의 소유자이다.

② 가등기에 의하여 본등기를 할 때에는 별도의 순위번호를 부여하여야 한다.

③ 가등기에 의하여 본등기를 하면 가등기 이후 마쳐진 등기로서 본등기와 양립할 수 없는
등기는 직권말소 하여야 한다.

④ 직권말소 되는 등기의 명의인에게는 직권말소를 한 후에 통지하면 된다.

⑤ 가등기를 주등기로 하느냐 부기등기로 하느냐의 여부는 본등기의 방식을 따른다.

Point
29 소유권이전청구권의 가등기에 의한 본등기를 할 때 가등기 후 본등기 전에 실행된 다음 등기 중
상중하 직권말소 되는 등기는?
가등기
① 가등기상의 권리를 목적으로 하는 가압류나 가처분의 등기
② 가등기 전의 금전채권에 의하여 가등기 후에 기재된 가압류의 등기
③ 가등기 전에 마쳐진 저당권에 기하여 가등기 후에 기재된 임의경매개시의 등기
④ 가등기 전에 마쳐진 가압류에 기하여 가등기 후에 기재된 강제경매개시의 등기
⑤ 가등기권자에게 대항력은 가지나 가등기 후에 기재된 주택임차권의 등기

Point
30 전세권설정청구권의 가등기에 기하여 전세권설정등기가 된 경우 다음 중 직권말소 되는 등기는?
상중하
가등기
① 가등기 후에 마쳐진 담보가등기에 의한 임의경매개시의 등기
② 가등기 후에 마쳐진 가압류에 의한 강제경매개시의 등기
③ 가등기 후에 마쳐진 가압류의 등기
④ 가등기 후에 마쳐진 지역권설정의 등기
⑤ 가등기 후에 마쳐진 저당권의 등기

Point
31 저당권설정청구권의 가등기에 의하여 저당권설정등기가 된 경우 다음 중 직권말소 되는 등기는?
상중하
가등기
① 저당권설정청구권의 가등기 전에 마쳐진 저당권
② 저당권설정청구권의 가등기 후에 마쳐진 저당권
③ 저당권설정청구권의 가등기 전에 마쳐진 전세권
④ 저당권설정청구권의 가등기 전에 마쳐진 경매기입등기
⑤ 직권말소 되는 등기는 없다.

32 가등기

가등기에 관한 다음 내용 중 틀린 것은?

① 가등기를 한 후 본등기를 하지 못하고 가등기권리자가 사망한 경우 그 상속인은 상속등기를 생략하고 직접 상속인의 명의로 본등기를 하면 된다.

② 여러 사람의 가등기권자가 있는 경우 그 중 일부의 가등기권자는 자기의 가등기지분에 관하여 본등기를 신청할 수 있다.

③ 본등기시 신청정보에 첨부할 등기필증(또는 등기필정보)은 등기의무자의 권리에 관한 등기필증이며, 가등기의 등기필증은 첨부할 필요가 없다.

④ 가등기 후 소유권이 이전된 경우에도 본등기의무자는 가등기 당시의 소유자로 변함이 없다.

⑤ 소유권이전청구권의 가등기를 한 후 그 소유권이전청구권을 양도한 경우 이전등기는 주등기로 한다.

33 가등기

가등기에 관련한 설명이다. 옳은 것은?

① 가등기가처분명령에 의한 가등기는 가등기가처분명령을 내린 법원이 촉탁한다.

② 가등기에 의한 본등기가 되었을 때 본등기와 양립할 수 없는 중간처분의 등기를 직권말소하려는 등기관은 미리 말소되는 권리의 등기명의인에게 통지하여야 한다.

③ 가등기에 의한 본등기를 하면 중간처분의 등기는 모두 직권말소 된다.

④ 가등기의 말소는 가등기명의인이 단독으로 할 수 있고, 가등기의무자나 등기상 이해관계 있는 제3자도 가등기명의인의 승낙서를 첨부하여 단독으로 말소신청을 할 수 있다.

⑤ 전세권설정청구권의 가등기를 한 후 등기된 다른 전세권등기가 존재하면 다른 전세권등기를 말소하지 않는 한 전세권설정청구권의 가등기에 의한 본등기는 할 수 없다.

제6절 촉탁에 의한 등기

대표유형

1. 관공서의 촉탁등기에 관한 설명으로 틀린 것은? 제32회

① 관공서가 경매로 인하여 소유권이전등기를 촉탁하는 경우, 등기기록과 대장상의 부동산의 표시가 부합하지 않은 때에는 그 등기촉탁을 수리할 수 없다.

② 관공서가 등기를 촉탁하는 경우 우편에 의한 등기촉탁도 할 수 있다.

③ 등기의무자인 관공서가 등기권리자의 청구에 의하여 등기를 촉탁하는 경우, 등기의무자의 권리에 관한 등기필정보를 제공할 필요가 없다.

④ 등기권리자인 관공서가 부동산 거래의 주체로서 등기를 촉탁할 수 있는 경우라도 등기의무자와 공동으로 등기를 신청할 수 있다.

⑤ 촉탁에 따른 등기절차는 법률에 다른 규정이 없는 경우에는 신청에 따른 등기에 관한 규정을 준용한다.

해설 ① 등기기록과 대장상의 부동산의 표시가 부합하지 않은 때에는 당사자의 등기신청은 각하하여야 하나, 관공서의 등기촉탁은 각하할 수 없도록 예외를 인정하고 있으므로 수리하여야 한다. **A 정답 ①**

2. 甲소유인 A토지의 등기부에는 乙의 근저당권설정등기, 丙의 소유권이전등기청구권을 보전하기 위한 가처분등기, 丁의 가압류등기, 乙의 근저당권에 의한 임의경매개시결정의 등기가 각기 순차로 등기되어 있다. A토지에 대하여 丙이 甲을 등기의무자로 하여 소유권이전등기를 신청하는 경우에 관한 설명으로 옳은 것은? 제23회

① 丁의 가압류등기는 등기관이 직권으로 말소하여야 한다.

② 丁의 가압류등기의 말소를 丙이 단독으로 신청할 수 있다.

③ 丙의 가처분등기의 말소는 丙이 신청하여야 한다.

④ 丙의 가처분등기는 법원의 촉탁에 의하여 말소하여야 한다.

⑤ 丙의 乙의 근저당권에 의한 임의경매개시결정등기의 말소를 신청할 수 있다.

해설 가처분권자가 가처분에 의한 소유권의 이전이나 말소등기를 신청하는 경우

가처분 이후 제3자 명의의 등기 말소 ⇨	가처분에 의한 등기와 함께 단독신청 가능 (말소 후 지체 없이 통지)
그 가처분등기의 말소 ⇨	직권말소

A 정답 ②

34

상종해
촉탁에 의한 등기

관공서가 촉탁하는 경우이다. 틀린 것은?

① 관공서가 방문신청하는 경우에는 등기소에 출석하여야 한다.

② 관공서는 등기의무자이든 등기권리자이든 등기필정보는 제공할 필요가 없다.

③ 국가 또는 지방자치단체가 등기권리자인 경우에는 국가 또는 지방자치단체는 등기의무자의 승낙을 받아 해당 등기를 지체 없이 등기소에 촉탁하여야 한다.

④ 국가 또는 지방자치단체가 등기의무자인 경우에는 등기권리자의 청구에 따라 지체 없이 해당 등기를 등기소에 촉탁하여야 한다.

⑤ 관공서는 촉탁하지 않고 상대방과 함께 공동신청하는 것도 허용된다.

35

상중하
촉탁에 의한 등기

다음 중 틀린 것은?

① 경매개시결정의 등기와 매수인이 인수하지 아니하는 부담기입의 말소등기는 법원의 촉탁으로 이루어진다.

② 경매개시결정등기의 말소등기는 법원의 촉탁으로 이루어진다.

③ 경매절차에서 경락받은 매수인 명의로의 소유권이전등기는 매수인의 단독신청으로 이루어진다.

④ 관공서가 공매처분을 한 경우에 등기권리자의 청구가 있으면 지체 없이 공매처분으로 인한 권리이전의 등기를 촉탁하여야 한다.

⑤ 처분금지가처분의 등기는 법원의 촉탁으로 이루어지므로 당사자가 직접 신청할 수 없다.

36

상중하
촉탁에 의한 등기

다음 중 틀린 것은?

① 압류나 가압류 등의 등기는 개인이 직접 등기소에 신청할 수 없다.

② 처분금지가처분의 등기가 된 부동산도 소유권이전등기를 할 수 있다.

③ 미등기부동산에 압류등기의 촉탁이 있어도 직권으로 보존등기를 할 수는 없다.

④ 등기된 임차권에 대한 가압류등기는 불가능하다.

⑤ 처분제한의 등기는 관공서의 촉탁으로 실행되고 관공서의 촉탁으로 말소되는 것이 원칙이다.

37

상중하
가처분등기

가처분에 관한 다음 설명 중 틀린 것은?

① 가처분권리자가 소유권 이전등기를 신청하는 경우 가처분 이후에 기재된 제3자 명의의 등기는 가처분권리자의 단독신청으로 말소하는 것이 원칙이다.

② 가처분권리자가 소유권 이전등기를 신청하는 경우 가처분등기 전에 마쳐진 가압류에 의한 강제경매의 등기는 단독으로 말소신청할 수 없다.

③ 가처분권리자가 소유권 이전등기를 신청하는 경우 가처분등기 전에 마쳐진 저당권에 기한 임의경매의 등기는 단독으로 말소신청할 수 없다.

④ 가처분권리자가 소유권 이전등기를 신청하는 경우 가처분채권자에게 대항할 수 있는 주택임차권의 등기는 단독으로 말소신청할 수 없다.

⑤ 가처분권리자가 소유권 이전등기를 신청하는 경우 가처분등기 후에 마쳐진 저당권의 등기는 단독으로 말소신청할 수 없다.

제7절 | 이의신청

대표유형

등기관의 처분에 대한 이의신청에 관한 내용으로 틀린 것은? 제26회

① 이의신청은 새로운 사실이나 새로운 증거방법을 근거로 할 수 있다.

② 상속인이 아닌 자는 상속등기가 위법하다 하여 이의신청을 할 수 없다.

③ 이의신청은 구술이 아닌 서면으로 하여야 하며, 그 기간에는 제한이 없다.

④ 이의에는 집행정지의 효력이 없다.

⑤ 등기신청의 각하결정에 대한 이의신청은 등기관의 각하결정이 부당하다는 사유로 족하다.

해설 ① 이의신청은 새로운 사실이나 새로운 증거방법을 근거로 할 수 '없다'.

이의신청의 절차와 효력	① 이의신청의 제기: 관할 지방법원 ② 이의신청서의 제출: 당해 등기소(법원의 부담경감 목적) ③ 기간: 제한 없다. 이의의 이익이 있는 한 언제라도 가능 ④ 새로운 사실이나 증거방법으로 이의제기할 수 없다. ⑤ 이의는 집행정지의 효력이 없다. 그러므로, 법원은 이의에 대하여 결정하기 전에 가등기명령 또는 부기등기명령을 할 수 있다.
이의신청자	① 각하결정에 대한 이의: 등기신청인 가능, 제3자 불가능 ② 등기실행에 대한 이의: 등기신청인 가능, 제3자도 가능(절대무효사유인 29조 1호2호 위반등기일 때 이의신청 가능)

Ⓐ 정답 ①

Point
38
상중**하**
이의신청

등기신청의 이의에 대한 설명 중 틀린 것은?

① 이의신청은 관할 지방법원에 하되, 이의신청서는 등기소에 제출하여야 한다.

② 이의신청은 이익이 있으면 언제라도 가능하므로 이의신청의 기간에는 제한이 없다.

③ 새로운 사실이나 새로운 증거방법을 근거로 이의신청을 할 수는 없다.

④ 등기관은 이의가 이유 있다고 인정하면 그에 해당하는 처분을 하여야 한다.

⑤ 이의는 집행정지의 효력이 없으므로, 법원은 이의신청에 대하여 결정한 후에 가등기를 명할 수 있다.

39
상중**하**
이의신청

다음 중 틀린 것은?

① 등기신청의 각하결정에 대하여는 등기신청인이나 등기상 이해관계 있는 제3자가 이의신청을 할 수 있다.

② 등기관의 처분에 대하여 이의신청이 가능한 경우에는 소송으로 다툴 수 없다.

③ 등기관의 처분이 단순히 부당한 경우에도 이의신청을 할 수 있다.

④ 등기를 실행한 처분이 관할위반인 경우 이의신청을 할 수 있다.

⑤ 등기를 실행한 처분이 사건이 등기할 것이 아닌 경우에 해당하는 경우 이의신청을 할 수 있다.

Point
40
상중**하**
이의신청과 등기관의
조치

이의신청에 대한 다음 사항 중 틀린 것은?

① 등기관은 각하결정에 대한 이의가 이유 있다고 인정하면 그에 해당하는 처분을 하여야 한다.

② 등기관은 이의가 이유 없다고 인정하면 이의신청일부터 5일 이내에 의견을 붙여 이의신청서를 관할 지방법원에 보내야 한다.

③ 이미 마쳐진 등기에 대하여 법 제29조 제1호 및 제2호의 사유로 이의한 경우 등기관은 그 이의가 이유 있다고 인정하면 그 등기를 직권으로 말소한다.

④ 이미 마쳐진 등기에 대하여 법 제29조 제1호 및 제2호 외의 사유로 이의한 경우 등기관은 이의신청서를 관할 지방법원에 보내야 한다.

⑤ 관할 지방법원은 이의가 이유 있다고 인정하면 등기관에게 그에 해당하는 처분을 명령하고 그 뜻을 이의신청인과 등기상 이해관계 있는 자에게 알려야 한다.

대표유형

1. 등기절차에 관한 설명으로 틀린 것은? 제25회

① 법률에 다른 규정이 없으면, 촉탁에 따른 등기절차는 신청등기에 관한 규정을 준용한다.

② 외국인의 부동산등기용등록번호는 그 체류지를 관할하는 지방출입국·외국인관서의 장이 부여한다.

③ 등기원인에 권리소멸약정이 있으면, 그 약정의 등기는 부기로 한다.

④ 제공된 신청정보와 첨부정보는 영구보존하여야 한다.

⑤ 행정구역이 변경되면, 등기기록에 기록된 행정구역에 대하여 변경등기가 있는 것으로 본다.

해설 ④ 등기부와 그 부속서류(넓은 의미의 등기부 = 신탁원부/공동담보목록/도면/매매목록/폐쇄등기부)는 영구보존한다. 신청정보와 첨부정보는 보존기간이 5년이다. **A** 정답 ④

2. 부동산등기에 관한 설명으로 틀린 것은? 제32회

① 건물소유권의 공유지분 일부에 대하여는 전세권설정등기를 할 수 없다.

② 구분건물에 대하여는 전유부분마다 부동산고유번호를 부여한다.

③ 폐쇄한 등기기록에 대해서는 등기사항의 열람은 가능하지만 등기사항증명서의 발급은 청구할 수 없다.

④ 전세금을 증액하는 전세권변경등기는 등기상 이해관계 있는 제3자의 승낙 또는 이에 대항할 수 있는 재판의 등본이 없으면 부기등기가 아닌 주등기로 해야 한다.

⑤ 등기관이 부기등기를 할 때에는 주등기 또는 부기등기의 순위번호에 가지번호를 붙여서 하여야 한다.

해설 ③ 폐쇄한 등기기록에 대해서는 새로운 사항의 등기가 금지될 뿐, 등기사항의 열람이나 등기사항증명서의 발급은 모두 가능하다. **A** 정답 ③

01 등기절차에 관한 설명으로 틀린 것은?

상중하
혼합문제

① 법률에 다른 규정이 없으면, 촉탁에 따른 등기절차는 신청에 따른 등기에 관한 규정을 준용한다.

② 등기는 법률에 다른 규정이 없는 경우에는 등기권리자와 등기의무자가 공동으로 신청한다.

③ 5년 이내의 기간 동안 공유물의 분할을 금지하는 약정이 있으면, 그 약정의 등기는 주등기로 한다.

④ 등기의 신청은 1건당 1개의 부동산에 관한 신청정보를 제공하는 방법으로 하여야 한다.

⑤ 등기관이 소유권일부이전등기를 할 경우, 이전되는 지분을 기록해야 한다.

02 등기에 관한 내용으로 틀린 것은?

상중하
혼합문제

① 행정구역이 변경되면, 등기기록에 기록된 행정구역에 대하여 변경등기가 있는 것으로 본다.

② 위조한 인감증명에 의하여 등기가 이루어진 경우, 그 등기가 실체관계에 부합하면 유효하다.

③ 일정한 금액을 목적으로 하지 않는 채권의 담보를 위한 저당권설정등기신청의 경우, 그 채권의 평가액을 신청정보의 내용으로 등기소에 제공해야 한다.

④ 1동의 건물에 속하는 구분건물 중 일부만에 관하여 소유권보존등기를 신청하는 경우에는 나머지 구분건물의 표시에 관한 등기를 동시에 신청하여야 한다.

⑤ 집합건물에서 공용부분이라는 뜻을 정한 규약을 폐지한 경우에 공용부분의 취득자는 지체 없이 소유권이전등기를 신청하여야 한다.

03 등기에 관한 설명으로 틀린 것은? (다툼이 있으면 판례에 따름)

상중하
혼합문제

① 주택임차권등기명령에 따라 임차권등기가 된 경우, 그 등기에 기초한 임차권이전등기는 할 수 없다.

② 민법상 조합의 재산은 조합원 전원의 합유로 등기하여야 하며, 지분을 기재하지 않고 '합유'라는 뜻을 기록하여야 한다.

③ 전세권설정등기를 하기로 합의하였으나 당사자 신청의 착오로 임차권으로 등기된 경우, 그 불일치는 경정등기로 시정할 수 있다.

④ 권리자 甲을 乙 명의로 경정하는 등기는 할 수 없고, 권리자를 甲에서 甲과 乙의 공동소유로 경정하는 등기는 할 수 있다.

⑤ 외국인의 등록번호는 체류지(국내에 체류지가 없는 경우에는 대법원 소재지에 체류지가 있는 것으로 본다)를 관할하는 지방출입국·외국인관서의 장이 부여한다.

04 부동산등기에 관한 설명으로 옳은 것은?

상중하
혼합문제

① 토지대장상 이전등록을 받은 자는 이전등기를 하여야 하나, '국가'로부터 이전등록받은 자는 보존등기를 신청할 수 있다.

② 등기기록 중 같은 구(區)에서 등기한 권리의 순위는 접수번호에 따른다.

③ 등기명의인표시의 변경등기나 경정등기는 언제나 주등기로 한다.

④ 甲이 그 소유 부동산을 乙에게 매도하고 사망한 경우, 甲의 단독상속인 丙은 상속등기를 한 후 丙으로부터 乙로의 이전등기를 신청하여야 한다.

⑤ 구분건물로서 그 대지권의 변경이 있는 경우에는 구분건물의 소유권의 등기명의인은 1동의 건물에 속하는 다른 구분건물의 소유권의 등기명의인을 대위하여 그 변경등기를 신청할 수 없다.

05 부동산등기에 관한 설명으로 옳은 것을 모두 고른 것은?

상중하
혼합문제

㉠ 건물의 전부나 일부가 멸실한 경우에는 멸실등기를 신청하여야 한다.

㉡ 근저당권의 피담보채권이 확정되기 전에 근저당권의 이전등기를 하는 경우 등기원인은 계약양도나 계약의 일부양도, 계약가입 등으로 기재한다.

㉢ 압류등기의 촉탁이 있으면 등기관은 직권으로 소유권보존등기를 하여야 한다.

㉣ 근저당권이 설정된 후 소유권이 이전된 경우에 그 근저당권의 말소등기를 함에 있어서 등기권리자는 근저당권설정자 또는 제3취득자이다.

① ㉠, ㉢   ② ㉠, ㉣

③ ㉡, ㉣   ④ ㉠, ㉡, ㉣

⑤ ㉡, ㉢, ㉣

06 권리에 관한 등기의 설명으로 틀린 것은?

상중하
혼합문제

① 가등기는 채권적 청구권의 보전을 위해 하는 것이므로 표제부에는 실행되지 않는다.

② 권리의 변경등기는 등기상 이해관계가 있는 제3자가 없는 경우에는 주등기로 하여야 한다.

③ 등기부 갑구(甲區)의 등기사항 중 권리자가 2인 이상인 경우에는 권리자별 지분을 기록하여야 하고, 등기할 권리가 합유인 경우에는 그 뜻을 기록하여야 한다.

④ 등기의무자의 소재불명으로 말소등기를 공동신청할 수 없을 때 등기권리자는 공시최고를 신청하고 제권판결을 받아 단독으로 등기말소를 신청할 수 있다.

⑤ 등기의 말소를 신청하는 경우에 그 말소에 대하여 등기상 이해관계 있는 제3자가 있을 때에는 제3자의 승낙이 있어야 한다.

07 부동산등기에 관한 설명으로 틀린 것은?

상중하
혼합문제

① 규약에 따라 공용부분으로 등기된 후 그 규약이 폐지된 경우, 그 공용부분 취득자는 지체 없이 소유권보존등기를 신청하여야 한다.

② 등기상 이해관계 있는 제3자의 승낙을 받아 말소등기를 할 때 등기상 이해관계 있는 제3자 명의의 등기는 직권으로 말소한다.

③ 존재하지 아니하는 건물에 대한 등기가 있을 때 그 소유권의 등기명의인은 지체 없이 그 건물의 멸실등기를 신청하여야 한다.

④ 건물이나 토지가 멸실하면 그 소유권의 등기명의인은 1개월 이내에 멸실등기를 신청하여야 한다.

⑤ 말소된 등기의 회복을 신청하는 경우에 등기상 이해관계 있는 제3자의 승낙이 있으면 부기등기로, 승낙이 없으면 주등기로 하여야 한다.

08 등기에 관한 내용 중 옳은 것을 모두 고른 것은?

상중하
혼합문제

> ㉠ 공유물분할금지약정의 등기는 공유자 전원이 공동신청 하여야 한다.
> ㉡ 법인 아닌 사단이나 재단은 직접 방문신청을 할 수는 있으나, 직접 전자신청을 할 수는 없다.
> ㉢ 수용으로 인한 소유권이전등기는 등기권리자와 등기의무자가 공동신청한다.
> ㉣ 합유자 전원의 동의를 받으면 합유지분의 이전등기를 신청할 수 있다.

① ㉠, ㉡   ② ㉠, ㉢

③ ㉠, ㉡, ㉢   ④ ㉠, ㉡, ㉣

⑤ ㉠, ㉡, ㉢, ㉣

09 부동산등기에 관한 설명으로 틀린 것은?

상<u>중</u>하
혼합문제

① 토지를 분할하지 않고 그 일부에 전세권설정등기를 신청할 수 있다.

② 공유자 甲이 가지는 1/2지분을 목적으로 임차권설정등기를 신청할 수 없다.

③ 법인의 합병을 원인으로 하는 소유권이전등기의 신청은 합병 후 존속하는 법인이 단독신청할 수 있다.

④ 승역지등기기록에 지역권설정등기를 한 경우에 요역지등기기록에 하는 지역권등기는 직권으로 이루어진다.

⑤ 가등기는 언제나 주등기로 이루어진다.

10 다음 중 등기상 이해관계인에 해당하는 것은?

상<u>중</u>하
혼합문제

① 선순위 소유권의 말소등기를 할 때 후순위 소유권자

② 선순위 소유권의 말소회복등기를 할 때 현재의 소유권자

③ 지상권이 불법 말소된 후 전세권등기가 실행되고, 불법말소된 지상권등기를 회복할 때 전세권 등기명의인

④ 후순위 근저당권의 채권최고액이 증액되는 변경등기를 할 때 선순위 전세권자

⑤ 선순위 근저당권의 채권최고액이 증액되는 변경등기를 할 때 후순위 전세권자

11 신탁등기와 관련된 다음 내용 중 틀린 것은?

상<u>중</u>하
혼합문제

① 신탁등기는 위탁자와 수탁자가 공동으로 신청하여야 한다.

② 신탁을 원인으로 하는 소유권이전등기와 신탁의 등기는 동시에 신청하여야 한다.

③ 신탁부동산은 수탁자의 소유에 속하므로 위탁자의 채권자가 저당권등기를 신청하면 각하하여야 한다.

④ 신탁등기를 위탁자나 수익자가 대위신청할 때에는 동시신청할 필요는 없다.

⑤ 부동산 여러 개가 일괄신탁된 경우에도 신탁원부는 부동산마다 별개로 등기관이 작성하여야 한다.

12
혼합문제

등기에 관한 다음의 내용 중 틀린 것은?

① 등기의 말소에 대하여 이해관계 있는 제3자가 그 말소에 대하여 승낙한 경우 등기관은 제3자 명의의 등기를 직권으로 말소한다.

② 甲, 乙, 丙의 순으로 순차 소유권이전등기가 되어 있는 상태에서 乙 명의의 소유권이전등기의 말소등기를 신청할 때는 丙의 승낙이 있어야 한다.

③ 부동산의 일부에 대한 소유권이전등기의 말소등기절차이행을 명한 판결에 기하여 말소등기를 하려면 분할절차를 밟은 후 말소등기를 하여야 한다.

④ 등기사항의 전부에 대하여 착오가 있는 경우에는 경정등기를 할 수 없고 말소등기를 하여야 한다.

⑤ 임차권설정등기가 마쳐진 후 그 등기신청에 착오가 있음을 이유로 전세권설정등기로 경정하여 달라는 등기신청은 허용되지 않는다.

13
혼합문제

다음 중 등기관이 직권으로 할 수 있는 등기가 아닌 것은?

① 소유권말소등기청구권보전의 가처분권리자가 본안사건에서 승소하여 그 확정판결의 정본을 첨부하여 소유권말소등기를 신청하는 경우 그 가처분등기 이후에 실행된 제3자 명의의 소유권이전등기의 말소

② 가처분권리자가 승소하여 등기가 된 경우 당해 가처분등기의 말소

③ 가등기에 기한 본등기를 하는 경우 본등기와 양립할 수 없는 중간처분등기의 말소등기

④ 가압류채권자 甲이 신청하여 마쳐진 가압류등기의 말소

⑤ 대지권의 등기를 하는 때에 토지등기부에 하는 대지권인 뜻의 등기

14 등기에 관한 설명으로 옳은 것을 모두 고른 것은?

상중하
혼합문제

ㄱ 공동상속인 전원이 신청하는 상속등기는 공동신청이다.
ㄴ 수용으로 인한 소유권이전등기를 하는 경우, 등기권리자는 그 목적물에 설정되어 있는 전세권설정등기의 말소등기를 단독으로 신청하여야 한다.
ㄷ 이행판결에 의한 등기는 승소한 등기권리자나 패소한 등기의무자가 단독으로 신청할 수 있다.
ㄹ 공유물분할판결이 확정되면 등기없이 권리를 취득하나, 처분하기 위하여 등기를 신청할 때에는 원고나 피고가 단독신청할 수 있다.
ㅁ 포괄유증이나 특정유증을 원인으로 하는 소유권이전등기는 공동신청한다.

① ㄱ, ㄷ
② ㄹ, ㅁ
③ ㄴ, ㄹ
④ ㄱ, ㄴ, ㅁ
⑤ ㄱ, ㄹ, ㅁ

15 소유권이전등기에 관한 다음의 내용 중에서 틀린 것은?

상중하
혼합문제

① 유증을 원인으로 하는 소유권이전등기는 공동신청 하여야 한다.
② 상속등기를 한 후 상속재산의 분할협의를 한 경우에는 소유권경정등기를 하여야 한다.
③ 미등기부동산을 특정유증받은 자는 직접 자기명의로 보존등기를 할 수 있다.
④ 상속이나 법인의 합병을 원인으로 한 소유권이전등기는 단독신청한다.
⑤ 진정명의회복을 원인으로 하는 소유권이전등기의 등기원인은 '진정명의회복'으로 기록하나, 등기원인일자는 기록하지 않는다.

부록

제34회 기출문제

* 제34회 공인중개사 문제와 정답 원안입니다(출제 당시 법령 기준).

01 공간정보의 구축 및 관리 등에 관한 법령상 지적측량 수행자가 지적측량 의뢰를 받은 때 그 다음날까지 지적소관청에 제출하여야 하는 것으로 옳은 것은?

① 지적측량 수행계획서
② 지적측량 의뢰서
③ 토지이동현황 조사계획서
④ 토지이동 정리결의서
⑤ 지적측량 결과서

02 공간정보의 구축 및 관리 등에 관한 법령상 도시개발사업 등의 시행자가 그 사업의 착수·변경 및 완료 사실을 지적소관청에 신고하여야 하는 사업으로 틀린 것은?

① 「공공주택 특별법」에 따른 공공주택지구 조성사업
② 「도시 및 주거환경정비법」에 따른 정비사업
③ 「택지개발촉진법」에 따른 택지개발사업
④ 「지역 개발 및 지원에 관한 법률」에 따른 지역개발사업
⑤ 「지적재조사에 관한 특별법」에 따른 지적재조사사업

03 공간정보의 구축 및 관리 등에 관한 법령상 지목의 구분으로 옳은 것은?

① 온수·약수·석유류 등을 일정한 장소로 운송하는 송수관·송유관 및 저장시설의 부지는 "광천지"로 한다.
② 일반 공중의 종교의식을 위하여 예배·법요·설교·제사 등을 하기 위한 교회·사찰·향교 등 건축물의 부지와 이에 접속된 부속시설물의 부지는 "사적지"로 한다.
③ 자연의 유수(流水)가 있거나 있을 것으로 예상되는 토지는 "구거"로 한다.
④ 제조업을 하고 있는 공장시설물의 부지와 같은 구역에 있는 의료시설 등 부속시설물의 부지는 "공장용지"로 한다.
⑤ 일반 공중의 보건·휴양 및 정서생활에 이용하기 위한 시설을 갖춘 토지로서 「국토의 계획 및 이용에 관한 법률」에 따라 공원 또는 녹지로 결정·고시된 토지는 "체육용지"로 한다.

04 공간정보의 구축 및 관리 등에 관한 법령상 지적도의 축척이 600분의 1인 지역에서 신규등록할 1필지의 면적을 측정한 값이 145.450m²인 경우 토지대장에 등록하는 면적의 결정으로 옳은 것은?

① 145m²
② 145.4m²
③ 145.45m²
④ 145.5m²
⑤ 146m²

05 공간정보의 구축 및 관리 등에 관한 법령상 대지권등록부와 경계점좌표등록부의 공통 등록 사항을 모두 고른 것은?

㉠ 지번
㉡ 소유자의 성명 또는 명칭
㉢ 토지의 소재
㉣ 토지의 고유번호
㉤ 지적도면의 번호

① ㉠, ㉢, ㉣
② ㉢, ㉣, ㉤
③ ㉠, ㉡, ㉢, ㉣
④ ㉠, ㉡, ㉢, ㉤
⑤ ㉠, ㉡, ㉣, ㉤

06 공간정보의 구축 및 관리 등에 관한 법령상 지적소관청이 토지소유자에게 지적정리 등을 통지하여야 하는 시기에 대한 설명이다. (   )에 들어갈 내용으로 옳은 것은?

• 토지의 표시에 관한 변경등기가 필요하지 아니한 경우: (㉠)에 등록한 날부터 (㉡) 이내
• 토지의 표시에 관한 변경등기가 필요한 경우: 그 (㉢)를 접수한 날부터 (㉣) 이내

① ㉠: 등기완료의 통지서, ㉡: 15일, ㉢: 지적공부, ㉣: 7일
② ㉠: 등기완료의 통지서, ㉡: 7일, ㉢: 지적공부, ㉣: 15일
③ ㉠: 지적공부, ㉡: 7일, ㉢: 등기완료의 통지서, ㉣: 15일
④ ㉠: 지적공부, ㉡: 10일, ㉢: 등기완료의 통지서, ㉣: 15일
⑤ ㉠: 지적공부, ㉡: 15일, ㉢: 등기완료의 통지서, ㉣: 7일

07 공간정보의 구축 및 관리 등에 관한 법령상 지적삼각보조점성과의 등본을 발급받으려는 경우 그 신청기관으로 옳은 것은?

① 시·도지사
② 시·도지사 또는 지적소관청
③ 지적소관청
④ 지적소관청 또는 한국국토정보공사
⑤ 한국국토정보공사

08 공간정보의 구축 및 관리 등에 관한 법령상 지적소관청은 축척변경에 따른 청산금의 납부 및 지급이 완료되었을 때 지체 없이 축척변경의 확정공고를 하여야 한다. 이 경우 확정공고에 포함되어야 할 사항으로 틀린 것은?

① 토지의 소재 및 지역명   ② 축척변경 지번별 조서
③ 청산금 조서   ④ 지적도의 축척
⑤ 지역별 제곱미터당 금액조서

09 공간정보의 구축 및 관리 등에 관한 법령상 중앙지적위원회의 구성 및 회의 등에 관한 설명으로 옳은 것을 모두 고른 것은?

> ㉠ 중앙지적위원회의 간사는 국토교통부의 지적업무담당 공무원 중에서 지적업무 담당 국장이 임명하며, 회의 준비, 회의록 작성 및 회의 결과에 따른 업무 등 중앙지적위원회의 서무를 담당한다.
> ㉡ 중앙지적위원회의 회의는 재적위원 과반수의 출석으로 개의(開議)하고, 출석위원 과반수의 찬성으로 의결한다.
> ㉢ 중앙지적위원회는 관계인을 출석하게 하여 의견을 들을 수 있으며, 필요하면 현지조사를 할 수 있다.
> ㉣ 위원장이 중앙지적위원회의 회의를 소집할 때에는 회의 일시·장소 및 심의 안건을 회의 7일 전까지 각 위원에게 서면으로 통지하여야 한다.

① ㉠, ㉡   ② ㉡, ㉢   ③ ㉠, ㉡, ㉢
④ ㉠, ㉢, ㉣   ⑤ ㉡, ㉢, ㉣

10 공간정보의 구축 및 관리 등에 관한 법령상 지적측량의 측량기간 및 검사기간에 대한 설명이다. (   )에 들어갈 내용으로 옳은 것은? (단, 지적측량 의뢰인과 지적측량수행자가 서로 합의하여 따로 기간을 정하는 경우는 제외함)

> 지적측량의 측량기간은 (㉠)일로 하며, 측량검사 기간은 (㉡)일로 한다. 다만, 지적기준점을 설치하여 측량 또는 측량검사를 하는 경우 지적기준점이 15점 이하인 경우에는 (㉢)일을, 15점을 초과하는 경우에는 (㉣)일에 15점을 초과하는 (㉤)점마다 1일을 가산한다.

① ㉠: 4, ㉡: 4, ㉢: 4, ㉣: 4, ㉤: 3
② ㉠: 5, ㉡: 4, ㉢: 4, ㉣: 4, ㉤: 4
③ ㉠: 5, ㉡: 4, ㉢: 4, ㉣: 5, ㉤: 3
④ ㉠: 5, ㉡: 4, ㉢: 5, ㉣: 5, ㉤: 4
⑤ ㉠: 6, ㉡: 5, ㉢: 5, ㉣: 5, ㉤: 3

11 공간정보의 구축 및 관리 등에 관한 법령상 지적소관청은 축척변경 확정공고를 하였을 때에는 지체 없이 축척변경에 따라 확정된 사항을 지적공부에 등록하여야 한다. 이 경우 토지대장에 등록하는 기준으로 옳은 것은?

① 축척변경 확정측량 결과도에 따른다.
② 청산금납부고지서에 따른다.
③ 토지이동현황 조사계획서에 따른다.
④ 확정공고된 축척변경 지번별 조서에 따른다.
⑤ 축척변경 시행계획에 따른다.

12 공간정보의 구축 및 관리 등에 관한 법령상 지상경계점등록부의 등록사항으로 틀린 것은?

① 지적도면의 번호
② 토지의 소재
③ 공부상 지목과 실제 토지이용 지목
④ 경계점의 사진 파일
⑤ 경계점표지의 종류 및 경계점 위치

13 등기신청에 관한 설명으로 틀린 것은?

① 정지조건이 붙은 유증을 원인으로 소유권이전등기를 신청하는 경우, 조건성취를 증명하는 서면을 첨부하여야 한다.

② 사립대학이 부동산을 기증받은 경우, 학교 명의로 소유권이전등기를 할 수 있다.

③ 법무사는 매매계약에 따른 소유권이전등기를 매도인과 매수인 쌍방을 대리하여 신청할 수 있다.

④ 법인 아닌 사단인 종중이 건물을 매수한 경우, 종중의 대표자는 종중 명의로 소유권이전등기를 신청할 수 있다.

⑤ 채권자대위권에 의한 등기신청의 경우, 대위채권자는 채무자의 등기신청권을 자기의 이름으로 행사한다.

14 부동산등기법상 등기할 수 없는 것을 모두 고른 것은?

> ㉠ 분묘기지권　　　　　　　　　　㉡ 전세권저당권
> ㉢ 주위토지통행권　　　　　　　　㉣ 구분지상권

① ㉠, ㉢　　　　　　　② ㉡, ㉣　　　　　　　③ ㉠, ㉡, ㉢

④ ㉠, ㉢, ㉣　　　　　⑤ ㉡, ㉢, ㉣

15 등기한 권리의 순위에 관한 설명으로 틀린 것은? (다툼이 있으면 판례에 따름)

① 부동산에 대한 가압류등기와 저당권설정등기 상호간의 순위는 접수번호에 따른다.

② 2번 저당권이 설정된 후 1번 저당권 일부이전의 부기등기가 이루어진 경우, 배당에 있어서 그 부기등기가 2번 저당권에 우선한다.

③ 위조된 근저당권해지증서에 의해 1번 근저당권등기가 말소된 후 2번 근저당권이 설정된 경우, 말소된 1번 근저당권등기가 회복되더라도 2번 근저당권이 우선한다.

④ 가등기 후에 제3자 명의의 소유권이전등기가 이루어진 경우, 가등기에 기한 본등기가 이루어지면 본등기는 제3자 명의 등기에 우선한다.

⑤ 집합건물 착공 전의 나대지에 대하여 근저당권이 설정된 경우, 그 근저당권등기는 집합건물을 위한 대지권등기에 우선한다.

16 등기신청을 위한 첨부정보에 관한 설명으로 옳은 것을 모두 고른 것은?

> ㉠ 토지에 대한 표시변경등기를 신청하는 경우, 등기원인을 증명하는 정보로서 토지대장정보를 제공하면 된다.
> ㉡ 매매를 원인으로 소유권이전등기를 신청하는 경우, 등기의무자의 주소를 증명하는 정보도 제공하여야 한다.
> ㉢ 상속등기를 신청하면서 등기원인을 증명하는 정보로서 상속인 전원이 참여한 공정증서에 의한 상속재산분할협의서를 제공하는 경우, 상속인들의 인감증명을 제출할 필요가 없다.
> ㉣ 농지에 대한 소유권이전등기를 신청하는 경우, 등기원인을 증명하는 정보가 집행력 있는 판결인 때에는 특별한 사정이 없는 한 농지취득자격증명을 첨부하지 않아도 된다.

① ㉠, ㉡
② ㉢, ㉣
③ ㉠, ㉡, ㉢
④ ㉠, ㉢, ㉣
⑤ ㉡, ㉢, ㉣

17 등기관이 용익권의 등기를 하는 경우에 관한 설명으로 옳은 것은?

① 1필 토지 전부에 지상권설정등기를 하는 경우, 지상권 설정의 범위를 기록하지 않는다.
② 지역권의 경우, 승역지의 등기기록에 설정의 목적, 범위 등을 기록할 뿐, 요역지의 등기기록에는 지역권에 관한 등기사항을 기록하지 않는다.
③ 전세권의 존속기간이 만료된 경우, 그 전세권설정등기를 말소하지 않고 동일한 범위를 대상으로 하는 다른 전세권설정등기를 할 수 있다.
④ 2개의 목적물에 하나의 전세권설정계약으로 전세권설정등기를 하는 경우, 공동전세목록을 작성하지 않는다.
⑤ 차임이 없이 보증금의 지급만을 내용으로 하는 채권적 전세의 경우, 임차권설정등기기록에 차임 및 임차보증금을 기록하지 않는다.

18 등기관이 근저당권등기를 하는 경우에 관한 설명으로 틀린 것은?

① 채무자의 성명, 주소 및 주민등록번호를 등기기록에 기록하여야 한다.

② 채무자가 수인인 경우라도 채무자별로 채권최고액을 구분하여 기록할 수 없다.

③ 신청정보의 채권최고액이 외국통화로 표시된 경우, 외화표시금액을 채권최고액으로 기록한다.

④ 선순위근저당권의 채권최고액을 감액하는 변경등기는 그 저당목적물에 관한 후순위권리자의 승낙서가 첨부되지 않더라도 할 수 있다.

⑤ 수용으로 인한 소유권이전등기를 하는 경우, 특별한 사정이 없는 한 그 부동산의 등기기록 중 근저당권등기는 직권으로 말소하여야 한다.

19 가등기에 관한 설명으로 틀린 것은?

① 가등기로 보전하려는 등기청구권이 해제조건부인 경우에는 가등기를 할 수 없다.

② 소유권이전청구권 가등기는 주등기의 방식으로 한다.

③ 가등기는 가등기권리자와 가등기의무자가 공동으로 신청할 수 있다.

④ 가등기에 기한 본등기를 금지하는 취지의 가처분등기의 촉탁이 있는 경우, 등기관은 이를 각하하여야 한다.

⑤ 소유권이전청구권 가등기에 기하여 본등기를 하는 경우, 등기관은 그 가등기를 말소하는 표시를 하여야 한다.

20 등기관의 처분에 대한 이의신청에 관한 설명으로 틀린 것은?

① 등기신청인이 아닌 제3자는 등기신청의 각하결정에 대하여 이의신청을 할 수 없다.

② 이의신청은 대법원규칙으로 정하는 바에 따라 관할 지방법원에 이의신청서를 제출하는 방법으로 한다.

③ 이의신청기간에는 제한이 없으므로 이의의 이익이 있는 한 언제라도 이의신청을 할 수 있다.

④ 등기관의 처분시에 주장하거나 제출하지 아니한 새로운 사실을 근거로 이의신청을 할 수 없다.

⑤ 등기관의 처분에 대한 이의신청이 있더라도 그 부동산에 대한 다른 등기신청은 수리된다.

21 부동산등기법 제29조 제2호의 '사건이 등기할 것이 아닌 경우'에 해당하는 것을 모두 고른 것은? (다툼이 있으면 판례에 따름)

> ㉠ 위조한 개명허가서를 첨부한 등기명의인 표시변경등기신청
> ㉡ 「하천법」상 하천에 대한 지상권설정등기신청
> ㉢ 법령에 근거가 없는 특약사항의 등기신청
> ㉣ 일부지분에 대한 소유권보존등기신청

① ㉠　　　　　　　　　　　　　　② ㉠, ㉡
③ ㉢, ㉣　　　　　　　　　　　　④ ㉡, ㉢, ㉣
⑤ ㉠, ㉡, ㉢, ㉣

22 구분건물의 등기에 관한 설명으로 틀린 것은?

① 대지권의 표시에 관한 사항은 전유부분의 등기기록 표제부에 기록하여야 한다.
② 토지전세권이 대지권인 경우에 대지권이라는 뜻의 등기가 되어 있는 토지의 등기기록에는 특별한 사정이 없는 한 저당권설정등기를 할 수 없다.
③ 대지권의 변경이 있는 경우, 구분건물의 소유권의 등기명의인은 1동의 건물에 속하는 다른 구분건물의 소유권의 등기명의인을 대위하여 대지권변경등기를 신청할 수 있다.
④ 1동의 건물에 속하는 구분건물 중 일부만에 관하여 소유권보존등기를 신청하는 경우에는 나머지 구분건물의 표시에 관한 등기를 동시에 신청하여야 한다.
⑤ 집합건물의 규약상 공용부분이라는 뜻을 정한 규약을 폐지한 경우, 그 공용부분의 취득자는 소유권이전등기를 신청하여야 한다.

23 소유권등기에 관한 설명으로 틀린 것은? (다툼이 있으면 판례에 따름)

① 미등기 건물의 건축물대장상 소유자로부터 포괄유증을 받은 자는 자기명의로 소유권보존등기를 신청할 수 있다.

② 미등기 부동산이 전전양도된 경우, 최후의 양수인이 소유권보존등기를 한 때에도 그 등기가 결과적으로 실질적 법률관계에 부합된다면, 특별한 사정이 없는 한 그 등기는 무효라고 볼 수 없다.

③ 미등기 토지에 대한 소유권을 군수의 확인에 의해 증명한 자는 그 토지에 대한 소유권보존등기를 신청할 수 있다.

④ 특정유증을 받은 자로서 아직 소유권등기를 이전받지 않은 자는 직접 진정명의회복을 원인으로 한 소유권이전등기를 청구할 수 없다.

⑤ 부동산 공유자의 공유지분 포기에 따른 등기는 해당지분에 관하여 다른 공유자 앞으로 소유권이전등기를 하는 형태가 되어야 한다.

24 등기필정보에 관한 설명으로 옳은 것은?

① 등기필정보는 아라비아 숫자와 그 밖의 부호의 조합으로 이루어진 일련번호와 비밀번호로 구성한다.

② 법정대리인이 등기를 신청하여 본인이 새로운 권리자가 된 경우, 등기필정보는 특별한 사정이 없는 한 본인에게 통지된다.

③ 등기절차의 인수를 명하는 판결에 따라 승소한 등기의무자가 단독으로 등기를 신청하는 경우, 등기필정보를 등기소에 제공할 필요가 없다.

④ 등기권리자의 채권자가 등기권리자를 대위하여 등기신청을 한 경우, 등기필정보는 그 대위채권자에게 통지된다.

⑤ 등기명의인의 포괄승계인은 등기필정보의 실효신고를 할 수 없다.

Answer									
01 ①	02 ⑤	03 ④	04 ②	05 ①	06 ③	07 ③	08 ⑤	09 ②	10 ②
11 ④	12 ①	13 ②	14 ①	15 ③	16 ③	17 ④	18 ①	19 ⑤	20 ②
21 ④	22 ②, ⑤	23 ③	24 ①						

방송
시간표

방송대학TV

▶ 기본이론 방송
▶ 문제풀이 방송
▶ 모의고사 방송

※ 본 방송기간 및 방송시간은 사정에
 의해 변동될 수 있습니다.

TV방송 편성표

기본이론 방송 (1강 30분, 총 75강)

순서	날짜	요일	과목	순서	날짜	요일	과목
1	1. 15	월	부동산학개론 1강	39	4. 10	수	부동산공시법령 7강
2	1. 16	화	민법·민사특별법 1강	40	4. 15	월	부동산세법 5강
3	1. 17	수	공인중개사법·중개실무 1강	41	4. 16	화	부동산학개론 8강
4	1. 22	월	부동산공법 1강	42	4. 17	수	민법·민사특별법 8강
5	1. 23	화	부동산공시법령 1강	43	4. 22	월	공인중개사법·중개실무 8강
6	1. 24	수	부동산학개론 2강	44	4. 23	화	부동산공법 8강
7	1. 29	월	민법·민사특별법 2강	45	4. 24	수	부동산공시법령 8강
8	1. 30	화	공인중개사법·중개실무 2강	46	4. 29	월	부동산세법 6강
9	1. 31	수	부동산공법 2강	47	4. 30	화	부동산학개론 9강
10	2. 5	월	부동산공시법령 2강	48	5. 1	수	민법·민사특별법 9강
11	2. 6	화	부동산학개론 3강	49	5. 6	월	공인중개사법·중개실무 9강
12	2. 7	수	민법·민사특별법 3강	50	5. 7	화	부동산공법 9강
13	2. 12	월	공인중개사법·중개실무 3강	51	5. 8	수	부동산공시법령 9강
14	2. 13	화	부동산공법 3강	52	5. 13	월	부동산세법 7강
15	2. 14	수	부동산공시법령 3강	53	5. 14	화	부동산학개론 10강
16	2. 19	월	부동산세법 1강	54	5. 15	수	민법·민사특별법 10강
17	2. 20	화	부동산학개론 4강	55	5. 20	월	공인중개사법·중개실무 10강
18	2. 21	수	민법·민사특별법 4강	56	5. 21	화	부동산공법 10강
19	2. 26	월	공인중개사법·중개실무 4강	57	5. 22	수	부동산공시법령 10강
20	2. 27	화	부동산공법 4강	58	5. 27	월	부동산세법 8강
21	2. 28	수	부동산공시법령 4강	59	5. 28	화	부동산학개론 11강
22	3. 4	월	부동산세법 2강	60	5. 29	수	민법·민사특별법 11강
23	3. 5	화	부동산학개론 5강	61	6. 3	월	부동산공법 11강
24	3. 6	수	민법·민사특별법 5강	62	6. 4	화	부동산세법 9강
25	3. 11	월	공인중개사법·중개실무 5강	63	6. 5	수	부동산학개론 12강
26	3. 12	화	부동산공법 5강	64	6. 10	월	민법·민사특별법 12강
27	3. 13	수	부동산공시법령 5강	65	6. 11	화	부동산공법 12강
28	3. 18	월	부동산세법 3강	66	6. 12	수	부동산세법 10강
29	3. 19	화	부동산학개론 6강	67	6. 17	월	부동산학개론 13강
30	3. 20	수	민법·민사특별법 6강	68	6. 18	화	민법·민사특별법 13강
31	3. 25	월	공인중개사법·중개실무 6강	69	6. 19	수	부동산공법 13강
32	3. 26	화	부동산공법 6강	70	6. 24	월	부동산학개론 14강
33	3. 27	수	부동산공시법령 6강	71	6. 25	화	민법·민사특별법 14강
34	4. 1	월	부동산세법 4강	72	6. 26	수	부동산공법 14강
35	4. 2	화	부동산학개론 7강	73	7. 1	월	부동산학개론 15강
36	4. 3	수	민법·민사특별법 7강	74	7. 2	화	민법·민사특별법 15강
37	4. 8	월	공인중개사법·중개실무 7강	75	7. 3	수	부동산공법 15강
38	4. 9	화	부동산공법 7강				

과목별 강의 수
부동산학개론: 15강 / 민법·민사특별법: 15강
공인중개사법·중개실무: 10강 / 부동산공법: 15강 / 부동산공시법령: 10강 / 부동산세법: 10강

방송대학TV 방송기간 문제풀이: 2024. 7. 8 ~ 8. 21 모의고사: 2024. 8. 26 ~ 10. 2
방송시간 ┌ 본방송: 월~수 오전 7시 ~ 7시 30분
        └ 재방송: 토 오전 6시 ~ 7시 30분(3회 연속방송)

TV방송 편성표

문제풀이 방송(1강 30분, 총 21강)

순서	날짜	요일	과목	순서	날짜	요일	과목
1	7. 8	월	부동산학개론 1강	12	7. 31	수	부동산세법 2강
2	7. 9	화	민법·민사특별법 1강	13	8. 5	월	부동산학개론 3강
3	7. 10	수	공인중개사법·중개실무 1강	14	8. 6	화	민법·민사특별법 3강
4	7. 15	월	부동산공법 1강	15	8. 7	수	공인중개사법·중개실무 3강
5	7. 16	화	부동산공시법령 1강	16	8. 12	월	부동산공법 3강
6	7. 17	수	부동산세법 1강	17	8. 13	화	부동산공시법령 3강
7	7. 22	월	부동산학개론 2강	18	8. 14	수	부동산세법 3강
8	7. 23	화	민법·민사특별법 2강	19	8. 19	월	부동산학개론 4강
9	7. 24	수	공인중개사법·중개실무 2강	20	8. 20	화	민법·민사특별법 4강
10	7. 29	월	부동산공법 2강	21	8. 21	수	부동산공법 4강
11	7. 30	화	부동산공시법령 2강				

과목별 강의 수	부동산학개론: 4강 / 민법·민사특별법: 4강 공인중개사법·중개실무: 3강 / 부동산공법: 4강 / 부동산공시법령: 3강 / 부동산세법: 3강

모의고사 방송(1강 30분, 총 18강)

순서	날짜	요일	과목	순서	날짜	요일	과목
1	8. 26	월	부동산학개론 1강	10	9. 16	월	부동산공법 2강
2	8. 27	화	민법·민사특별법 1강	11	9. 17	화	부동산공시법령 2강
3	8. 28	수	공인중개사법·중개실무 1강	12	9. 18	수	부동산세법 2강
4	9. 2	월	부동산공법 1강	13	9. 23	월	부동산학개론 3강
5	9. 3	화	부동산공시법령 1강	14	9. 24	화	민법·민사특별법 3강
6	9. 4	수	부동산세법 1강	15	9. 25	수	공인중개사법·중개실무 3강
7	9. 9	월	부동산학개론 2강	16	9. 30	월	부동산공법 3강
8	9. 10	화	민법·민사특별법 2강	17	10. 1	화	부동산공시법령 3강
9	9. 11	수	공인중개사법·중개실무 2강	18	10. 2	수	부동산세법 3강

과목별 강의 수	부동산학개론: 3강 / 민법·민사특별법: 3강 공인중개사법·중개실무: 3강 / 부동산공법: 3강 / 부동산공시법령: 3강 / 부동산세법: 3강

연구 집필위원

양진영	박윤모	강철의	임의섭	이승현
이강술	홍승한	이영진	구갑성	김의열

제35회 공인중개사 시험대비 **전면개정판**

2024 박문각 공인중개사
합격예상문제 2차 부동산공시법령

초판인쇄 | 2024. 4. 1. **초판발행** | 2024. 4. 5. **편저** | 박문각 부동산교육연구소
발행인 | 박 용 **발행처** | (주)박문각출판 **등록** | 2015년 4월 29일 제2015-000104호
주소 | 06654 서울시 서초구 효령로 283 서경 B/D 4층 **팩스** | (02)584-2927
전화 | 교재 주문 (02)6466-7202, 동영상문의 (02)6466-7201

판 권
본 사
소 유

정가 26,000원
ISBN 979-11-6987-925-5 | ISBN 979-11-6987-922-4(2차 세트)

박문각 출판 홈페이지에서
공인중개사 정오표를 활용하세요!

보다 빠르고, 편리하게 법령의 제·개정 내용을 확인하실 수 있습니다.

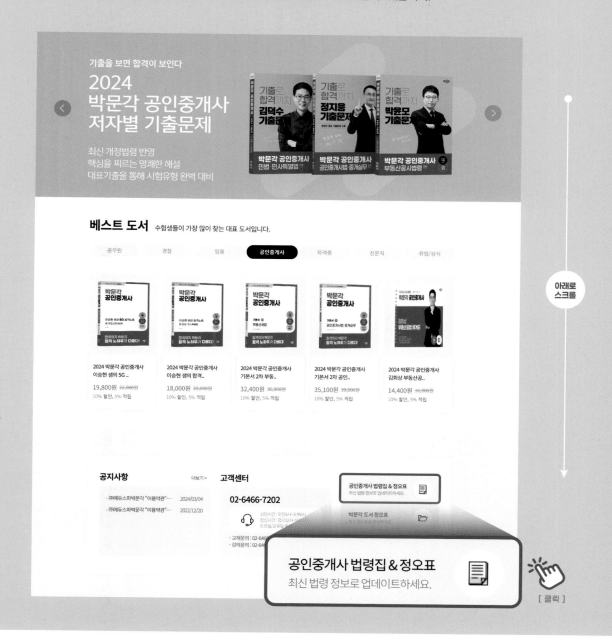

박문각 공인중개사 **정오표**의 장점	✓ 공인중개사 1회부터 함께한 박문각 공인중개사 전문 교수진의 철저한 제·개정 법령 감수
	✓ 과목별 정오표 업데이트 서비스 실시! (해당 연도 시험 전까지)
	✓ 박문각 공인중개사 온라인 "교수학습 Q&A"에서 박문각 공인중개사 교수진에게 직접 문의·답변

★★★★★
박문각 공인중개사
2024 합격 로드맵

합격을 향한 가장 확실한 선택

박문각 공인중개사 수험서 시리즈는 공인중개사 합격을 위한 가장 확실한 선택입니다.

---

01 ## 기초입문 과정

합격을 향해
기초부터 차근차근!

—
기초입문서 총 2권

| 합격설명서 | 민법 판례 | 핵심용어집 | 기출문제해설 |

---

02 ## 기본이론 과정

기본 개념을
체계적으로 탄탄하게!

—
기본서 총 6권

---

03 ## 기출문제풀이 과정

기출문제 풀이로
출제경향 체크!

—
핵심기출문제 총 2권
회차별 기출문제집 총 2권
저자기출문제

| 핵심기출문제 | | 회차별 기출문제집 | | 저자기출문제 |

제35회 공인중개사 시험대비 **전면개정판**

박문각
공인중개사

합격예상문제 **2차**
부동산공시법령
정답해설집

박문각 부동산교육연구소 편

브랜드만족
1위
박문각

근거자료
후면표기

2024

동영상강의
www.pmg.co.kr

합격까지 박문각
합격 노하우가 다르다!

박문각

박문각
공인중개사

성공을 위한 가장 확실한 선택

박문각은 1972년부터의 노하우와 교육에 대한 끊임없는 열정으로 공인중개사 합격의 기준을 제시하며
경매 및 중개실무 연계교육과 합격자 네트워크를 통해 공인중개사 합격자들의 성공을 보장합니다.

01

공인중개사의 시작 박문각

공인중개사 시험이 도입된 제1회부터
제34회 시험까지 수험생들의 합격을
이끌어 온 대한민국 유일의 교육기업입니다.

02

오랜시간 축적된 데이터

1회부터 지금까지 축적된 방대한 데이터로
박문각 공인중개사는 빠른 합격 & 최다
합격률을 자랑합니다.

03

업계 최고&최다 교수진 보유

공인중개사 업계 최다 교수진이
최고의 강의로 수험생 여러분의
합격을 위해 끊임없이 연구하고 있습니다.

04

전국 학원 수 규모 1위

전국 30여 개 학원을 보유하고 있는
박문각 공인중개사는 업계 최대 규모로서
전국 학원 수 규모 1위 입니다.

박문각 공인중개사

제35회 공인중개사 시험대비 **전면개정판**

박문각 공인중개사

합격예상문제 2차
부동산공시법령
정답해설집

박문각 부동산교육연구소 편

브랜드만족
1위
박문각

근거자료
후면표기

20
24

동영상강의
www.pmg.co.kr

합격까지 박문각
합격 노하우가 다르다!

박문각

CONTENTS

이 책의 차례

PART
01

공간정보의
구축 및
관리 등에
관한 법률

PART
02

부동산등기법

제1장 지적제도 총칙

01 ③   02 ④   03 ①   04 ③

01 ③ 지적공부에 등록되는 토지는 '최대만조위 이상'의 드러난 토지이고 갯벌은 토지가 아니므로 등록되지 않는다.

02 ④ 지적은 실질적 심사주의를, 등기는 형식적 심사주의를 채택하고 있다.

03 ① 지적은 직권등록주의를, 등기는 신청주의를 채택하고 있으므로 대한민국의 모든 토지는 신청여부와 관계없이 궁극적으로는 모두 '직권'등록된다. 반면에, 등기는 신청하여야 등기가 이루어지므로 신청되지 않는 토지는 미등기상태로 남아있게 되므로 등기된 토지의 수는 등록된 토지의 수보다 적다.

04 ③ "지목변경"이란 지적공부에 등록된 지목을 다른 지목으로 바꾸어 등록하는 것을 말한다. 지적형식주의(=지적등록주의)에 따라 토지의 표시는 지적공부에 등록되어야 법적인 효력이 생기므로 단순히 용도를 바꾸어 사용하는 것으로는 지목변경이 되지 않고, 지적공부에 등록된 지목이 바뀌어 '등록'되어야 지목변경이 된다.

제2장 토지의 등록

01 ④   02 ②   03 ②   04 ⑤   05 ②   06 ③

01 ④ 토지이동현황 조사계획의 수립에 시 · 도지사 또는 대도시 시장의 승인은 받을 필요가 없다.

02 ② 토지이동현황 조사계획은 시 · 군 · 구별로 수립하되, 부득이한 사유가 있는 때에는 읍 · 면 · 동별로 수립할 수 있다.
지적소관청이 시 · 도지사 또는 대도시 시장의 승인을 받아야 하는 것은 3가지가 있다 : 축/반/지 = 축척변경/(지적공부)반출/지번변경

03

> **법 제64조【토지의 조사·등록 등】** ① 국토교통부장관은 모든 토지에 대하여 필지별로 소재·지번·지목·면적·경계 또는 좌표 등을 조사·측량하여 지적공부에 등록하여야 한다.
> ② 지적공부에 등록하는 지번·지목·면적·경계 또는 좌표는 토지의 이동이 있을 때 토지소유자(법인이 아닌 사단이나 재단의 경우에는 그 대표자나 관리인을 말한다. 이하 같다)의 신청을 받아 지적소관청이 결정한다. 다만, 신청이 없으면 지적소관청이 직권으로 조사·측량하여 결정할 수 있다.

04 ⑤ 직권등록절차는 다음과 같다.
ⓒ 토지이동현황조사계획 수립 - ⓒ 토지이동현황 조사 - ㉠ 토지이동조사부 작성 - ㉢ 토지이동 정리결의서 작성 - ㉣ 지적공부정리

05

> **시행규칙 제59조** ① 지적소관청은 법 제64조 제2항 단서에 따라 토지의 이동현황을 직권으로 조사·측량하여 토지의 지번·지목·면적·경계 또는 좌표를 결정하려는 때에는 토지이동현황 조사계획을 수립하여야 한다.

06 ③ 1필지가 되기 위해서는 토지소유자가 동일하여야 하는데, 소유자가 여러 명일 때는 소유자가 동일하고 소유자별 지분도 동일하고 주소까지 동일하여야 1필지가 될 수 있다.

제**3**장 **토지의 등록사항**

Answer

01 ②	02 ⑤	03 ①	04 ⑤	05 ③	06 ③	07 ⑤	08 ④	09 ①	10 ②
11 ⑤	12 ⑤	13 ⑤	14 ①	15 ⑤	16 ⑤	17 ④	18 ③	19 ②	20 ③
21 ④	22 ③	23 ②	24 ①	25 ①	26 ⑤	27 ①	28 ①	29 ③	30 ④
31 ④	32 ②	33 ④	34 ④	35 ②	36 ④	37 ⑤	38 ④	39 ⑤	40 ①

01 ② 지번변경을 할 때에는 지적소관청이 시·도지사 또는 대도시 시장의 승인을 받아야 한다.
지적소관청이 시·도지사 또는 대도시 시장의 승인을 받아야 하는 것은 3가지가 있다 : 축/반/지 = 축척변경/(지적공부)반출/지번변경

02

> **법 제66조** ① 지번은 지적소관청이 지번부여지역별로 차례대로 부여한다.
> ② 지적소관청은 지적공부에 등록된 지번을 변경할 필요가 있다고 인정하면 시·도지사나 대도시 시장의 승인을 받아 지번부여지역의 전부 또는 일부에 대하여 지번을 새로 부여할 수 있다.

03 ① 신규등록 및 등록전환의 경우에는 그 지번부여지역에서 인접토지의 본번에 부번을 붙여서 지번을 부여하여야 한다(신규등록은 인접지 본부에서).

04 ⑤ 토지소유자가 합병 전의 필지에 주거·사무실 등의 건축물이 있어서 그 건축물이 위치한 지번을 합병 후의 지번으로 신청할 때에는 그 지번을 합병 후의 지번으로 부여하여야 한다(지번에서 주거·사무실이 나오면 = 분할은 당연 부여/합병은 신청해야 부여).

05
> **시행령 제56조** ③ 4. 합병의 경우에는 합병 대상 지번 중 선순위의 지번을 그 지번으로 하되, 본번으로 된 지번이 있을 때에는 본번 중 선순위의 지번을 합병 후의 지번으로 할 것. 이 경우 토지소유자가 합병 전의 필지에 주거·사무실 등의 건축물이 있어서 그 건축물이 위치한 지번을 합병 후의 지번으로 신청할 때에는 그 지번을 합병 후의 지번으로 부여하여야 한다.

06 ③ 지적확정측량을 실시한 지역의 본번 중 다음의 지번은 제외하고 부여하여야 한다.

> ㉠ 지적확정측량을 실시한 지역의 종전의 지번과 지적확정측량을 실시한 지역 밖에 있는 본번이 같은 지번이 있을 때에는 그 지번
> ㉡ 지적확정측량을 실시한 지역의 경계에 걸쳐 있는 지번

07 ⑤ 지적확정측량을 실시한 지역의 지번부여방법을 준용하는 경우는 다음과 같다.

> ㉠ 지번부여지역 안의 전부/일부에 대하여 지번을 변경하는 경우
> ㉢ 행정구역 개편에 따라 새로이 지번을 부여하는 경우
> ㉡ 축척변경 시행지역 안의 필지에 지번을 부여하는 경우
> ㉢ 도시개발사업 등이 준공되기 전에 사업시행자가 지번부여신청을 하는 때에는 '사업계획도'에 따르되 지적확정측량 시행지역의 지번부여방법에 따른다.

08 ④ 지적소관청이 승인신청서와 함께 지적도 및 임야도의 사본을 제공한 것은 현재의 행정정보 공동이용이 없을 때이다. 현재는 시·도지사 또는 대도시 시장이 「전자정부법」 제36조 제1항에 따른 행정정보의 공동이용을 통하여 지번변경 대상지역의 지적도 및 임야도를 확인해야 하므로 지적소관청이 지적도 및 임야도의 사본을 제공할 필요가 없다.

09
> **규칙 제61조 【도시개발사업 등 준공 전 지번부여】** 지적소관청은 영 제56조 제4항에 따라 도시개발사업 등이 준공되기 전에 지번을 부여하는 때에는 제95조 제1항 제3호의 사업계획도에 따르되, 영 제56조 제3항 제5호(지적확정측량 실시지역의 지번부여방법)에 따라 부여하여야 한다.

10 ① 물을 상시적으로 직접 이용하여 벼·연(蓮)·미나리·왕골 등의 식물을 주로 재배하는 토지는 '답'으로 하고, 연·왕골 등이 자생하는 배수가 잘 되지 아니하는 토지는 '유지'로 한다.
③ 사과·배·밤·호두·귤나무 등 과수류를 집단적으로 재배하는 토지와 이에 접속된 저장고 등 부속시설물의 부지는 '과수원'이고, 주거용 건축물의 부지는 '대'로 한다.
④ 축산업 및 낙농업을 하기 위하여 초지를 조성한 토지와 「축산법」 제2조 제1호에 따른 가축을 사육하는 축사 등의 부지는 '목장용지'이고, 주거용 건축물의 부지는 '대'로 한다.
⑤ 산림 및 원야(原野)를 이루고 있는 암석지·자갈땅·모래땅·습지·황무지 등의 토지는 '임야'로 한다.

11 ⑤ 제조업을 하고 있는 공장시설물의 부지 및 같은 구역에 있는 의료시설 등 부속시설물의 부지는 모두 '공장용지'로 한다.

12 ① 지하에서 온수·약수·석유류 등이 용출되는 용출구와 그 유지에 사용되는 부지는 '광천지'로 한다.
② 온수·약수·석유류 등을 일정한 장소로 운송하는 송수관·송유관 및 저장시설의 부지는 '광천지'에서 제외한다.
③ 물을 상시적으로 직접 이용하여 벼·연(蓮)·미나리·왕골 등의 식물을 주로 재배하는 토지는 '답'으로 한다.
④ 연·왕골 등이 자생하는 배수가 잘 되지 아니하는 토지는 '유지'로 한다.

13 ① 자동차 등의 주차에 필요한 독립적인 시설을 갖춘 부지와 주차전용 건축물 부지는 모두 '주차장'이다.
② 물을 정수하여 공급하기 위한 취수·저수·도수(導水)·정수·송수 및 배수 시설의 부지 및 이에 접속된 부속시설물의 부지는 '수도용지'로 한다.
③ 일반 공중의 보건·휴양 및 정서생활에 이용하기 위한 시설을 갖춘 토지로서 「국토의 계획 및 이용에 관한 법률」에 따라 공원 또는 녹지로 결정·고시된 토지는 '공원'으로 한다.
④ 「국토의 계획 및 이용에 관한 법률」 등 관계 법령에 따른 택지조성공사가 준공된 토지는 '대'로 한다.

14 ① 「주차장법」에 따른 노상주차장 및 부설주차장, 자동차 등의 판매 목적으로 설치된 물류장 및 야외전시장은 모두 '주차장'이 아니다. 다만, 시설물의 부지 '인근'에 설치된 부설주차장은 지목을 '주차장'으로 한다.

15 도로: 다음 각 목의 토지. 다만, 아파트·공장 등 단일 용도의 일정한 단지 안에 설치된 통로 등은 제외한다.

> 1. 일반 공중(公衆)의 교통 운수를 위하여 보행이나 차량운행에 필요한 일정한 설비 또는 형태를 갖추어 이용되는 토지
> 2. 「도로법」 등 관계 법령에 따라 도로로 개설된 토지
> 3. 고속도로의 휴게소 부지
> 4. 2필지 이상에 진입하는 통로로 이용되는 토지

16 ① 교통 운수를 위하여 일정한 궤도 등의 설비와 형태를 갖추어 이용되는 토지 및 이에 접속된 역사(驛舍)부지는 모두 '철도용지'로 한다.

② 조수·자연유수·모래·바람 등을 막기 위하여 설치된 방조제·방수제·방사제·방파제 등의 부지는 '제방'으로 한다.

③ 자연의 유수가 있거나 있을 것으로 예상되는 부지는 '하천'으로 하지만, 자연의 유수가 있거나 있을 것으로 예상되는 소규모 수로부지는 '구거'로 한다.

④ 용수 또는 배수를 위하여 일정한 형태를 갖춘 인공적인 수로·둑 및 그 부속시설물의 부지는 '구거'로 한다.

17 ① '해상'에 설치된 시설물의 부지는 토지가 아니므로 등록대상이 아니다. '육상'에 인공으로 조성된 수산생물의 번식 또는 양식을 위한 시설을 갖춘 부지와 이에 접속된 부속시설물의 부지는 '양어장'으로 한다.

② 물을 정수하여 공급하기 위한 취수·저수·도수·정수·송수 및 배수 시설의 부지는 '수도용지'로 한다.

③ 「국토의 계획 및 이용에 관한 법률」에 따라 공원 또는 녹지로 결정·고시된 토지는 '공원'으로 한다.

⑤ 일반 공중의 종교의식을 위하여 예배·법요·설교·제사 등을 하기 위한 교회·사찰·향교 등 건축물의 부지와 이에 접속된 부속시설물의 부지는 '종교용지'로 한다.

18 체육용지 : ㉠ 실내체육관 ㉣ 야구장 ㉢ 스키장 ㉷ 승마장
유원지 : ㉢ 수영장 ㉺ 경마장

19 유원지 : ㉠ 민속촌 ㉣ 야영장 ㉺ 유선장 ㉷ 동물원
체육용지 : ㉢ 골프장 ㉣ 경륜장

20 ③ 「도시공원 및 녹지 등에 관한 법률」에 따른 묘지공원으로 결정·고시된 토지는 '묘지'로 한다.

21 ④ 돌을 캐내는 곳 또는 흙을 파내는 곳으로 허가된 토지는 '잡종지'로 하는 것이 옳지만, 원상회복을 조건으로 돌을 캐내는 곳 또는 흙을 파내는 곳으로 허가된 토지는 영속성이 없으므로 '잡종지'로 하지 않는다.

22 ③ 지하에서 온수·약수·석유류 등이 용출되는 용출구와 그 유지를 위한 부지는 '광천지'로 한다. 다만, 온수·약수·석유류 등을 일정한 장소로 운송하는 송수관·송유관 및 저장시설의 부지는 '광천지'로 하지 않는다.

23 ② 자연의 유수가 있거나 있을 것으로 예상되는 소규모 수로부지는 '구거'로 한다.

24 ① ㉠ 영구적 건축물 중 주거·사무실·점포와 박물관·극장·미술관 등 문화시설과 이에 접속된 정원 및 부속시설물의 부지는 '대'로 한다.

㉡ 사과·배·밤·호두·귤나무 등 과수류를 집단적으로 재배하는 토지와 이에 접속된 저장고 등 부속시설물의 부지는 '과수원'으로 한다. 다만, 주거용 건축물의 부지는 "대"로 한다.

㉢ 축산업 및 낙농업을 하기 위하여 초지를 조성한 토지,「축산법」제2조 제1호에 따른 가축을 사육하는 축사 등의 부지 및 이에 접속된 부속시설물의 부지는 '목장용지'로 한다. 다만, 주거용 건축물의 부지는 "대"로 한다.

㉣ 사람의 시체나 유골이 매장된 토지,「도시공원 및 녹지 등에 관한 법률」에 따른 묘지공원으로 결정·고시된 토지 및「장사 등에 관한 법률」제2조 제9호에 따른 봉안시설과 이에 접속된 부속시설물의 부지는 '묘지'로 한다. 다만, 묘지의 관리를 위한 건축물의 부지는 "대"로 한다.

㉤ 일반 공중의 종교의식을 위하여 예배·법요·설교·제사 등을 하기 위한 교회·사찰·향교 등 건축물의 부지와 이에 접속된 부속시설물의 부지는 '종교용지'로 한다.

25 ② 광천지 − 광
③ 목장용지 − 목
④ 유원지 − 원
⑤ 잡종지 − 잡

26 ⑤ 공장용지 − 장, 주차장 − 차, 하천 − 천, 유원지 − 원, 목장용지 − 목, 광천지 − 광, 공원 − 공, 주유소용지 − 주

27 ① "경계"는 필지별로 경계점 간을 실제 형태가 아니라 '직선'으로 연결하여 지적공부에 등록한 선이다.

28 ① 대표문제 1번 해설 표 참고

29 ③ 대표문제 1번 해설 표 참고

30 ♀ **지상건축물이 있을 때의 분할**

원 칙	지상건축물을 걸리게 결정할 수 없다.
예 외	다음의 경우에는 지상건축물이 걸리더라도 분할할 수 있다. ① 법원의 확정판결이 있는 경우 ② 공공사업으로 인하여 학교용지·철도용지·수도용지·유지·도로·구거·제방·하천 등의 지목으로 되는 토지를 분할하고자 하는 경우 ③ 도시·군관리계획선에 따라 분할하고자 하는 경우 ④ 도시개발사업 등의 사업시행자가 사업지구의 경계를 결정하기 위하여 분할하고자 하는 경우

31 ④ 경계점표지의 종류 및 경계점 위치는 필수 등록사항이지만, 경계점좌표는 경계점좌표등록부 시행지역에 한하여 등록된다.

32 ② 대표문제 2번 해설 표 참고

33 ① 지상경계점등록부 작성·관리는 지적소관청이 한다.
② 행정기관의 장 또는 지방자치단체의 장이 토지를 취득하기 위하여 분할하려는 경우에는 지상 경계점에 경계점표지를 설치하여 지적측량을 할 수 '있다'.
③ 법원의 확정된 판결이 있으면 지상건축물이 걸리게 토지를 분할할 수 '있다'.
⑤ 토지가 해면에 접하는 경우에는 평균해수면이 아니라 '최대'만조위를 기준으로 경계를 결정하여야 한다.

34 ④ 지목변경, 합병은 지적측량을 하지 않는다.

35 ② 지적도의 축척이 600분의 1인 지역과 경계점좌표등록부에 등록하는 지역의 토지 면적은 '제곱미터 이하 한 자리' 단위로 한다.

36 ④ 626.6㎡
지적도의 축척이 600분의 1인 지역과 경계점좌표등록부에 등록하는 지역의 토지 면적은 끝수가 0.05제곱미터를 초과할 때에는 올린다. 0.051은 0.05를 초과하는 수이므로 올린다.

37 ⑤ 지적도의 축척이 600분의 1인 지역과 경계점좌표등록부에 등록하는 지역의 1필지의 면적이 0.05제곱미터일 때에는 구하려는 끝자리의 숫자가 0 또는 짝수이면 '버리고' 홀수이면 '올린다'.

38 ④ 지적현황측량이나 경계복원측량은 지적공부를 정리하지 않는 측량이므로 검사측량을 하지 않고, 토지 면적의 측정대상도 아니다. 다만, '지적현황측량이나 경계복원측량에 면적측정이 수반되는 경우'라고 나오면 면적측정의 대상이다.

39 ⑤ 경계점좌표등록부에 등록하는 지역의 1필지 면적이 0.1제곱미터 미만일 때에는 0.1제곱미터로 한다.

40 ① 축척이 1/1,000인 지적도에 등록된 1필지의 면적이 1제곱미터 미만인 경우 1제곱미터로 등록한다. 그러므로 0.1제곱미터인 경우 1제곱미터로 등록한다.

제4장 지적공부

01 ⑤	02 ④	03 ①	04 ①	05 ②	06 ②	07 ③	08 ①	09 ②	10 ②
11 ②	12 ⑤	13 ③	14 ②	15 ③	16 ④	17 ②	18 ⑤	19 ②	20 ①
21 ④	22 ①	23 ①	24 ②	25 ③	26 ②	27 ④	28 ⑤	29 ③	30 ②
31 ⑤	32 ⑤	33 ①	34 ⑤	35 ⑤	36 ③	37 ①	38 ⑤	39 ⑤	40 ⑤
41 ⑤									

01 ⑤ 소유권의 지분은 공유지연명부와 대지권등록부의 등록사항이다.

02 ④ ㉠, ㉡, ㉤, ㉭이 옳다.
㉢ 개별공시지가 − 토지대장과 임야대장의 등록사항이다. 경계점좌표등록부에는 등록되지 않는다.
㉣ 삼각점과 지적기준점의 위치 − 지적도와 임야도의 등록사항이다. 경계점좌표등록부에는 등록되지 않는다.

03 ① 삼각점 및 지적기준점의 위치는 지적도와 임야도의 등록사항이다.

04 ① ㉠, ㉢, ㉣, ㉤이 해당된다.
㉡ 지적도면의 색인도: 도면의 등록사항
㉭ 전유부분의 건물표시: 대지권등록부의 등록사항
㉥ 부호 및 부호도: 경계점좌표등록부의 등록사항

05 ① 전유부분의 건물표시: 대지권등록부의 등록사항
③ 좌표: 경계점좌표등록부의 등록사항
④ 삼각점 및 지적기준점의 위치, 지적도면의 색인도, 도곽선과 그 수치: 도면의 등록사항
⑤ 소유권의 지분: 공유지연명부와 대지권등록부의 등록사항

06 ② 대지권등록부의 고유등록사항: 건물의 명칭, 전유부분의 건물표시, 대지권비율

07 ③ ㉠, ㉤, ㉭이 공통등록사항이다.
㉡ 토지의 이동사유: 토지대장과 임야대장의 등록사항
㉢ 전유부분의 건물표시: 대지권등록부의 등록사항
㉣ 면적: 토지대장과 임야대장의 등록사항

08 ① 전유부분의 건물의 표시는 대지권등록부의 고유등록사항이다.

09 ② ㉠, ㉡, ㉢이 해당된다.

㉠ 토지의 소재와 지번은 모든 지적공부에 등록되고, ㉡ 토지의 고유번호는 도면만 제외하고 모두 등록된다.

㉢ 소유자의 성명, 주소, 주민등록번호는 토지대장, 임야대장, 공유지연명부, 대지권등록부에 등록된다.

㉣ 소유권 지분은 공유지연명부와 대지권등록부에만 등록되고, 토지대장에는 등록되지 않는다.

㉤ 도면의 번호는 지적공부 중 공유지연명부와 대지권등록부를 제외하고 등록된다.

㉥ 개별공시지가는 토지대장과 임야대장에만 등록되고, 공유지연명부에는 등록되지 않는다.

10 ② 토지의 면적은 토지대장과 임야대장에 등록되고, 도면에는 등록되지 않으므로 지적도의 등본에 의해 설명할 수 없다.

11 ② 지적도의 축척이 600분의 1인 지역과 경계점좌표등록부에 등록하는 지역의 토지 면적은 제곱미터 이하 한 자리 단위로 등록하고, 나머지 지역의 토지 면적은 제곱미터 단위로 등록한다. 이 지역은 1,000분의 1인 지역이므로 제곱미터 단위로 등록하여야 한다.

12 ㉣ 토지의 면적 및 ㉤ 토지의 이동사유는 토지대장과 임야대장의 등록사항이다. 도면의 등록사항이 아니다.

13 ③ 경계점좌표등록부를 갖춰 두는 지역의 토지는 토지대장과 지적도를 함께 갖춰 두어야 한다.

14 ① 대지권비율은 대지권등록부의 등록사항, ③ 토지의 면적은 토지대장과 임야대장의 등록사항, 지목은 토지대장과 임야대장 및 지적도와 임야도의 등록사항, ④ 개별공시지가와 그 기준일 및 ⑤ 토지의 이동사유와 토지의 등급은 토지대장과 임야대장의 등록사항이다.

15 ③ 경계점좌표등록부가 비치된 지역의 측량은 지적도에 의해 할 수 없고, 좌표에 의해 측량하여야 한다.

16 ④ 73-2 토지의 지목은 '주유소용지'이다. 도면에서 주차장은 '차'로 표기한다.

17 ① 개별공시지가 및 그 기준일은 토지대장과 임야대장의 등록사항이고, 대지권등록부에는 등록되지 않는다.

③ 공유지연명부에는 지목이 등록되지 않는다.

④ 임야대장에는 소유권의 지분이 등록되지 않는다.

⑤ 좌표에 의해 계산된 경계점 간의 거리는 경계점좌표등록부가 비치된 지역의 지적도에 등록한다. 경계점좌표등록부에 등록하는 것이 아니다.

18 ① 대지권 비율은 대지권등록부의 등록사항이다. 대지권은 권리이므로 등기부에 대지권 등기가 되면 비로소 그에 기초하여 대지권등록부가 만들어진다.

② 소유권은 등기부를 기초로 하여 대장을 정리한다. 토지대장과 임야대장에 등록된 소유자가 변경된 날은 부동산등기부의 등기접수일자를 가져와서 등록한다.
③ 소유권의 지분이 등록되는 지적공부는 대지권등록부와 공유지연명부이다.
④ 경계점좌표등록부가 비치된 지역에서는 좌표에 의해 측량을 하므로 지적도에 의하여 측량을 할 수 없다.

19 ② 토지의 지목과 면적, 개별공시지가를 모두 알 수 있는 지적공부는 토지대장과 임야대장뿐이다.

20 지적도의 축척 (7) : 1/500, 1/600, 1/1,000, 1/1,200, 1/2,400, 1/3,000, 1/6,000
임야도의 축척 (2) : 1/3,000, 1/6,000

21 ④ 정보처리시스템에 의해 기록·저장된 지적공부를 복제하여 관리하는 정보관리체계는 국토교통부장관이 구축하여야 한다.

22
> **법 제69조(지적공부의 보존 등)** ① 지적소관청은 해당 청사에 지적서고를 설치하고 그 곳에 지적공부(정보처리시스템을 통하여 기록·저장한 경우는 제외한다. 이하 이 항에서 같다)를 영구히 보존하여야 하며, ~
> ② 지적공부를 정보처리시스템을 통하여 기록·저장한 경우 관할 시·도지사, 시장·군수 또는 구청장은 그 지적공부를 지적정보관리체계에 영구히 보존하여야 한다.

23
> **법 제75조(지적공부의 열람 및 등본 발급)** ① 지적공부를 열람하거나 그 등본을 발급받으려는 자는 해당 지적소관청에 그 열람 또는 발급을 신청하여야 한다. 다만, 정보처리시스템을 통하여 기록·저장된 지적공부(지적도 및 임야도는 제외한다)를 열람하거나 그 등본을 발급받으려는 경우에는 특별자치시장, 시장·군수 또는 구청장이나 읍·면·동의 장에게 신청할 수 있다.

24 ② 일람도·지번색인표 및 지적도면은 지번부여지역별로 도면번호순으로 보관하되, '각 장별'로 보호대에 넣어야 한다.

25 ③ 온도 및 습도 자동조절장치를 설치하고, 연중 평균온도는 섭씨 '20±5'도를, 연중평균습도는 65±5퍼센트를 유지하여야 한다.

26
> **시행규칙 제65조** ② 5. 온도 및 습도 자동조절장치를 설치하고, 연중 평균온도는 섭씨 20±5도를, 연중평균습도는 65±5퍼센트를 유지할 것
> ④ 지적공부 보관상자는 벽으로부터 15센티미터 이상 띄워야 하며, 높이 10센티미터 이상의 깔판 위에 올려놓아야 한다.

27

> **시행규칙 제66조** ① 부책(簿册)으로 된 토지대장·임야대장 및 공유지연명부는 지적공부 보관상자에 넣어 보관하고, 카드로 된 토지대장·임야대장·공유지연명부·대지권등록부 및 경계점좌표등록부는 100장 단위로 바인더(binder)에 넣어 보관하여야 한다.
> ② 일람도·지번색인표 및 지적도면은 지번부여지역별로 도면번호순으로 보관하되, 각 장별로 보호대에 넣어야 한다.

28 ▪▪ **지적공부의 반출**

> • 원칙 : 반출 금지
> • 예외 : 반출 가능
>   1. 천재·지변 기타 이에 준하는 재난시
>   2. 관할 시·도지사 또는 대도시 시장의 승인을 받은 때 반출 가능

29 ③ 토지소유자가 자기 토지의 지적전산자료를 신청하거나 피상속인이 사망하여 그 상속인이 신청하는 경우 또는 개인정보를 제외한 지적전산자료를 신청하는 경우에는 관계 중앙행정기관의 심사를 받지 '아니 할 수 있다'.

30 ② 토지이동사유전산자료는 요청할 수 있는 자료가 아니다.
국토교통부장관이 관리기관에 요청할 수 있는 자료 : 주/가/공/부(주민등록전산자료, 가족관계등록전산자료, 공시지가전산자료, 부동산등기전산자료)

31

> **법 제70조(지적정보 전담 관리기구의 설치)** ① 국토교통부장관은 지적공부의 효율적인 관리 및 활용을 위하여 지적정보 전담 관리기구를 설치·운영한다.

32 ⑤ 지적정보전담관리기구의 설치와 운영 − 국토교통부장관

33 ① 부동산종합공부의 보존과 복제는 모두 '지적소관청'이 한다.

34 ⑤ 부동산등기법 제48조에 따른 부동산의 '권리'에 관한 사항이 등록된다.

35 ⑤ 지적삼각점측량성과의 열람이나 등본발급은 '시·도지사 또는 지적소관청'에게 신청하여야 한다.

36

> **법 제76조의 5 【준용】** 부동산종합공부의 등록사항 정정에 관하여는 제84조를 준용한다.
> **법 제84조 【등록사항의 정정】** ① 토지소유자는 지적공부의 등록사항에 잘못이 있음을 발견하면 지적소관청에 그 정정을 신청할 수 있다.

37 ① 부동산종합공부의 보존과 복제는 모두 지적소관청이 한다.

38 ⑤ 결번대장은 결번이 생긴 때에 지적소관청이 지체 없이 그 사유를 적어 영구히 보존하도록 되어 있으나 '지적공부'는 아니다.

39 ⑤ 토지이용현황조사계획은 토지표시를 직권으로 결정하기 위해 작성하는 계획일 뿐, 지적공부의 복구자료와는 관계없다.

> • 지적공부의 복구자료 : ① 지적공부의 등본, ② 측량결과도, ③ 토지이동정리결의서, ④ 지적소관청이 작성 또는 발행한 지적공부의 등록내용을 증명하는 서류 예 부동산종합증명서, ⑤ 국토교통부장관에 의해 복제된 지적공부, ⑥ 부동산등기부 등본 등 등기사실을 증명하는 서류, ⑦ 확정판결
> • 소유자의 복구자료 : ① 부동산등기부 ⇨ 등기된 부동산, ② 법원의 확정판결 ⇨ 미등기 부동산

40 ① 지적공부의 복구는 지적소관청이 지체 없이 하도록 되어 있다. 토지소유자의 신청을 받아 하는 것이 아니다.
② 지적공부를 복구할 때 시·도지사 또는 대도시 시장의 승인은 받을 필요 없다.
③ 지적공부를 복구할 때 국토교통부장관의 승인 등 일체의 승인은 받을 필요 없다.
④ 지적소관청이 작성 또는 발행한 지적공부의 등록내용을 증명하는 서류(예 부동산종합증명서)는 지적공부의 복구자료이다.

41 ⑤ 지적소관청은 지적공부를 복구하려는 경우에는 '15일 이상' 게시하여야 한다.

제5장 | 토지의 이동

Answer

01 ③	02 ④	03 ②	04 ③	05 ④	06 ②	07 ③	08 ③	09 ③	10 ⑤
11 ⑤	12 ⑤	13 ①	14 ④	15 ⑤	16 ⑤	17 ④	18 ④	19 ②	20 ①
21 ①	22 ④	23 ③	24 ③	25 ③	26 ⑤	27 ⑤			

01 ③ 신규등록은 등기촉탁의 사유가 아니다. 선등록 후등기 원칙에 따라 신규등록을 하는 경우(=지적공부에 처음 등록되는 경우)에는 아직 등기기록이 존재하지 않는다. 당연히 등기촉탁할 수 없다.

02 ④ 신규등록을 신청할 때 소유자가 제출하는 서류는 자신의 소유권을 증명하는 서류이다. 토지이동정리 결의서는 토지의 표시에 변동이 생겼을 때 작성하는 서류이므로 소유권을 증명하는 서류가 아니다.

03 ② 신규등록은 그 사유가 발생한 날부터 '60일' 이내에 지적소관청에 신청하여야 한다.

04 ③ 등록전환 대상토지 : 허가·신고/대/도/사
~ 허가·신고 + 대부분 토지가 등록전환 ~ + 도시·군관리계획선 ~ + 사실상 형질변경

05 ④ 토지소유자가 제출해야 할 서류를 해당 지적소관청이 관리하는 경우 지적소관청의 확인으로 그 서류제출을 갈음할 수 있다.

06 ② 등록전환될 면적과 종전의 임야대장에 등록된 면적의 차이가
㉠ 허용범위를 초과하면 임야대장의 면적 또는 임야도의 경계를 직권정정 후 등록전환한다.
㉡ 허용범위 이내이면 등록전환될 면적을 등록전환면적으로 결정한다.

07 ③ 분할은 신청의무가 없으므로 분할을 원할 때 하는 것이 원칙이다. 단, 지적공부에 등록된 1필지의 일부가 형질변경 등으로 용도가 변경된 경우에는 용도가 변경된 날부터 '60일' 이내에 지적소관청에 토지의 분할을 신청하여야 한다.

08 ③ 다음의 경우에는 지상건축물이 걸리더라도 분할할 수 있다.

> 1. 법원의 확정판결이 있는 경우
> 2. 공공사업으로 인하여 학교용지·철도용지·수도용지·유지·도로·구거·제방·하천 등의 지목으로 되는 토지를 분할하고자 하는 경우
> 3. 도시·군관리계획선에 따라 분할하고자 하는 경우
> 4. 도시개발사업 등의 사업시행자가 사업지구의 경계를 결정하기 위하여 분할하고자 하는 경우

09 ③ 합병가능하려면 합병부동산에 지상권, (승역지)지역권, 전세권, 임차권 이외의 권리가 없거나, 합병부동산 모두에 내용이 같은 저당권이나 신탁등기가 있으면 합병 가능하다.

10 ⑤ 09번 해설 참고

11 ⑤ 합병하려는 토지 전부에 관하여 등기원인 및 그 연월일과 접수번호가 같은 '저당권등기'가 존재할 경우 토지합병 신청이 가능하지만, 가압류등기가 있으면 합병할 수 없다.

12 ⑤ 지목변경은 용도의 변경이 있을 뿐 경계나 면적의 변경은 없으므로 지적측량을 할 필요가 없다.

13 ① 토지이용상 불합리한 지상경계의 시정을 위한 경우는 토지 분할을 신청할 수 있는 사항이며 지목변경과는 관계없다.

14 ④ 등록말소나 회복등록을 한 지적소관청은 '토지소유자 및 해당 공유수면의 관리청'에게 통지하여야 한다.

15 ① 지적소관청은 등록말소를 한 후 토지의 표시 변경에 관한 등기를 할 필요가 있는 경우에는 지체 없이 등기촉탁을 하여야 한다.

② 토지가 바다로 된 경우에는 '지적소관청의 통지를 받은 날부터' 90일 이내에 토지소유자가 지적소관청에 등록말소신청을 하여야 한다.

③ 토지소유자가 90일 이내에 등록말소신청을 하지 않으면 지적소관청이 직권으로 말소한다.

④ 지적소관청은 말소한 토지가 지형의 변화 등으로 다시 토지가 된 경우에는 소유자의 신청과는 관계없이 토지로 회복등록을 할 수 없다.

16 ① 임야도에서는 축척변경을 하지 않는다.

② 축척변경은 토지소유자가 신청할 때에는 신청서에 토지소유자 '2/3 이상'의 동의서를 첨부하여야 한다.

③ 축척변경을 하려면 토지소유자 '2/3 이상'의 동의를 받은 후 축척변경위원회의 의결을 거쳐야 한다.

④ 지적소관청이 축척변경을 하기 위해서는 시·도지사 또는 대도시 시장의 승인을 받아야 한다.

17 ④ 축척변경의 승인신청을 받은 시·도지사 또는 대도시 시장은 축척변경 대상지역의 지적도를 확인하여야 한다. 축척변경은 지적도에서만 하기 때문에 임야도를 확인할 필요는 없다.

18 ④ 지적측량기술의 연구·개발·보급에 관한 사항은 중앙지적위원회의 심의·의결사항이다.

19 ② 토지소유자 전원이 청산하지 아니하기로 합의하여 서면으로 제출한 경우에는 청산하지 아니한다. 이 경우에는 축척변경위원회의 의결로도 번복할 수 없다.

20 ㉠ 축척변경 시행공고 - ㉡ 경계점표지 설치 - ㉢ 축척변경측량 - ㉣ 지번별 조서 작성 - ㉤ 청산금 공고 - ㉥ 청산금의 납부고지와 수령통지 - ㉦ 축척변경 확정공고 - ㉧ 등기촉탁

21 축척변경의 기간규정은 다음과 같다.

> ㉠ 축척변경 시행공고 : 20일 이상
> ㉡ 경계점표지 설치 : 시행공고일부터 30일 이내
> ㉢ 청산금공고 : 15일 이상
> ㉣ 청산금의 납부고지 및 수령통지 : 청산금 공고일부터 20일 이내
> ㉤ 청산금의 납부는 납부고지를 받은 날부터 6개월 이내
> ㉥ 청산금의 지급은 수령통지를 한 날부터 6개월 이내
> ㉦ 청산금에 대한 이의신청 : 납부고지 또는 수령통지를 받은 날부터 1개월 이내 지적소관청에 이의신청

22 ④ 축척변경위원회의 회의를 소집할 때에는 회의 개최 '5일 전까지' 각 위원에게 서면으로 통지하여야 한다.

23

영 제79조(축척변경위원회의 구성 등) ① 축척변경위원회는 5명 이상 10명 이하의 위원으로 구성하되, 위원의 2분의 1 이상을 토지소유자로 하여야 한다. 이 경우 그 축척변경 시행지역의 토지소유자가 5명 이하일 때에는 토지소유자 전원을 위원으로 위촉하여야 한다.

24 ③ 축척변경의 <u>동의</u>는 토지소유자 3분의 2 이상이 하고, 축척변경에 대한 <u>승인</u>은 시·도지사 또는 대도시 시장이 한다.

영 제80조(축척변경위원회의 기능) 축척변경위원회는 지적소관청이 회부하는 다음 각 호의 사항을 심의·의결한다.
1. 축척변경 시행계획에 관한 사항
2. 지번별 제곱미터당 금액의 결정과 청산금의 산정에 관한 사항
3. 청산금의 이의신청에 관한 사항
4. 그 밖에 축척변경과 관련하여 지적소관청이 회의에 부치는 사항

25 ③ 위원은 해당 축척변경 시행지역의 토지소유자로서 지역 사정에 정통한 사람과 지적에 관하여 전문지식을 가진 사람 중에서 '지적소관청'이 위촉한다.

26 ⑤ 축척변경은 지적도의 작은 축척을 큰 축척으로 변경하는 것이므로, 임야도의 축척은 축척변경의 확정공고사항이 아니다.

27 ⑤ 축척변경 시행지역의 토지는 '확정공고일'에 토지의 이동이 있는 것으로 본다.

제6장 **토지이동의 신청**

Answer

01 ②　　02 ②　　03 ④

01 ② 지상권자는 토지이동의 대위신청자가 아니다.

02 ① 도시개발사업 등 시행지역의 사업시행자는 그 사업의 착수·변경 및 완료 사실을 '지적소관청'에 신고하여야 한다.
③ 도시개발사업 등에 따른 토지의 이동은 토지의 형질변경 등의 공사가 '준공'된 때에 이루어진 것으로 본다.
④ 도시개발사업과 관련하여 토지의 이동이 필요한 경우에는 해당 사업의 시행자가 지적소관청에 토지의 이동을 신청하여야 하므로, 토지소유자도 직접 토지이동을 신청할 수 없다.

토지소유자가 토지의 이동을 원하는 경우에는 사업시행자에게 토지의 이동을 신청하도록 요청하여야 한다.

⑤ 토지소유자에게 토지이동의 신청을 요청받은 사업시행자는 해당 사업에 지장이 없다고 판단되면 지적소관청에 그 이동을 신청하여야 한다.

03 ④ 도시개발사업 등의 착수·변경 또는 완료 사실의 신고는 그 사유가 발생한 날부터 '15일' 이내에 하여야 한다.

제7장 | 등록사항의 정정

Answer

　01 ④　　02 ③　　03 ③　　04 ②

01 ④ 정정으로 인하여 인접토지의 경계나 면적이 변동되는 경우에는 등록사항정정 측량성과도를 첨부하여야 하고, 인접토지의 경계가 변경되는 경우에는 인접토지 소유자(이해관계인)의 승낙서 또는 이에 대항할 수 있는 확정판결서를 첨부하여야 한다.

02 ③ 대표문제 1 해설 참고 (직권정정사유는 암기사항이다.)

03 ③ 대표문제 1 해설 참고

04 ② 미등기 토지에 대하여 토지소유자에 관한 등록사항이 명백히 잘못된 경우에는 가족관계 기록사항에 관한 증명서에 따라 정정하여야 한다.

제8장 | 지적공부의 정리

Answer

　01 ⑤　　02 ④　　03 ④　　04 ②　　05 ①

01 ① 신규등록하는 토지의 소유자는 지적소관청이 직접 조사·결정하여 등록한다.
② 지적공부에 등록된 토지'소유자'의 변경사항은 등기관서에서 등기한 것을 증명하는 등기필증, 등기완료통지서, 등기사항증명서 또는 등기관서에서 제공한 등기전산정보자료에 따라 정리한다. 토지의 '표시'는 지적공부가 우선한다.

③ 총괄청이나 중앙관서의 장이 소유자 없는 부동산에 대한 소유자 등록을 신청하는 경우 지적소관청은 '지적공부에 해당 토지의 소유자가 등록되지 아니한 경우에만' 등록할 수 있다.

④ 지적소관청은 등기부에 적혀 있는 토지의 표시가 지적공부와 일치하지 아니하면 토지소유자를 정리할 수 없다.

02 ④ 축척변경은 축척변경의 '확정'공고일에 토지의 이동이 이루어진 것으로 본다.

03 ④ 등기관련자료에 따라 지적공부를 정정하는 것은 '토지소유자'를 정정할 때이다.

04 ② 토지의 표시 변경에 관한 등기를 할 필요가 있는 경우에는 '지체 없이' 관할 등기관서에 그 등기를 촉탁하여야 한다.

05 ① 지적정리의 통지시기는 다음과 같다.

> 1. 변경등기가 필요한 경우 : 등기완료통지서를 접수한 날부터 15일 이내에 통지
> 2. 변경등기가 필요하지 아니한 경우 : 지적공부에 등록한 날부터 7일 이내에 통지

제9장 **지적측량**

Answer

01 ③	02 ②	03 ②	04 ③	05 ⑤	06 ④	07 ④	08 ③	09 ③	10 ③
11 ③	12 ①	13 ⑤	14 ⑤	15 ①	16 ⑤	17 ⑤	18 ③	19 ①	20 ④
21 ②	22 ④								

01 ③ 지적현황측량 : 지상건축물 등의 현황을 지적도 및 임야도에 등록된 경계와 대비하여 표시하는 지적측량

④ 지적확정측량 : 도시개발사업 등 각종의 토지개발사업이 끝나 토지의 표시를 새로 정하기 위하여 실시하는 지적측량

02 ② "지적확정측량"이란 도시개발사업 등 각종의 토지개발사업이 끝나 토지의 표시를 새로 정하기 위하여 실시하는 지적측량을 말한다.

03 ② 위성기준점 및 공공기준점을 설치하는 경우는 지적측량이 아니다. 지적기준점을 설치하는 측량은 지적측량이다.

04 ③ 지적현황측량은 지상건축물 등의 현황을 지적도 및 임야도에 등록된 경계와 대비하여 표시하는 데에 필요한 측량이다. 면적의 측정과는 관계 없다.

05 ⑤ 지적측량의 의뢰를 받은 지적측량수행자는 '그 다음날까지' 지적측량수행계획서를 지적소관청에 제출하여야 한다.

06 ① 지적측량은 지적측량수행자에게 의뢰하여야 하므로 '지적측량수행자'에게 지적측량수수료를 내야 한다.
② 지적측량의 의뢰를 받은 지적측량수행자는 '그 다음날까지' 지적측량수행계획서를 지적소관청에 제출하여야 한다.
③ 지적공부의 정리를 하지 않는 지적현황측량과 경계복원측량은 측량검사를 받을 필요가 없다.
⑤ 경위의측량방법으로 실시한 지적확정측량성과인 경우에는 국토교통부장관이 고시하는 면적 이상인 경우에는 시·도지사 또는 대도시 시장이 검사하고, 국토교통부장관이 정하여 고시하는 면적 규모 미만의 지적확정측량성과는 지적소관청이 한다.

07 ④ ㉠ – 5일, ㉡ – 4일, ㉢ – 15점, ㉣ – 4일, ㉤ – 4일, ㉥ – 4점, ㉦ – 1일

> **규칙 제25조【지적측량 의뢰 등】** ③ 지적측량의 측량기간은 5일로 하며, 측량검사기간은 4일로 한다. 다만, 지적기준점을 설치하여 측량 또는 측량검사를 하는 경우 지적기준점이 15점 이하인 경우에는 4일을, 15점을 초과하는 경우에는 4일에 15점을 초과하는 4점마다 1일을 가산한다.

08 ③ 측량기간: 11일, 검사기간: 10일

구 분	원 칙	기준점설치 : 15점 이하	15점 초과한 4점 (16, 17, 18, 19점까지)	19점 초과한 4점 (20, 21, 22, 23점까지)	합 계
측량기간	5일	+ 4일	+ 1일	+ 1일	= 11일
검사기간	4일	+ 4일	+ 1일	+ 1일	= 10일

09
> • 지적삼각점측량성과의 열람이나 등본교부신청: 시·도지사 또는 지적소관청에게 하여야 한다.
> • 지적삼각보조점성과와 지적도근점성과의 열람이나 등본교부 신청: 지적소관청에게 하여야 한다.

10 ③ 4분의 3, 4분의 1

> **규칙 제25조【지적측량 의뢰 등】** ④ 지적측량 의뢰인과 지적측량수행자가 서로 합의하여 따로 기간을 정하는 경우에는 그 기간에 따르되, 전체 기간의 4분의 3은 측량기간으로, 전체 기간의 4분의 1은 측량검사기간으로 본다.

11 ③ 시·도지사 또는 대도시 시장이 지적삼각점측량성과 및 경위의측량방법으로 실시한 지적확정측량성과에 대한 검사를 하였을 때에는 그 결과를 '지적소관청'에게 통지하여야 한다.

12 ① 지적기준점성과의 열람 및 등본 발급은 시·도지사 또는 지적소관청에 신청하여야 한다. 지적측량수행자는 지적측량을 의뢰받아 수행하고 그 결과를 알려줄 뿐, 다른 정보를 공개하는 기관이 아니다.

13 ⑤ 지적측량 적부심사에 대한 사항은 '지방'지적위원회의 심의·의결사항이다.

14 ① 지방지적위원회는 지적측량 적부심사에 대한 심의·의결권한 하나만 가진다.
② 지방지적위원회와 중앙지적위원회의 위원장 및 부위원장을 '제외'한 위원의 임기는 2년으로 한다.
③ 중앙지적위원회는 지적측량 적부심사에 대한 사항이 아니라 '재심사'에 대한 사항을 심의·의결한다.
④ 중앙지적위원회의 위원장은 국토교통부의 지적업무 담당 국장이, 부위원장은 국토교통부의 지적업무 담당 과장이 된다.

15 ① 시·도에 지방지적위원회, 국토교통부에 중앙지적위원회를 둔다.

16 ① 중앙지적위원회는 국토교통부에 두고, 지방지적위원회는 시·도에 둔다.
② 중앙지적위원회는 위원장 및 부위원장 각 1명을 '포함'하여 5명 이상 10명 이하의 위원으로 구성한다.
③ 지방지적위원회의 위원장은 시·도지사가 지정하고, 중앙지적위원회의 위원장은 국토교통부장관이 위원 중에서 지정한다.
④ 위원장과 부위원장을 '제외하고' 위원의 임기는 2년으로 한다.

17 ⑤ 지적측량 적부심사에 대한 재심사의 청구는 국토교통부장관을 거쳐 중앙지적위원회에게 하여야 한다.

18 ③ 지적측량 적부심사 청구를 받은 시·도지사는 '30일 이내'에 다툼이 되는 지적측량의 경위 및 그 성과 등을 조사하여 지방지적위원회에 회부하여야 한다.

19 ① ㉠: 30일, ㉡: 60일, ㉢: 30일, ㉣: 지체 없이, ㉤: 7일, ㉥: 90일이 옳다.

20 ④ 청산금의 이의신청에 관한 사항은 축척변경위원회의 심의·의결사항이다.

21 ② 위원이 해당 안건의 당사자와 '친족이거나 친족이었던 경우'에 제척·기피·회피의 대상이 된다.

22 ④ 중앙지적위원회의 부위원장은 국토교통부의 담당 과장이 된다.

제1장 부동산등기제도

01 ② 선등록 후등기 원칙에 따라 토지든 건축물이든 먼저 토지대장 또는 건축물대장이 만들어지고, 후에 토지등기기록 또는 건물등기기록이 만들어진다.

02

법 제6조【등기신청의 접수시기 및 등기의 효력발생시기】 ② 등기관이 등기를 마친 경우 그 등기는 접수한 때부터 효력을 발생한다.

03 ⑤ 담보물권은 피담보채권이 소멸하면 말소등기 없이도 즉시 소멸하고, 용익물권은 존속기간이 만료되면 법정갱신 되지 않는 한 말소등기 없이도 즉시 소멸한다.

04 ④ 등기의 순서는 등기기록 중 같은 구(區)에서 한 등기 상호간에는 순위번호에 따르고, 다른 구에서 한 등기 상호간에는 접수번호에 따른다.

05 ③ 대지권에 대한 등기로서의 효력이 있는 등기와 대지권의 목적인 토지의 등기기록 중 해당 구에 한 등기의 순서는 접수번호에 따른다.

06 ② 등기의 추정력은 반증이 제시되면 깨진다.

07 ③ 존재하지 않는 자(사망자 명의의 등기나 허무인 명의의 등기)의 등기에는 추정력이 인정되지 않는다.

제2장 | 등기소와 그 설비

Answer

01 ⑤   02 ⑤   03 ⑤   04 ③   05 ⑤   06 ③

01 ⑤ 등기신청은 반드시 관할 등기소에 하여야 한다. 다만, 등기기록의 공개신청이나 전자신청을 하기 위한 사용자등록신청은 관할과 무관하므로 편리한 등기소에 하면 된다.

02 ⑤ 구분건물에 대한 등기사항증명서의 발급이나 열람에 관하여는 1동의 건물의 표제부와 '해당' 전유부분에 관한 등기기록을 1개의 등기기록으로 본다.

03 ⑤ 폐쇄된 등기기록도 열람이나 증명서의 발급은 가능하나, 새로운 내용을 기록할 수는 없으므로 오류를 변경하거나 경정할 수 없다.

04

> **규칙 제30조【등기사항증명서의 발급방법】** ② 신탁원부, 공동담보(전세)목록, 도면 또는 매매목록은 그 사항의 증명도 함께 신청하는 뜻의 표시가 있는 경우에만 등기사항증명서에 이를 포함하여 발급한다.

05 ⑤ 신청서나 그 밖의 부속서류는 이해관계 있는 부분에 대해 열람은 신청할 수 있으나, 증명서의 발급은 불가능하다.

06 ③ 등기사항'일부'증명서(특정인 지분)

제3장 등기절차 일반

01 ⑤	02 ②	03 ①	04 ②	05 ⑤	06 ③	07 ④	08 ④	09 ①	10 ③
11 ①	12 ③	13 ④	14 ②	15 ①	16 ③	17 ②	18 ④	19 ⑤	20 ①
21 ⑤	22 ④	23 ⑤	24 ②	25 ①	26 ③	27 ②	28 ①	29 ④	30 ④
31 ④	32 ④	33 ②	34 ④	35 ⑤	36 ⑤				

01 ⑤ 처분제한의 등기(압류, 가압류, 가처분, 경매)는 모두 관공서의 촉탁으로 이루어진다.

02 ① 태아는 등기신청적격이 없으므로 태아의 명의로 법정대리인이 등기신청을 할 수 없다.
③ 국가나 지방자치단체는 법인이므로 등기신청적격이 있다.
④ 동·리는 법인이 아니므로 원칙적으로는 등기신청적격이 없으나, 법인 아닌 사단의 실질을 가지면 예외적으로 등기신청적격을 가진다.
⑤ 외국인도 법령이나 조약에 따른 제한이 없는 한 원칙적으로 자기 명의로 등기신청을 하고 등기명의인이 될 수 있다.

03 ① 상속등기에서는 피상속인이 등기의무자이고, 상속인이 등기권리자이다. 피상속인은 사망하였으므로 등기신청할 수 없고, 상속인 여러 명이 함께 상속을 원인으로 하는 소유권이전등기를 신청하는 것은 당연히 등기권리자만 신청하고 있으므로 단독신청이다.

04

> **법 제23조【등기신청인】** ④ 등기절차의 이행 또는 인수를 명하는 판결에 의한 등기는 승소한 등기권리자 또는 등기의무자가 단독으로 신청하고, 공유물을 분할하는 판결에 의한 등기는 등기권리자 또는 등기의무자가 단독으로 신청한다.

그러므로 이행판결이나 인수판결이 있으면 승소한 자가 단독신청할 수 있고, 공유물분할판결이 있으면 승소한 자나 패소한 자 모두 단독신청할 수 있다.

05 ⑤ 법인의 대표는 법인등기부에 등기되어 있으므로 부동산등기부에는 등기되지 않는다.

06 ① 전세권설정등기를 신청할 때 전세권자가 등기권리자이고, 전세권설정자가 등기의무자이다.
② 전세권의 기간을 연장하는 변경등기를 신청할 때 전세권설정자는 등기의무자이다.
④ 甲에서 乙로, 乙에서 丙으로 순차로 소유권이전등기가 이루어진 상태에서 甲이 丙을 상대로 丙 명의의 등기 말소를 명하는 확정판결을 받아 丙 명의의 등기 말소를 신청할 때는 乙이 등기권리자, 丙이 등기의무자이다. 甲은 등기신청인일 뿐 등기권리자도 등기의무자도 아니다.
⑤ 甲소유의 토지에 등기된 乙의 저당권이 불법말소되고 甲으로부터 丙으로의 소유권이전등기가 이루어진 후 乙의 저당권을 회복등기할 때 甲은 등기의무자이다.

07 ㉠ 부동산표시의 변경등기 = 단독신청

㉢ 등기명의인표시의 변경등기 = 단독신청

㉤ 공유물분할판결에 의한 등기 = 등기권리자 또는 등기의무자가 단독신청(=승소한 자 또는 패소한 자 모두 단독신청 가능 = 원고나 피고 모두 단독신청 가능)

㉻ 혼동으로 인한 말소등기는 단독신청

㉡ 유증을 원인으로 하는 이전등기는 공동신청한다.

㉣ 권리의 변경등기는 판결을 받는 등의 특별한 사유가 없으면 공동신청

08 ④ ㉠, ㉡, ㉢, ㉤, ㉻, ㉾이 가능하다.

㉣ 전세권의 말소등기를 할 때 그 전세권을 목적으로 하는 저당권의 말소등기는 직권으로 한다. 물론 저당권자의 승낙을 받아야 저당권의 말소등기를 직권으로 할 수 있다.

◎ 포괄유증이나 특정유증을 원인으로 하는 이전등기는 공동신청 한다.

09 ① 공유물분할판결이 있으면 등기권리자나 등기의무자가 단독신청할 수 있다.

10 ③ 이행판결이나 인수판결이 있으면 승소한 자가 단독신청할 수 있고, 공유물분할판결이 있으면 승소한 자나 패소한 자 모두 단독신청할 수 있다.

11 ② 甲으로부터 乙로의 소유권이전등기는 상속인 丙이 등기의무자, 상대방 乙이 등기권리자가 되어 공동신청 한다.

③ 丙은 자신에게 상속등기를 할 필요가 없이 피상속인 甲으로부터 상대방 乙로의 소유권이전등기를 신청할 수 있다.

④ 丙이 乙과 함께 등기신청을 하면 등기기록상의 등기명의인과 신청서의 등기의무자가 일치하지 않지만 각하하지 않는다.

⑤ 공동신청하는 경우 등기의무자의 등기필정보를 제공하여야 하므로, 등기의무자인 피상속인의 등기필정보를 제공하여야 한다.

12 ③ 대위채권자 丙은 甲에서 채무자 乙로의 등기를 대위신청하면 되며 동시에 자신으로의 소유권이전등기를 신청할 필요는 없다.

13 ① 채권자대위에 의하여 등기부상 권리를 취득하는 것은 채무자 乙이므로 등기권리자는 乙이다.

② 채권자 甲이 대위하는 것은 채무자 乙의 권리이므로 乙에게 등기신청권이 없다면 甲은 대위신청할 수 없다.

③ 채권자대위권을 행사하여 등기를 신청할 때에는 대위원인 증명서면을 첨부하여야 한다.

⑤ 채권자대위권은 대위의 결과가 채무자에게 이익이 되거나 손해되지 않는 것이어야 대위할 수 있다.

14 ② 존재하지 아니하는 건물에 대해서는 '지체 없이' 멸실등기를 신청하여야 한다.

15 ① 등기신청의 대리는 법률행위의 대리와는 달리 자기계약이나 쌍방대리가 허용된다.

16 ③ 같은 채권의 담보를 위하여 소유자가 다른 여러 개의 부동산에 대한 저당권설정등기를 신청하는 경우에는 1건의 신청정보로 일괄하여 신청하거나 촉탁할 수 있다.

17 ② 전세권등기에서 전세금, 임차권등기에서 차임, 저당권등기에서 채권액, 근저당권등기에서 채권최고액은 필요적 기재사항이나 지상권등기에서 지료는 임의적 기재사항이다.

18 ④ 공유물분할, 포괄유증, 진정명의회복, 상속, 수용, 취득시효, 합병 등을 원인으로 소유권이전등기를 신청할 때에는 농지취득자격증명을 제공할 필요가 없다.

19 ⑤ 승소한 등기의무자의 신청에 의한 등기가 실행되거나 직권보존등기가 된 경우, 대위신청에 의한 등기가 된 경우, 관공서의 촉탁에 의한 등기가 된 경우 및 등기필정보의 통지를 원하지 않거나 3개월 이내에 받지 않는 경우에는 등기필정보를 작성·통지하지 아니한다.

20 ① 공동신청하는 등기 또는 승소한 등기의무자가 단독신청하는 경우에는 등기필정보를 제공하여야 한다.

21 ⑤ 등기관이 등기를 완료한 때에는 신청인 및 다음의 사람에게 등기완료사실을 통지한다.

> 1. 대위채권자의 등기신청시 피대위자(채무자)
> 2. 승소한 등기의무자의 등기신청시 등기권리자
> 3. 직권보존등기시 보존등기의 명의인
> 4. 관공서의 등기촉탁시 그 관공서
> 5. 등기필증 멸실시 대용서면에 의한 등기가 된 경우의 등기의무자

22 ④ 법인 아닌 사단이나 재단에 속하는 부동산의 등기는 그 사단이나 재단의 명의로 대표자나 관리인이 등기를 신청한다. 대표자나 관리인의 명의로 신청하는 것이 아니다. 대표자나 관리인은 등기신청의 대리인에 불과하다.
마찬가지로 법인에 속하는 부동산의 등기는 그 법인의 명의로 법인의 대표가 등기를 신청한다.

23 ① 외국인은 체류지를 관할하는 지방출입국·외국인관서의 장이 부여
② 주민등록번호가 없는 재외국민은 대법원 소재지 관할 등기소의 등기관이 부여
③ 법인(외국법인 포함)은 주된 사무소 소재지(외국법인은 국내에 최초로 설치등기를 한 영업소나 사무소 소재지) 관할 등기소의 등기관이 부여
④ 법인 아닌 사단이나 재단(국내에 영업소나 사무소 설치등기를 하지 않은 외국법인 포함)은 시장·군수·구청장이 부여

24 ① 검인은 형식적 심사를 하므로 미등기부동산이나 무허가건물에 대한 검인도 가능하다.
③ 진정명의회복을 원인으로 하는 소유권이전등기는 잘못된 등기명의를 바로잡는 것이지 소유권을 취득하는 것이거나 거래하는 것이 아니므로 검인, 토지거래허가나 농지취득자격증명 등은 필요 없다.
④ 농지를 상속받은 경우에는 농지취득자격증명을 제출할 필요가 없다.
⑤ 같은 채권의 담보를 위하여 소유자가 다른 여러 개의 부동산에 대한 저당권설정등기를 신청하는 경우, 1건의 신청정보로 일괄하여 신청할 수 있다.

25
법 제6조 【등기신청의 접수시기 및 등기의 효력발생시기】 ② 등기관이 등기를 마친 경우 그 등기는 접수한 때부터 효력을 발생한다.

26 ③ 공유지분은 등기되므로 공유지분이전청구권의 가등기를 신청하는 것은 가능하다.

27 ② 전세권은 부동산의 일부에는 성립가능하나, 권리의 일부에는 성립할 수 없다.

28 ① 압류, 가압류, 가처분, 경매 등 처분제한등기는 관공서의 촉탁으로 등기되는 것이고, 당사자가 등기신청 할 수 없다.

29 ④ 부동산의 일부에 대하여 지상권, (승역지)지역권, 전세권, 임차권등기는 할 수 있다.
① 농경지는 전세권의 목적으로 할 수 없다.
② 甲지분만의 소유권보존등기는 1물1권주의에 위반하여 등기할 수 없다.
③ 공동상속인 甲과 乙 중 甲이 전원명의의 상속등기는 신청할 수 있고, 자신의 상속지분만에 대한 상속등기를 신청할 수 없다.
⑤ 분묘기지권은 등기할 수 없다.

30 ㉠ 관할을 위반한 등기를 신청하면 각하사유이다.
㉢ 첨부정보를 제공하지 아니하고 신청하면 각하사유이다.
㉣ 공동상속인 중 일부가 전원명의의 상속등기를 신청할 수 있지만, 자신의 상속지분만에 대한 상속등기를 신청하면 각하사유이다.
㉡ 여러 명의 포괄유증 받은 자 중 1인이 자기 지분만의 이전등기를 신청할 수 있다.

31 ④ 관할위반의 등기나 등기할 것이 아닌데 등기가 되면 절대무효로 직권말소의 대상이 된다. 이 두가지를 제외한 사유로 각하되어야 할 것이 등기되면 절대무효가 아니라 유효인 등기가 되므로 직권말소할 수 없다. 직권말소하여야 하는 등기는 관할위반의 등기 또는 등기할 것이 아닌데 등기가 된 경우이다.
① 위조한 인감증명에 의하여 소유권이전등기가 된 경우
② 무권대리인의 신청에 의하여 등기가 된 경우
③ 등기의무자의 등기필정보가 제공되지 않았는데도 등기가 된 경우
⑤ 신청정보와 등기기록의 등기의무자표시가 불일치하는데도 등기가 된 경우

위 네가지는 모두 각하사유이지만 등기가 되면 유효한 것들이므로 직권말소할 수 없다.
단, ④ 甲이 가지는 1/2지분만 소유권보존등기가 된 경우는 1물1권주의를 위반한 등기로서 등기할 것이 아닌 때에 해당하여 직권말소의 대상이 된다.

32 ④ 전세권은 부동산의 일부에 대하여도 성립이 가능하다.

33 ② 근저당권은 부동산의 일부에는 성립할 수 없으나, 권리의 일부에는 성립할 수 있다.

34 ④ 신청정보의 부동산 또는 등기의 목적인 권리의 표시가 등기기록과 일치하지 않으면 그 등기는 각하하여야 한다.

35 ⑤ 등기관은 이유를 적은 결정으로 신청을 각하하여야 한다. 전산정보처리조직에 의하여 각하할 수 없다.

36 ⑤ 공동신청하는 등기를 전자신청하려면 양 당사자 모두 사용자등록을 하여야 한다.

제4장 각종 권리에 관한 등기

Answer

01 ③	02 ①	03 ③	04 ④	05 ⑤	06 ②	07 ①	08 ③	09 ④	10 ①
11 ②	12 ③	13 ④	14 ③	15 ③	16 ⑤	17 ④	18 ⑤	19 ③	20 ①
21 ⑤	22 ③	23 ⑤	24 ③	25 ①	26 ②	27 ③	28 ⑤	29 ⑤	30 ①
31 ③	32 ④	33 ④	34 ②	35 ⑤	36 ③	37 ①	38 ⑤	39 ③	40 ①
41 ⑤	42 ③								

01 ③ 보존등기는 원시취득한 자가 단독신청하는 등기이며, 등기의무자가 존재하지 않는 등기이다. 그러므로 甲과 乙이 공동투자하여 신축한 건물의 소유권보존등기는 甲과 乙 두 사람이 함께 신청하더라도 두 사람은 모두 등기되면 등기부상 권리를 취득하는 자이며, 불리해지는 자(= 등기의무자)가 없으므로 단독신청이다.

02 ① 건물의 보존등기는 상대방이 특별자치도지사, 시장, 군수 또는 (자치)구청장이어야 하고, 토지의 보존등기는 상대방이 국가여야 한다. 대장상 이전등록을 받은 자는 이전등기를 하여야 하나, 지적공부상 국가로부터 이전등록을 받은 자는 직접 보존등기를 할 수 있다. '지적공부'이므로 부동산은 토지여야 하고 '국가'로부터 이전등록 받아야 보존등기가 가능하다.

03 ③ 지적공부상 국가로부터 이전등록을 받은 자는 원시취득자가 아니지만 보존등기를 신청할 수 있는 예외에 해당한다. 토지만 해당한다.

04 ④ 부진정한 명의자의 보존등기말소판결을 받아 진정한 권리자의 명의로 보존등기를 할 수 있다.

05 ⑤ 토지대장, 임야대장 또는 건축물대장에 최초의 소유자로 등록되어 있는 자 또는 그 상속인, 그 밖의 포괄승계인은 직접 자기의 명의로 보존등기를 신청할 수 있다. 포괄유증은 포괄승계이므로 포괄유증 받은 자는 직접 자기의 명의로 보존등기를 할 수 있다.

06 ② 임차권등기명령을 한 법원은 등기소에 임차권등기를 촉탁하고, 미등기부동산이라면 등기관이 직권으로 소유권보존등기를 한 후 법원이 촉탁한 임차권등기를 하도록 되어 있다. 그러므로 법원이 보존등기와 임차권등기를 동시에 촉탁하는 것이 아니다.

07 ① 건물의 보존등기는 상대방이 특별자치도지사, 시장, 군수 또는 (자치)구청장이어야 하고, 토지의 보존등기는 상대방이 국가여야 한다. 그러므로 건물에 대하여 국가를 상대로 판결을 받아서 보존등기를 할 수는 없다.

08 ③ 토지대장상 최초의 소유자인 甲의 미등기 토지가 상속되거나 포괄승계가 된 경우, 甲의 상속인이나 포괄승계인은 직접 자기의 명의로 보존등기를 할 수 있다.

09 ④ 미등기부동산에 대해 가압류, 가처분, 경매등기의 촉탁이 있거나 미등기주택이나 상가건물에 대해 임차권등기(명령)의 촉탁이 있으면 직권으로 보존등기를 한다. 처분금지가처분등기의 촉탁은 직권보존등기의 대상이나, 가등기가처분등기의 촉탁은 성질이 다른 것이어서 직권보존등기의 대상이 아니다. 직권보존등기의 대상인 것은 처분금지가처분등기의 촉탁, 경매개시결정등기의 촉탁, 임차권등기명령에 따른 주택임차권등기의 촉탁, 가압류등기의 촉탁 등 4개이다.

10 ① 공유지분만의 소유권이전등기는 당연히 공유자의 1인이 신청할 수 있으나, 공유지분만의 보존등기는 1물1권주의 위반이므로 신청할 수 없다.

11 ① 합유지분은 등기되지 않으므로 합유라는 뜻을 기록하여야 한다.
③ 민법상 조합의 명의로 등기할 수 없으므로, 합유자 전원의 명의로 합유등기를 한다.
④ 공유자 전원이 그 소유관계를 합유로 변경하는 경우, 소유권변경등기를 한다.
⑤ 2인의 합유자 중 1인이 사망하게 되면 잔존 합유자는 그의 단독소유로 하는 합유명의인변경등기를 신청할 수 있다.

12 ③ 합유는 지분을 등기하지 않고, '합유'라는 뜻을 기록한다.

13 ④ 공유자 전원의 합의로 공유를 합유로 하는 경우에는 소유권변경등기를 하여야 한다.

14 ③ 합유등기는 지분을 기록하지 않고, '합유'라는 뜻을 기록한다.

15 ③ 매매목록: 매매부동산이 2개 이상이면 작성하여 첨부, 부동산이 1개이더라도 여러 명의 매도인과 여러 명의 매수인 사이의 거래이면 작성하여 첨부한다.

16 ⑤ 수용원인 소유권이전등기를 할 때 직권말소할 수 없는 등기는 다음과 같다.

> 1. 수용개시일 이전의 소유권보존 · 이전등기
> 2. 수용개시일 이전에 발생한 상속을 원인으로 수용개시일 이후에 경료된 상속등기
> 3. 그 부동산을 위하여 존재하는 (요역지)지역권등기
> 4. 재결로 존속이 인정된 권리

17 ① 수용의 개시일에 등기없이 소유권을 취득한다.
② 수용재결의 실효로 인한 소유권이전등기의 말소등기는 '공동'신청한다.
③ 수용에 의한 등기를 실행한 경우 수용개시일 후에 실행된 소유권이전등기는 직권말소된다.
⑤ 수용은 원시취득이므로 수용 원인 소유권이전등기는 단독신청한다.

18 ⑤ 토지를 수용하여 소유권이전등기를 하는 경우 가등기, 가압류, 가처분, 압류등기는 모두 직권말소하여야 한다.

19 ③ 진정명의회복 원인 소유권이전등기는 신청정보에 등기원인은 '진정명의회복'으로 기재하되, 등기원인일자는 기재하지 않는다.

20 ① 상속등기를 한 후 상속재산의 분할협의를 한 경우에는 소유권경정등기를 하여야 한다.

21 ① 유증으로 인한 소유권이전등기는 유언집행자 또는 상속인과 수증자가 공동신청한다.
② 유언의 효력은 유언자가 사망하여야 발생하므로 유증자가 사망하기 전에는 가등기도 할 수 없다.
③ 포괄유증 받은 자가 여러 명인 경우 그 중 일부의 자는 자신의 지분만에 대하여 소유권이전등기를 신청할 수 있고, 전원명의로 신청할 수는 없다.
④ 유증이 상속인의 유류분을 침해하더라도 등기관은 각하하지 못한다.

22 ③ 유증받은 토지가 이미 상속등기가 된 경우에는 상속등기를 말소할 필요 없이 상속인의 명의에서 수증자의 명의로 소유권이전등기를 할 수 있다.

23 ⑤ 환매기간은 환매특약등기의 임의적 기록사항에 불과하므로 당연히 기록하는 것은 아니다.

24 ③ 수탁자가 2인 이상인 공동소유는 합유이므로 (합유)지분은 등기하지 아니한다.

25 ① 신탁재산의 일부가 처분되어 권리이전등기와 함께 신탁등기의 변경등기를 할 경우, 하나의 순위번호를 사용하여 등기한다.

26 ② 여러 개의 부동산이 일괄하여 신탁이 된 경우에도 신탁원부는 부동산마다 별개로 작성하여야 한다.

27 ③ 수탁자를 등기의무자로 한 가압류등기는 신탁의 목적에 반하지 않으면 수리하여야 한다.

28 ■■ **신탁원부 기록의 변경등기**

> 1. 법원이 재판을 한 경우에는 그 등기를 법원이 촉탁한다.
> 2. 법무부장관이 직권으로 ~한 경우에는 그 등기를 법무부장관이 촉탁한다.
> 3. 수탁자의 변경으로 인한 이전등기, 여러 명의 수탁자 중 1인의 임무 종료로 인한 변경등기, 수탁자인 등기명의인의 성명 및 주소에 관한 변경등기 또는 경정등기를 한 경우에는 등기관이 직권으로 한다.

❶ 법원이나 법무부장관의 촉탁으로 신탁원부 기록의 변경등기를 한 등기관은 직권으로 등기기록의 변경등기를 한다.

29 ⑤ 동일 토지에 관하여 지상권이 미치는 범위가 다르다면 여러 개의 지상권을 각기 따로 등기할 수 있다.

30 ① 지역권의 등기는 승역지를 관할하는 등기소에 신청하여야 한다.

31 ③ 전세금반환채권의 일부양도를 원인으로 한 전세권일부이전등기

> 1. 전세권 소멸 후 가능하다(전세권의 존속기간이 만료되었을 때 또는 존속기간 만료 전이라도 해당 전세권이 소멸하였음을 증명하였을 때 가능).
> 2. 양도액을 기록하여야 한다.
> 3. 부기등기로 한다.

32 ① 전세권의 범위가 부동산의 일부이면 그 부분을 표시한 도면을 첨부하여야 하나, 건물의 특정 층의 전부인 경우 도면을 첨부할 필요 없다.
② '5개 이상'의 부동산에 관하여 전세권설정등기를 실행할 때에는 등기관이 공동전세목록을 작성하여야 한다.
③ 공유부동산에 전세권을 설정할 경우, 그 등기기록에 기록된 공유자 전원을 등기의무자로 하여 신청하여야 한다. 전세권은 권리의 일부(공유지분)을 목적으로 설정할 수 없기 때문이다.
⑤ 임차권설정등기를 신청하는 경우 차임과 범위는 모두 필요적 기록사항이다.

33 ④ 전세권의 존속기간은 임의적 기록사항에 불과하다.

34 ② 필요적 기록사항 : ⓒ 전세권의 전세금, ⓒ 임차권의 차임, ⑰ 저당권의 채무자, ◎ 지역권의 목적

35 ⑤ 동일한 채권에 관해 '5개 이상'의 부동산에 저당권등기를 할 때는 공동담보목록을 작성해야 한다.

36 ① 근저당권의 존속기간(=결산기)는 임의적 기재사항이므로 약정이 있다면 등기할 수 있다.
② 「민법」상 조합의 명칭은 등기기록에 기재할 수 없다. 저당권자로도, 채무자로도 등기할 수 없다.
④ 저당권설정등기를 할 때 이자, 지연이자, 변제기는 임의적 기재사항에 불과하다. 필요적 기재사항은 반드시 기재하여야 하는 것이지만, 임의적 기재사항은 약정이 있을 때 기재하는 것이다.
⑤ 부동산의 일부에 저당권등기를 할 수 없다. 부동산의 일부에 가능한 것은 지상권, (승역지)지역권, 전세권, 임차권뿐이다.

37 ① 근저당권의 이전등기나 변경등기를 할 때

> • 피담보채권이 확정되기 전이면 : '계약'양도 또는 '계약'인수를 등기원인으로,
> • 피담보채권이 확정된 후이면 : '채권'양도 또는 '채무'인수를 등기원인으로 한다.

38 ⑤ 공동저당의 대위등기를 할 때에는 매각부동산, 매각대금, 선순위 저당권자가 변제받은 금액, 후(차)순위 저당권자의 피담보채권에 관한 사항을 기록하여야 한다.

39 ③ 공동저당 대위등기는 부기등기로 한다.

40 ① 지역권은 대지사용권이 될 수 없다.

41 ⑤ 대지권과 전유부분은 분리처분될 수 없다. 단, 건물만의 전세권등기와 임차권등기는 가능하다. 전세권과 임차권은 대지권(= 지분)위에 성립할 수 없기 때문이다.

42 ③ 구분건물에서 대지권에 대한 등기로서 효력이 있는 등기와 대지권의 목적인 토지의 등기기록 중 해당 구에 한 등기의 순서는 '접수'번호에 의한다.

제5장 | 각종 등기의 절차

Answer

01 ③	02 ②	03 ⑤	04 ①	05 ②	06 ②	07 ④	08 ③	09 ③	10 ④
11 ④	12 ⑤	13 ①	14 ⑤	15 ④	16 ③	17 ③	18 ④	19 ③	20 ⑤
21 ⑤	22 ③	23 ④	24 ⑤	25 ③	26 ①	27 ④	28 ②	29 ②	30 ④
31 ⑤	32 ⑤	33 ④	34 ①	35 ③	36 ④	37 ⑤	38 ⑤	39 ①	40 ②

01 ③ 저당권의 피담보채권액을 증액하는 변경등기는 등기상 이해관계인이 없거나 등기상 이해관계인의 승낙을 받으면 부기등기로 하고, 등기상 이해관계인의 승낙을 받지 못하면 주등기로 한다.

02 ② 존재하지 않는 건물에 대한 등기기록이 있는 경우 건물의 소유권등기명의인은 '지체 없이' 멸실등기를 신청하여야 한다.

03 ⑤ 대지권의 변경등기는 일부의 구분소유자가 다른 구분소유자를 대위하여 신청할 수 '있'다.

04 ① 소유권이전등기에 있어 등기의무자의 주소변경사실이 주소증명서면에 의해 명백한 때에는 그 변경등기는 등기관이 직권으로 한다.

05 ② 등기상 이해관계인의 승낙이 없으면 직권경정등기를 하지 못한다.

> **법 제32조** ② 등기관이 등기의 착오나 빠진 부분이 등기관의 잘못으로 인한 것임을 발견한 경우에는 지체 없이 그 등기를 직권으로 경정하여야 한다. 다만, 등기상 이해관계 있는 제3자가 있는 경우에는 제3자의 승낙이 있어야 한다.

06 ② 전세권의 존속기간 연장으로 인한 변경등기 = 권리의 변경등기 : 등기상 이해관계인의 승낙 받으면 부기등기, 승낙 못 받으면 주등기로 한다.
① 전세권의 존속기간 만료로 인한 말소등기 = 말소등기는 언제나 주등기로 한다.
③ 토지의 일부멸실로 인한 변경등기 = 표제부의 등기(부동산의 표시변경등기)는 언제나 주등기로 한다.
④ 2층 주택을 단층주택으로 경정하는 등기 = 표제부의 등기 : 주등기
⑤ 부적법하게 말소된 저당권을 전부 회복하는 등기 = 전부말소회복등기 : 주등기

07 ① 등기사항의 전부가 잘못되면 말소등기를 한다. 등기사항의 '일부'에 관하여 착오나 빠진 부분이 있을 때에는 경정등기로 시정하여야 한다.
② 등기의 착오나 빠진 부분을 등기 완료 전에 발견한 때에는 자구정정을 하면 된다. 등기 완료 후 발견한 때에는 경정등기로 시정하여야 한다.
③ 폐쇄등기부에 기록된 사항은 새로운 등기를 할 수 없다.
⑤ 등기권리자나 등기의무자가 각 2인 이상일 때에는 '그 중 1인'에게 통지하면 된다.

08 ③ 말소등기의 말소등기는 허용되지 않는다.

09 ③ 말소등기의 등기의무자가 소재불명인 때에는 제권판결을 받아 등기권리자가 단독으로 말소신청할 수 있다. 사망한 것이 아니므로 상속인이 등장할 수 없다.

10 ④ © 수용되는 부동산을 위해 존재하는 지역권등기는 직권말소할 수 없다.

11 ④ ⓛ, ②, ⑩, ⑪: 등기상 이해관계인이 아니다.

> 등기상 이해관계인: ① 소유권보존등기를 말소하는 경우 가압류권자, © 전세권등기를 말소하는 경우 그 전세권을 목적으로 하는 저당권자, ⊗ 선순위 저당권등기의 회복등기를 할 때 후순위 지상권자

12 ⑤ 무권대리인의 신청에 의하여 이루어진 소유권이전등기는 실체관계와 부합하면 유효이므로 직권말소의 대상이 아니다.

13 ① 말소등기를 신청하는 경우에 그 말소에 대하여 등기상 이해관계 있는 제3자가 있을 때에는 반드시 그 제3자의 승낙을 받아야 말소등기가 가능하며, 이해관계 있는 제3자의 승낙을 받아 말소등기를 하는 경우 그 제3자의 등기는 직권말소 되므로 말소등기를 동시에 신청할 필요가 없다.

14 ⑤ 저당권등기가 불법말소된 후 소유권이전이 되면 그 저당권의 말소회복등기는 '말소 당시의 소유자'와 공동신청 하여야 한다. 현재의 소유자와 하는 것이 아니다.

15 ① 전세권이 불법말소된 후 지상권이 설정되고 말소된 전세권을 회복할 때 지상권자는 먼저 말소되어야 할 대상이므로 등기상 이해관계인이 아니다.
② 선순위 소유권의 회복등기를 할 때 현재의 소유자는 먼저 말소되어야 할 대상이므로 등기상 이해관계인이 아니다.
③ 후순위 지상권등기를 회복할 때 선순위 저당권자는 등기상 이해관계인이 아니다.
⑤ 말소회복등기를 하면 회복된 등기는 종전 등기의 순위와 효력을 가진다.

16 ③ 순위번호 2번의 저당권이 말소회복이 되면 순위번호 3번의 전세권의 등기명의인은 당연히 등기상 이해관계인이다.

17 ③ 전부말소회복등기는 주등기로 하고, 일부말소회복등기는 부기등기로 한다.

18 ④ 권리의 변경등기를 할 때 등기상 이해관계인이 없거나 그의 승낙을 받으면 부기등기로 한다.

19 ③ 전세금반환채권의 일부양도를 원인으로 하는 전세권의 일부이전등기는 부기등기로 한다.

20 ⑤ 건물의 일부가 멸실된 경우에는 변경등기를 하고, 건물의 전부가 멸실된 경우에는 멸실등기를 한다.

21 ⑤ 소유권을 목적으로 하는 처분제한의 등기는 주등기로 한다.

22 ③ 가등기를 한 후 본등기의 신청이 있을 때에는 가등기의 순위번호를 사용하여 본등기를 하여야 한다.

23 ① 가등기에 의한 본등기가 이루어지면 본등기의 순위는 가등기시로 소급하나, 물권변동의 효력은 소급하지 않는다.
② 소유권이전청구권이 아직 확정되지 아니하여 장래에 확정될 뿐인 경우(예약만 해놓은 상태인 경우)에도 가등기를 할 수 있다.
③ 가등기는 그 상태에서는 아무런 효력이 없으므로 가등기를 해도 상대방의 처분권에는 아무런 제한이 없다.
⑤ 소유권에 대한 처분제한등기는 주등기로, 소유권이외의 권리에 대한 처분제한의 등기는 부기등기로 한다. 그러므로 소유권이 아닌 소유권이전청구권에 대한 처분금지가처분의 등기는 부기등기로 한다.

24 ⑤ 보기의 등기는 모두 불가능한 것들이다.

25 ③ ㉡, ㉣, ㉤, ㉥이 가능하다.
㉠ 종기부·해제조건부 청구권은 가등기를 할 수 없다.
㉢ 유언자가 사망하기 전에는 가등기도 할 수 없다. 유언의 효력은 유언자가 사망해야 발생한다.

26 ① 가등기의 말소등기를 단독신청할 수 있는 자는 가등기명의인 또는 가등기명의인의 승낙을 받은 가등기의무자나 등기상 이해관계 있는 제3자이다.

27 ③ 가등기의 방식은 장래 행해질 본등기의 방식에 의하므로 전세권이전청구권의 가등기는 '부기'등기로 한다.

28

> **법 제91조【가등기에 의한 본등기의 순위】** 가등기에 의한 본등기(本登記)를 한 경우 본등기의 순위는 가등기의 순위에 따른다.
>
> **규칙 제146조【가등기에 의한 본등기】** 가등기를 한 후 본등기의 신청이 있을 때에는 가등기의 순위번호를 사용하여 본등기를 하여야 한다.

29 ② 대표문제 2번 해설 참조

30 ④ 대표문제 2번 해설 참조

31 ⑤ 대표문제 2번 해설 참조

32 ⑤ 가등기의 이전등기는 부기등기로 한다.

33 ① 가등기가처분명령이 있으면 가등기권리자가 가등기를 단독신청 할 수 있다. 법원이 촉탁하는 것이 아니다.

② 가등기에 의한 본등기가 되었을 때 본등기와 양립할 수 없는 중간처분의 등기를 직권말소하려는 등기관은 말소등기를 한 후 말소된 권리의 등기명의인에게 통지하면 된다(사후통지).

③ 가등기에 의한 본등기를 하면 '본등기와 양립할 수 없는' 중간처분의 등기는 직권말소 된다.

⑤ 전세권설정청구권의 가등기를 한 후 등기된 다른 전세권등기가 존재할 때 전세권설정청구권의 가등기에 의한 본등기를 하면 가등기 후에 실행된 다른 전세권등기는 직권말소 된다.

34 ① 관공서는 방문신청 하는 경우에도 등기소에 출석할 필요가 없으므로 촉탁에 관한 서류를 우편송부 하여도 된다.

35 ③ 경매절차와 관련된 등기는 모두 법원의 촉탁으로 이루어진다.

36 ④ 등기된 임차권에 대한 가압류등기는 할 수 있다.

37 ⑤ 가처분권리자가 소유권 이전등기를 신청하는 경우 가처분등기 후에 마쳐진 저당권의 등기는 단독으로 말소신청할 수 있다.

⚑ **가처분권자가 가처분에 의한 소유권의 이전이나 말소등기를 신청하는 경우**

가처분 이후 제3자 명의의 등기 말소 ⇨	가처분에 의한 등기와 함께 단독신청 가능 (말소 후 지체 없이 통지)
그 가처분등기의 말소 ⇨	직권말소

▪ **가처분채권자가 소유권이전등기 또는 소유권말소등기를 신청할 때 말소신청할 수 없는 등기**

1. 가처분등기 전에 마쳐진 가압류에 의한 강제경매개시결정등기
2. 가처분등기 전에 마쳐진 담보가등기, 전세권 및 저당권에 의한 임의경매개시결정등기
3. 가처분채권자에게 대항할 수 있는 주택임차권등기 등

38 ⑤ 법원은 이의신청에 대하여 결정하기 전에 가등기를 명할 수 있다.

39 ① 등기신청의 각하결정에 대하여 등기신청인은 이의신청을 할 수 있으나, 등기상 이해관계 있는 제3자가 이의신청을 할 수는 없다.

40 ② 등기관은 이의가 이유 없다고 인정하면 이의신청일부터 '3일' 이내에 의견을 붙여 이의신청서를 관할 지방법원에 보내야 한다.

제6장 혼합문제

01 ③	02 ⑤	03 ③	04 ①	05 ③	06 ②	07 ⑤	08 ①	09 ⑤	10 ⑤
11 ①	12 ②	13 ①	14 ②	15 ③					

01 ③ 각종의 특약이나 약정에 의한 등기는 부기등기로 한다.

02 ⑤ 집합건물에서 공용부분이라는 뜻을 정한 규약을 폐지한 경우에 공용부분의 취득자는 지체 없이 소유권'보존'등기를 신청하여야 한다. 규약상 공용부분은 표제부만 두기 때문에 소유권등기를 해야 하는 갑구가 존재하지 않으므로 갑구를 개설하는 소유권보존등기를 신청하도록 규정하고 있다.

03 ③ 경정등기의 전후에 동일성이 인정되어야 하므로, 권리를 다른 권리로 경정하거나, 권리자를 전부 다른 권리자로 하는 경정등기는 할 수 없다.

04 ② 등기기록 중 같은 구(區)에서 등기한 권리의 순위는 '순위'번호에 따르고, 다른 구에서 등기한 권리의 순위는 '접수'번호에 따른다.
③ 등기명의인표시의 변경등기나 경정등기는 언제나 '부기'등기로 한다.
④ 甲이 그 소유 부동산을 乙에게 매도하고 사망한 경우, 甲의 단독상속인 丙은 상속등기를 생략하고 甲으로부터 乙로의 이전등기를 丙과 乙이 공동신청 할 수 있다.
⑤ 구분건물로서 그 대지권의 변경이 있는 경우에는 구분건물의 소유권의 등기명의인은 1동의 건물에 속하는 다른 구분건물의 소유권의 등기명의인을 대위하여 그 변경등기를 신청할 수 '있'다.

05 ㉠ 건물의 전부가 멸실한 경우에는 멸실등기를 하고, 일부가 멸실한 경우에는 변경등기를 한다.
㉢ 압류등기의 촉탁은 직권보존등기의 사유가 아니다. 처분제한등기 중 직권보존등기의 대상이 되는 것은 가압류등기, 가처분등기, (강제)경매등기의 촉탁이다.

06 ② 권리의 변경등기나 경정등기를 할 때 등기상 이해관계인이 없으면 부기등기로, 등기상 이해관계인이 있으나 그의 승낙을 받은 경우에는 부기등기로, 등기상 이해관계인의 승낙을 받지 못한 경우에는 주등기로 한다.

07 ⑤ 말소회복등기는 등기상 이해관계인의 승낙이 없으면 할 수 없다. 전부말소회복등기는 주등기로, 일부말소회복등기는 부기등기로 한다.

08 ㉢ 수용은 원시취득의 법적 효과를 가지므로 소유권이전등기를 하더라도 단독신청 한다.
㉣ 합유지분은 등기되지 않는다. 합유자 전원의 동의를 받아 합유지분의 처분이 가능한 경우에도 합유지분이 등기되어있지 않으므로 '합유명의인변경등기'를 한다.

09 ⑤ 가등기는 장래 행해질 본등기의 방식을 따른다. 그러므로 장래 행해질 본등기가 주등기이면 가등기도 주등기로 하고, 장래 행해질 본등기가 부기등기이면 가등기도 부기등기로 한다.

10 ⑤ 선순위 근저당권의 채권최고액이 증액되는 변경등기를 하면 후순위 전세권자는 당연히 등기상 이해관계인이 된다.
① 선순위 소유권의 말소등기를 할 때 후순위 소유권자나 ② 선순위 소유권의 말소회복등기를 할 때 현재의 소유권자는 말소등기나 말소회복등기를 하기 전에 먼저 말소되어야 할 대상이므로 등기상 이해관계인이 아니다.
③ 지상권이 불법 말소된 후 전세권등기가 실행되고, 불법말소된 지상권등기를 회복할 때 전세권등기명의인도 먼저 말소되어야 할 자에 불과하므로 등기상 이해관계인이 아니다.
④ 후순위 근저당권이 어떻게 되든 선순위자는 등기상 이해관계인이 아니다.

11 ① 신탁등기와 신탁등기의 말소등기는 수탁자가 단독신청 한다.

12 ② 선순위 소유권의 말소에 있어서 후순위 소유권자는 먼저 말소되어야 할 자이므로 등기상 이해관계인이 아니다. 그러므로 甲, 乙, 丙의 순으로 순차 소유권이전등기가 되어 있는 상태에서 乙 명의의 소유권이전등기의 말소등기를 신청할 때는 丙은 먼저 말소되어야 할 자이고 등기상 이해관계인이 아니므로 그의 승낙을 받을 필요 없다.

13 ① 소유권말소등기청구권보전의 가처분권리자가 본안사건에서 승소하여 소유권말소등기를 신청하는 경우 그 가처분등기 이후에 실행된 제3자 명의의 소유권이전등기의 말소를 동시에 단독으로 신청할 수 있다. 직권으로 말소되는 것이 아니다.

14 ㉠ 상속등기는 단독신청 한다.
㉡ 수용으로 인한 소유권이전등기를 하는 경우, 그 목적물에 설정되어 있는 전세권설정등기의 말소등기는 직권으로 이루어진다.
㉢ 이행판결에 의한 등기는 승소한 등기권리자나 등기의무자가 단독으로 신청할 수 있다. 패소한 자는 단독신청 할 수 없다.

15 ③ 특정유증은 포괄승계가 아니므로 미등기부동산을 특정유증 받은 자는 직접 자기명의로 보존등기를 할 수 없다.

연구 집필위원

| 양진영 | 박윤모 | 강철의 | 임의섭 | 이승현 |
| 이강술 | 홍승한 | 이영진 | 구갑성 | 김의열 |

제35회 공인중개사 시험대비 **전면개정판**

2024 박문각 공인중개사
합격예상문제 2차 부동산공시법령 정답해설집

초판인쇄 | 2024. 4. 1. **초판발행** | 2024. 4. 5. **편저** | 박문각 부동산교육연구소
발행인 | 박 용 **발행처** | (주)박문각출판 **등록** | 2015년 4월 29일 제2015-000104호
주소 | 06654 서울시 서초구 효령로 283 서경 B/D 4층 **팩스** | (02)584-2927
전화 | 교재 주문 (02)6466-7202, 동영상문의 (02)6466-7201

판 권
본 사
소 유

비매품
ISBN 979-11-6987-925-5 | ISBN 979-11-6987-922-4(2차 세트)

전국 네트워크 시스템

업계 최대 규모 박문각공인중개사 학원!
박문각의 합격시스템을 전국에서 만나보실 수 있습니다.

서울 경기		
강남 박문각	02)3476-3670
종로 박문각	02)733-2288
노량진 박문각	02)812-6666
평택 박문각	031)691-1972
구리 박문각	031)555-3000
병점 박문각	031)224-3003
검단 박문각	032)565-0707

부천 박문각	032)348-7676
분당 박문각	031)711-0019
안산 박문각	031)482-7090
의정부 박문각	031)845-7494
이천 박문각	031)633-2980
시흥 배곧공인중개사	031)432-3040

충북 충남

대전 박문각	042)483-5252	천안 박문각	041)592-1335
세종 박문각	1522-3435	청주 박문각	043)265-4001
제천 제천박문각고시	043)646-9993	충주 충주고시	043)852-3660

전북 전남

광주 박문각	062)361-8111	전주 행정고시	063)276-2000
순천 박문각	061)725-0555	익산 행정고시	063)837-9998

경북 경남

김천 제일공인중개사	054)436-7008	대구 서대구박문각	053)624-0070
김해 김해고시	055)324-9191	대구 박문각	053)794-5411

강원

강릉 영동고시	033)646-5611

제주

제주 탐라고시	064)743-4393	제주 한솔고시	064)722-5528

박문각 공인중개사

합격예상문제 2차

부동산공시법령

 2023 고객선호브랜드지수 1위
교육(교육서비스)부문

 2022 한국 브랜드 만족지수 1위
교육(교육서비스)부문 1위

 2021 조선일보 국가브랜드 대상
에듀테크 부문 수상

 2021 대한민국 소비자 선호도 1위
교육부문 1위

 2020 한국 산업의 1등
브랜드 대상 수상

 2019 한국 우수브랜드
평가대상 수상

 2018 대한민국 교육산업 대상
교육서비스 부문 수상

 박문각 공인중개사
온라인강의 www.pmg.co.kr
유튜브   박문각 클라쓰

 박문각 북스파
수험교재 및 교양서 전문
온라인 서점

방송대학TV

동영상강의 무료제공 | 방송시간표 수록

기본이론 방송 2024. 1.15(월) ~ 7. 3(수)
문제풀이 방송 2024. 7. 8(월) ~ 8.21(수)
모의고사 방송 2024. 8.26(월) ~ 10. 2(수)

비매품

14320

9 791169 879255
ISBN 979-11-6987-925-5
ISBN 979-11-6987-922-4 (2차 세트)

 www.pmg.co.kr 교재문의 02-6466-7202 동영상강의 문의 02-6466-7201

04 필수이론 과정

합격을 향해
저자직강 필수 이론 과정!

—
저자필수서

05 예상문제풀이 과정

시험에 나오는
모든 문제유형 체크!

—
합격예상문제 총 6권

06 핵심요약 과정

단기간 합격을 위한
핵심만을 정리!

—
핵심요약집 총 2권
최종요약서

| 핵심요약집 |

| 최종요약서 |

07 실전모의고사 과정

합격을 위한
마지막 실전 완벽 대비!

—
실전모의고사 총 2권
THE LAST 모의고사

| 실전모의고사 |

| THE LAST 모의고사 |

박문각 공인중개사

합격예상문제 시리즈

1차 부동산학개론 | 민법·민사특별법
2차 공인중개사법·중개실무 | 부동산공법 | 부동산공시법령 | 부동산세법